京津风沙源治理工程生态效益和区域可持续性评估

赵媛媛　迟文峰　高广磊　著

中国林业出版社
China Forestry Publishing House

审图号：GS 京（2024）0300 号

内容简介

本书基于景观可持续性科学的理念，从"生态系统功能/过程-生态系统服务-可持续性"的研究思路出发，调查分析了京津风沙源治理工程区土壤生态功能，监测了工程实施前后土地利用/覆盖变化过程，量化了工程实施对区域土壤侵蚀、沙尘天气日数和关键生态系统服务及其价值的影响，并评估了区域综合可持续性，提出了治理工程生态效益可持续的建议。本书结构完整，附有大量研究案例，可为理学、生态学、土地资源管理、水土保持与荒漠化防治等领域科研人员、工程技术人员及有关政府部门开展工程效益评估提供参考，也可供高等院校相关专业师生阅读参考。

图书在版编目（CIP）数据

京津风沙源治理工程生态效益和区域可持续性评估/赵媛媛，迟文峰，高广磊著. —北京：中国林业出版社，2023. 12

ISBN 978-7-5219-2567-8

Ⅰ. ①京…　Ⅱ. ①赵…　②迟…　③高…　Ⅲ. ①土地荒漠化-治理-可持续性发展-研究-北京、天津　Ⅳ. ①F321. 1

中国国家版本馆 CIP 数据核字（2024）第 019322 号

责任编辑：何　鹏　李丽菁

出版发行　中国林业出版社
　　　　　（100009，北京市西城区刘海胡同 7 号，电话 83143543）
电子邮箱　cfphzbs@ 163. com
网　　址　http://www. forestry. gov. cn/lycb. html
印　　刷　北京中科印刷有限公司
版　　次　2023 年 12 月第 1 版
印　　次　2023 年 12 月第 1 次印刷
开　　本　710mm×1000mm　1/16
印　　张　12. 875　彩插 19 面
字　　数　253 千字
定　　价　88. 00 元

前　言

　　2000年春天，中国北方沙尘暴频繁肆虐，直接危害华北和西北地区，并影响到南方和整个东亚地区。沙尘暴的频繁发生，不仅造成了直接的经济损失，严重危害了人民群众的身体健康和切身利益，也影响了社会经济的可持续发展，成为备受社会各界关注的一个重要生态环境问题，引起了党中央和国务院的高度重视。为有效解决华北地区春季以沙尘暴为主的沙尘天气频发问题、改善京津及周边地区生态环境、履行《联合国防治荒漠化公约》，国务院领导在听取了国家林业局(现国家林业和草原局)对京津及周边地区防沙治沙工作思路的汇报后，亲临河北、内蒙古视察治沙工作，并指示"防沙止漠，刻不容缓，生态屏障，势在必建"，决定实施京津风沙源治理工程。

　　工程于2001年全面展开，2002年3月国务院批复工程建设规划，建设期限原定为10年(2001—2010年)，后经国务院批准，一期工程延期到2012年。2012年9月，国务院常务会议讨论通过了《京津风沙源治理二期工程规划(2013—2022年)》。工程目标是通过采取一系列措施来改善京津及周边地区的生态环境质量，降低沙尘暴、水土流失等灾害的风险，提升区域生态系统服务和人民福祉。京津风沙源治理工程区已成为我国北方地区重要的生态屏障、国家生态修复环境改善示范区和生态环境治理的关键地带。工程启动以来受到了研究者的广泛关注，先后出版了多本专著，尤其是项目建设第1阶段(2001—2005年)结束后，很多学者围绕典型区气候变化、土地利用/覆盖变化(植被动态)、沙化土地治理模式与技术、工程建设成效和政策研究等方面展开研究，较全面地阐述了工程治理的生态、经济和社会效益。随着二期工程建设的完成，本研究迫切需要从全域尺度上深入研究工程实施20年来的效益，以及其对区域发展可持续性的影响。

　　本书基于景观可持续性科学的理念，从"生态系统功能/过程–生态系统服务–可持续性"的思路出发，综合采用遥感监测、地面观测与调查和景观分析、统计分析和模型模拟等方法，在摸清区域资源环境和社会经济特征的基础上，调查分析了典型沙区风沙土生态功能；系统监测了1990年以来京津风沙源治理工程区的土地利用/覆盖类型转换和植被覆盖变化过程；分析了工程实施前后区域土壤风力侵蚀、水力侵蚀时空格局及其交互作用的特征；量化了工程实施后粮食生产、栖息地质量、水源涵养、土壤保持等生态系统服务及价值的时空格局；并评估了区域发展的可持续性，提出了未来治理工程生态效益可持续的建议。

本书由北京林业大学赵媛媛、高广磊和内蒙古财经大学迟文峰共同撰写完成，先后参与研究工作的还有北京林业大学研究生武海岩、苏宁、王艺霖、赵珮杉、陈宇轩、屈莹波、雷燕慧、韩乐、超宝，书中部分阶段性成果已经在国内外相关刊物上先行发表，还有部分没有公开发表。研究主要在国家自然科学基金项目(41971130)和国家重点研发计划(2016YFC0500802)项目的资助下完成。北京林业大学耿君、吴培浠、萨仁高娃、刘如龙、陶蕾等同学参与了统稿和校对工作，写作过程中，北京林业大学丁国栋教授、信忠保教授等提供了宝贵意见和建议，在此一并致谢！

由于时间和水平所限，本书错漏缺点在所难免，敬请各位专家和读者批评指正。

著 者

2023 年 9 月

目　录

第1章

导　论

1.1　京津风沙源治理工程概况

根据《京津风沙源治理工程规划(2001—2010 年)》，一期工程于 2002 年启动，治理区处于华北平原向内蒙古高原的过渡地带，也是半湿润向半干旱的过渡区。西起内蒙古达茂旗，东至内蒙古阿鲁科尔沁旗，南起山西代县，北至内蒙古东乌珠穆沁旗，涉及北京、天津、河北、山西及内蒙古等 5 省(自治区、直辖市)的 75 个县(旗)，土地面积 45.8 万 km²(彩图 1)。根据对影响京津地区的沙尘路径分析，综合考虑沙尘天气路径覆盖范围和释尘量、沙尘天气对京津地区的影响程度，以及工程投资和技术的约束性等因素，专家组提出京津风沙源治理工程二期治理范围在工程一期的范围基础上适当西扩，包括北京、天津、河北、山西、内蒙古、陕西 6 省(自治区、直辖市)的 138 个县(旗、市、区)，总面积 71.05 万 km²(表 1-1)。依据此治理范围，遵循"科学规划、分区施策"的原则，在进行充分科学论证的基础上，因地制宜地进行分区治理。

1.2　本书结构与内容

京津风沙源治理工程的最终目标是提升区域发展的可持续性，包括区域沙化土地的有效治理、生态系统稳定性的增强，以及人类福祉的全面改善等。本研究基于景观可持续性科学的理念，从"生态系统过程/功能-生态系统服务-可持续性"的研究思路出发，构成了本书的基本结构。

首先，对京津风沙源治理工程区的资源环境本底和社会经济进行了概述(第二章)。在此基础上，选择科尔沁沙地为典型沙区，调查分析了风沙土的

表 1-1　京津风沙源治理工程分区范围

省(自治区、直辖市)	一期工程		二期工程	
	县(旗、市、区)数	县(旗、市、区)名称	县(旗、市、区)数	新增县(旗、市、区)名称
天津市	1	蓟州区	3	宝坻、武清
河北省	24	张家口市16个(沽源县、康保县、尚义县、张北县、宣化区、怀安县、怀来县、涿鹿县、阳原县、蔚县、崇礼县、万全县、赤城县、张家口市郊区、下花园区、宣化区)	28	张家口市区(包括桥东区、桥西区);
		承德市8个(承德县、丰宁县、围场县、滦平县、隆化县、平泉市、宽城县、兴隆县)		承德市3个(双桥区、双滦区、营子区)
山西省	13	大同市7个(天镇县、阳高县、大同县、大同市南郊区、新荣区、浑源县、左云县)	23	大同市2个[广灵、灵丘(含杨树林局)];
		朔州市4个(朔城区、怀仁县、应县、山阴县)		朔州市2个(右玉县、平鲁区);
		忻州市2个[代县、繁峙县(含五台林局、杨树林局)]		忻州市6个[偏关县、河曲县、神池县、五寨县、保德县、岢岚县(含五台林局)]
内蒙古自治区	31	赤峰市10个(克什克腾旗、巴林右旗、宁城县、喀喇沁旗、敖汉旗、翁牛特旗、巴林左旗、阿鲁科尔沁旗、松山区、林西县)	70	赤峰市2个(红山区、元宝山区);
		乌兰察布市8个(四子王旗、察哈尔右翼前旗、察哈尔右翼后旗、化德县、商都县、兴和县、丰镇市、集宁市)		乌兰察布市3个(察哈尔右翼中旗、卓资县、凉城县);
				呼和浩特市9个(土默特左旗、托克托县、和林格尔县、武川县、清水河县、赛罕区、新城区、回民区、玉泉区);
				包头市7个(土默特右旗、固阳县、九原区、石拐区、青山区、昆都仑区、东河区);
		包头市1个(达尔罕茂明安联合旗)		鄂尔多斯市8个(鄂托克前旗、鄂托克旗、杭锦旗、乌审旗、达拉特旗、准格尔旗、东胜区、伊金霍洛旗);

（续）

省(自治区、直辖市)	一期工程		二期工程	
	县(旗、市、区)数	县(旗、市、区)名称	县(旗、市、区)数	新增县(旗、市、区)名称
内蒙古自治区	31	锡林郭勒盟12个(西乌珠穆沁旗、阿巴嘎旗、苏尼特左旗、二连浩特市、东乌珠穆沁旗、多伦县、正蓝旗、苏尼特右旗、正镶白旗、锡林浩特市、镶黄旗、太仆寺旗)	70	乌海市3个(海勃湾区、海南区、乌达区)； 巴彦淖尔市7个(临河区、五原县、磴口县、乌拉特前旗、乌拉特中旗、乌拉特后旗、杭锦后旗)
陕西省	0		6	榆林市6个(榆阳区、神木市、府谷县、横山区、定边县、靖边县)
合 计	75		138	

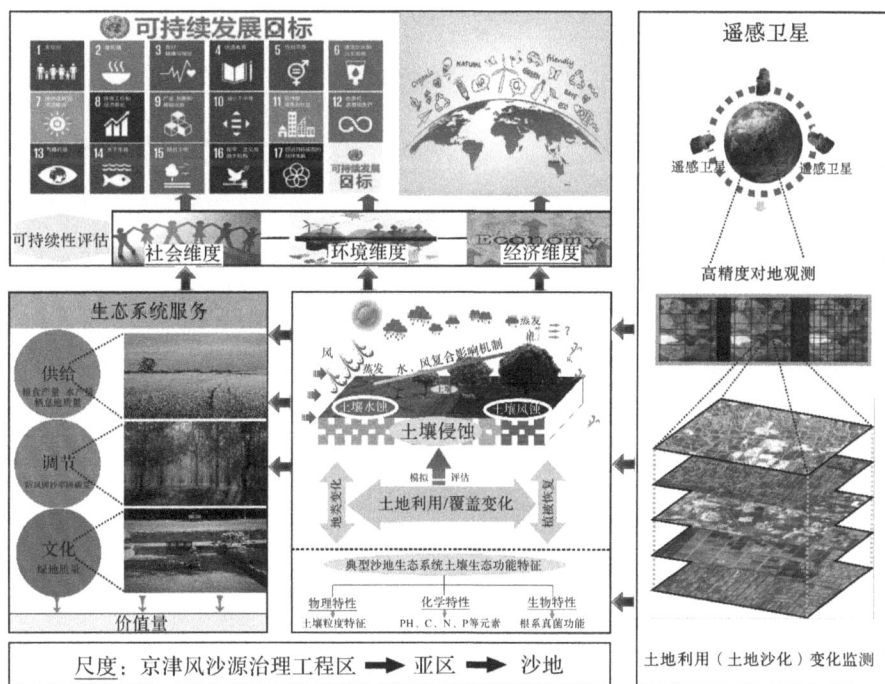

图 1-1 本书理论框架

生态功能特征(第三章)；详细分析了过去 30 年区域土地利用/覆盖类型的转换和渐变过程，揭示了生态建设过程中的地类变化和植被恢复效应(第四章)；模拟评估了包括水蚀和风蚀在内的土壤侵蚀强度，探讨了风力和水力对区域土壤的复合影响机制(第五章);分析了区域沙尘天气的时空格局,量化了气候要素和植被因子对沙尘天气的贡献率(第六章);评估了区域供给(粮食产量、栖息地质量、产水量)、调节(防风固沙率、固碳量)和文化(绿地质量)服务的时空格局(第七章),并计算了其价值量(第八章);综合考虑社会、环境和经济三个维度,计算了区域人地系统的综合可持续性(第九章);最后,针对主要研究结果,提出了治理工程生态效益可持续的建议(第十章)。

第 2 章

京津风沙源治理工程区资源环境本底和社会经济发展

掌握区域资源环境本底和社会经济概况是深刻理解其发展可持续性的重要基础，本章对京津风沙源治理工程区的这两个方面进行了概述。

2.1 资源环境本底

2.1.1 地理位置

据《京津风沙源治理二期工程规划（2013—2022 年）》，工程区东起内蒙古自治区阿鲁科尔沁旗，西达茂旗，南至山西省代县，北至内蒙古东乌珠穆沁旗（150°8′~120°48′E、36°50′~46°43′N），东西延伸约 1250km，南北纵跨近1069km，总面积约 71.05 万 km²，占全国陆地总面积的 7.58%，包括北京、天津、河北、山西、陕西和内蒙古 6 省（自治区、直辖市）的 138 个县（旗、市、区）。根据自然条件特征，可将京津风沙源治理工程区划分为 11 个亚区（彩图 2）。

2.1.2 地形地貌

工程区地貌单元复杂。平原区和丘陵区面积相对较大，共占工程区总面积的 1/3，平原区主要分布在北部的典型草原区，中部的河套灌溉区、农牧交错区和浑善达克沙地及南部的毛乌素沙地；丘陵区主要位于典型草原区、毛乌素沙地、浑善达克沙地和科尔沁沙地；台地面积为 7.45 万 km²，占总面积的 10.51%，存在面积较大的平坦台面，多分布于典型草原区及东区与浑善达克沙地交界处、科尔沁沙地和毛乌素沙地；起伏山地总面积为 11.68 万 km²，占 16.48%，大多分布于大兴安岭南部、燕山丘陵区及晋北山地丘陵区，部分分布于西部的河套灌溉区边界，以小起伏山地和中起伏山地居多，大起伏山地面积最小(彩图3)。

2.1.3 气 候

区域气候特征差异较大,由北向南划分为2个气候带(温带、暖温带)和4个气候区(中温带半干旱区、中温带干旱区、暖温带亚湿润区和暖温带半干旱区)。区域总体气候干旱,不同区域气温差别大,降水的时间、空间分布不均。

气象站资料表明,区域年均风速为1.3~5.4m/s,总体由西北向东南、西南递减,平均风速以荒漠草原西区最高,燕山丘陵区、晋北山地丘陵区及农牧交错区三个亚区最低。1960—2019年,年均风速总体呈显著下降趋势,从1960年的3.3m/s下降至2019年的2.5m/s。期间,1972年出现年均风速最大值(3.5m/s),2003年年均风速最低(2.3m/s);

区域年均气温为0.4~12.9℃,空间上自东北向西南、东南递增,燕山丘陵区及毛乌素沙地年均气温较高,典型草原区的气温较低。1960—2019年,区域平均气温总体呈显著上升趋势,从1960年的6.4℃,增长到了2019年的7.7℃。期间,1998年,区域年均气温最高,达8.5℃,1969年年均气温最低,为5.6℃;

区域年均降水量132.4~642.1mm,由南向北递减,燕山丘陵区及晋北山地丘陵区、毛乌素沙地南部年降水量较高,荒漠草原中区、西区相对较低。1960—2019年,区域年均降水量总体在400mm上下波动,1964年降水量最高,为539.3mm,1965年降水量最低,约为254.5mm。

2.1.4 植 被

京津风沙源治理工程区植被类型复杂多样,分布草原、栽培植被、灌丛、草甸、荒漠、阔叶林、针叶林、草丛、沼泽9个植被大类(彩图4,图2-1)。其中,荒漠、草原、栽培植被、灌丛分布面积相对较大。草原分布面积最大,约占区域土地总面积的50%,主要包括温带丛生禾草草原,温带禾草、杂类草草甸,温带丛生矮禾草、半矮灌木荒漠草原,主要分布于典型草原区、浑善达克沙地、科尔沁沙地及西南部的毛乌素沙地。其次是栽培植被,占区域总面积的20%,栽培植被为一年一熟粮食作物、耐寒经济作物、两年三熟或一年两熟旱作和落叶果树园,主要分布于东南部的山地丘陵区及科尔沁沙地,中部的河套灌溉区及农牧交错区。灌丛多为温带落叶灌丛,占区域总面积的7.45%,主要分布于大兴安岭南部亚区、燕山丘陵区,少量分布于科尔沁沙地、浑善达克沙地及河套灌溉区北部边界。草甸和荒漠面积相差无几,占区

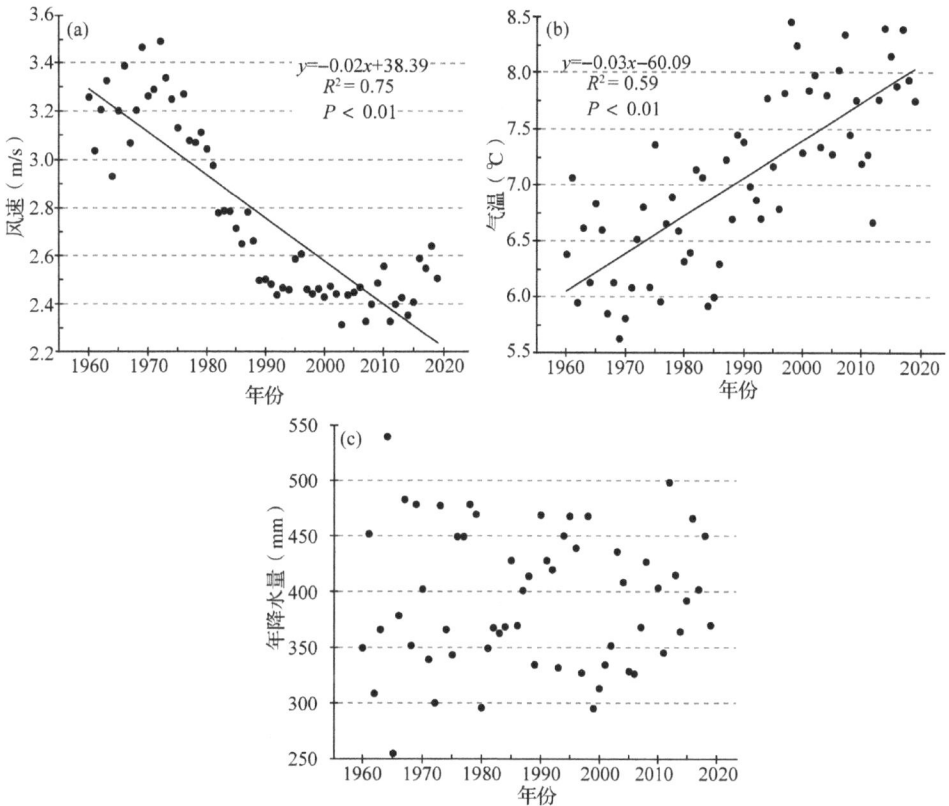

图中 (a) 图：纵轴 风速（m/s），范围 2.2–3.6；横轴 年份，1960–2020。

$$y=-0.02x+38.39$$
$$R^2=0.75$$
$$P<0.01$$

图中 (b) 图：纵轴 气温（℃），范围 5.5–8.5；横轴 年份，1960–2020。

$$y=-0.03x-60.09$$
$$R^2=0.59$$
$$P<0.01$$

图中 (c) 图：纵轴 年降水量（mm），范围 250–550；横轴 年份，1960–2020。

图 2-1　京津风沙源治理工程区气候特征

（数据来源：中国地面气象站观测资料）

注：a 为年均风速的变化，b 为年均气温的变化，c 为年降水量的变化。

域总面积的 7%，草甸类型为温带禾草、杂类草盐生草甸，主要分布于典型草原区、浑善达克沙地、科尔沁沙地、毛乌素沙地等亚区；荒漠植被多为温带半灌木、半矮灌木及草原化灌木，占区域总面积的 6.78%，主要分布于区域西部的典型草原中西区及毛乌素沙地和河套灌溉区交界处。

区域野外调查共记录植物 213 种，分属菊科（Compositae）、豆科（Leguminosae）、禾本科（Gramineae）、蓼科（Polygonaceae）、百合科（Liliaceae）、唇形科（Labiatae）等 53 个科，蒿属（*Artemisia*）、锦鸡儿属（*Caraganasinica*）、针茅属（*Stipa*）、蓼属（*Polygonum*）、葱属（*Allium*）、百里香属（*Thymus*）等 191 个属（彩图 5）。

2.1.5　土　壤

京津风沙源治理工程区土壤种类多且随经度变化明显，由西向东依次为漠土带、干旱土带、初育土、盐碱土、钙层土带、淋溶土带、水成土带等。其中，钙层土面积最大，为 27.17 万 km²，占区域总面积为 38.33%，主要分布于研究区中部的典型草原区、浑善达克沙地、农牧交错区、晋北山地丘陵区、毛乌素沙地及科尔沁沙地亚区。初育土所占面积仅次于钙层土，为 15.53 万 km²，占比为 21.91%，主要分布于毛乌素沙地、科尔沁沙地及浑善达克沙地亚区。研究区初育土有黄绵土、粗骨土、红黏土等类型。其中，黄绵土占比最大，常和黑垆土、灰钙土等交错存在。粗骨土面积次之，该土种多为荒草地，植被稀疏，水土流失严重。干旱土土壤面积为 9.58 万 km²，占比为 13.51%，主要分布于荒草平原中、西区及毛乌素沙地，主要包含棕钙土、灰钙土两类。淋溶土及半淋溶土面积为 9.41 万 km²，占比为 13.28%，又分为棕壤土、暗棕壤土、褐土、灰褐土，主要分布于农牧交错区、燕山丘陵区、大兴安岭南部及晋北山地丘陵区。棕壤与褐土一般位于高平原地形。水成土、半水成土土壤面积为 6.23 万 km²，占比为 8.79%，主要分布于燕山丘陵区及河套灌溉区。水成土区域内水成土多为沼泽土，分布在排水不畅的平原洼地，湖沼边缘、江河滞洪洼地以及山间沟谷。半水成土多为草甸土。草甸土水分较充分，分布在平原地区。漠土土壤面积为 1.03 万 km²，占比为 1.46%，主要分布在荒漠草原西区西部，主要包含灰漠土、灰棕漠土两种类型。盐碱土土壤面积为 0.90 万 km²，占比为 1.28%，主要分布在河套灌溉区，包含盐土和碱土两种类型。

2.1.6　水　文

京津风沙源治理工程区水系分为外流和内流两大区系。内流河有位于内蒙古的西拉木伦河，流经毛乌素沙地的无定河，分布于河北平原、燕山山地和项上草原的滦河；外流河有贯穿京津冀的潮白河，流经内蒙古、山西、河北等省的永定河，位于华北地区的海河以及流经河套平原的黄河等。工程区水资源总量 229.16 亿 m³，其中地表水 132.93 亿 m³，地下水资源 132.77 亿 m³，地下水可开采资源量约 59.18 亿 m³（李瑶瑶，2009）。

区域所辖范围水资源特征具有明显的空间异质性。内蒙古地区有充裕的地下水资源，其中位于干旱草原和沙地地区的部分土层较浅；河北承德水资源近几年呈减少态势；山西地区水资源较匮乏，可供开采水资源十分有限；而北京市水资源总量较少，2020 年水资源总量为 25.76 亿 m³，人均水资源量为 117.8m³，显著低于同期全国人均水平(2239.8m³)；陕西省地下水资源补给和储存拥有天然有利条件，即广泛分布的灰岩地层与黄土构造，行政区内过境水资源较为丰富，但利用程度不高(魏巍，2016)。

2.1.7　沙化土地分布

京津风沙源治理工程区沙化土地大多数分布在北部及西南部，东南部沙地较少。沙地总面积为 32.83 万 km²，占土地总面积的 46.4%。其中，固定沙地、半固定沙地占比最大，盐碱地及戈壁占比较少。固定沙地面积为 11.23 万 km²，占沙地总面积的 34.22%，主要位于典型草原区、浑善达克沙地、毛乌素沙地及科尔沁沙地；半固定沙地面积为 11.08 万 km²，占沙地总面积的 33.75%，主要分布于荒漠草原中区、河套灌溉区、科尔沁沙地及毛乌素沙地；半流动沙地面积为 5.97 万 km²，占沙地总面积的 18.20%，主要位于典型草原区、毛乌素沙地北部、浑善达克沙地及科尔沁沙地；流动沙地面积为 3.15 万 km²，占沙地总面积的 9.59%，主要位于荒漠草原西区、河套灌溉区及毛乌素沙地的西部，荒漠草原中区的东部区域也有少量分布；盐碱地面积为 0.76 万 km²，占沙地总面积的 2.31%，主要位于荒漠草原中区及东区，农牧交错区也有零星分布；戈壁面积为 0.63 万 km²，占沙地总面积的 1.93%，主要位于荒漠草原西区西北部(彩图 6)。

2.2　社会经济发展

2.2.1　人　口

2020 年，京津风沙源治理工程区总人口为 7672.65 万人，占全国同期人口总量的 5.43%。其中，城镇常驻人口约为 5316.55 万人，占总人口的 69.82%，高于全国城镇人口比例(63.89%)。常住人口中，男性总人数 3925.82 万人，女性总人数 3746.83 万人，分别占总人数的 51.17%、48.83%。少数民族人口约为 359.72 万人，占总人口的 4.69%，主要位于内蒙古自治区范围内。全区小于 14 岁人口约占总人口的 11.9%，低于同年全国该类人口比例(17.95%)；区域大于 65 岁人口比例约为 13.30%，与同期全国该类人口占比(13.5%)相当。2020 年末，全区常住人口自然增长率约为 1.57%，高于同期全国人口自然增长率(1.45%)。2000—2020 年，区域年底居住总人口从 5919.42 万人增长到了 7672.65 万人，年均增长率为 1.31%，高于同期全国人口年均增长率(0.43%)。

表 2-1　京津风沙源治理工程区人口特征(2020 年)

省　份	地　市	年　份	总人口(万人)	性别(万人)		人口变化(%)			户籍情况(万人)	
				男	女	出生率	死亡率	自然增长率	城镇人口	乡村人口
北　京		2020	2189.30	1119.50	1069.80	6.98	4.59	2.39	1916.60	272.70
天　津		2020	1386.60	714.00	672.60	5.99	5.92	0.07	1174.00	212.60
河　北	承　德	2020	335.44	170.07	165.37	8.00	6.83	1.17	189.62	145.82
	张家口	2020	411.89	208.04	203.85	7.02	6.83	0.19	272.23	139.66
	廊　坊	2020	546.41	279.13	267.28	8.32	4.38	3.94	355.69	190.72
内蒙古	呼和浩特	2020	345.42	174.42	171.00	7.80	3.80	4.00	273.36	72.06
	包　头	2020	224.08	111.94	112.14	7.86	6.91	0.95	193.07	31.01
	赤　峰	2020	455.90	233.50	222.40	8.36	13.28	-4.92	/	/
	锡林郭勒	2020	110.88	57.23	53.65	9.78	8.14	1.64	81.92	28.96
	乌兰察布	2020	169.52	86.42	83.10	/	/	/	101.18	68.34
	鄂尔多斯	2020	164.43	82.56	81.87	12.35	6.25	6.10	58.76	105.67
	巴彦淖尔	2020	153.62	78.44	75.18	/	/	/	92.13	61.49
	乌　海	2020	55.68	29.11	26.57	/	/	/	53.10	2.58
山　西	大　同	2020	310.10	156.95	153.15	6.95	4.98	1.97	225.40	84.70
	朔　州	2020	159.14	82.50	76.64	/	/	/	98.41	60.73
	忻　州	2020	268.35	138.14	130.21	7.42	6.09	1.33	144.31	124.04
陕　西	榆　林	2020	385.89	203.87	182.02	/	/	/	86.77	299.12

注：数据来源于 2021 年《河北统计年鉴》等省级统计年鉴、《承德统计年鉴》等地市级统计年鉴。

2.2.2　经　济

2020 年，区域生产总值为 78221.61 亿元，占同年我国国内生产总值的 7.72%。其中，第一、二、三产业生产总值分别为 2848.91、22257.65、53115.06 亿元，分别占区域生产总值的 3.64%、28.45%、67.90%；全区人均生产总值为 10.19 万元，高于同期全国平均水平(7.18 万元)。其中，北京、鄂尔多斯及榆林三市的人均 GDP 最高，分别为 16.49 万元、16.44 万元及 11.3 万元，忻州、张家口及赤峰市人均 GDP 较低，分别为 3.83 万元、3.86 万元及 4.36 万元。2000—2020 年，区域生产总值从 6303.49 亿元增长到了 78221.61 亿元；人均国内生产总值从 1.06 万元增长到了 10.19 万元(按当年价格计算)。

居民收入消费水平方面，全区城镇居民人均可支配收入为 5.11 万元，高于同期全国平均水平(4.38 万元)，人均消费支出为 2.97 万元，高于同期全国平均水平(2.7 万元)。全区农村居民人均可支配收入为 2.18 万元,高于同期全国平均水平(1.71 万元),人均消费支出为 1.55 万元,高于同期全国平均水平(1.37 万元)。

表 2-2　京津风沙源治理工程区经济特征(2020 年)

省　份	地　市	国内生产总值(亿元)					城镇居民收支水平(元)		农村居民收支水平(元)	
		生产总值	一　产	二　产	三　产	人均国内生产总值(元)	城镇居民人均可支配收入	城镇居民人均消费支出	农村牧区人均可支配收入	农村人均消费支出
北　京		36102.60	107.60	5716.40	30278.60	164889	75602	41726	30126	20913
天　津		14083.73	210.18	4804.08	9069.47	101614	47659	30895	25691	16844
河　北	承　德	1550.30	336.40	497.50	716.50	46119	33918	23529	13190	10169
	张家口	1600.10	267.70	430.90	901.40	38637	35595	23918	14166	11213
	廊　坊	3301.10	221.50	1022.00	2057.60	60989	45712	27347	19723	14472
内蒙古	呼和浩特	2800.68	126.46	815.73	1858.49	81656	49789	28315	20489	15165
	包　头	2787.36	105.23	1152.98	1529.15	102949	50981	28957	20710	13205
	赤　峰	1763.60	346.44	549.96	867.20	43595	34770	19048	13740	11481
	锡林郭勒	839.84	134.90	357.99	346.95	76097	41391	28315	18864	15824
	乌兰察布	826.89	138.24	333.53	355.12	47837	33534	16943	13009	9762
	鄂尔多斯	3533.65	135.66	2005.51	1392.48	164387	50306	29002	21576	16206
	巴彦淖尔	874.00	221.45	256.65	395.90	56614	33657	19549	20684	15544
	乌　海	563.14	5.97	363.13	194.04	101238	45497	28569	21812	17025
山　西	大　同	1369.91	70.42	506.74	792.75	43982	33945	15740	11610	8926
	朔　州	1100.49	64.06	440.41	596.03	68889	36487	18645	15812	9654
	忻　州	1034.56	84.22	448.50	501.83	38290	31920	17290	9926	8390
陕　西	榆　林	4089.66	272.48	2555.64	1261.58	112974	35682	21428	14319	11883

注:数据来源于 2021 年《河北统计年鉴》等省级统计年鉴、《承德统计年鉴》等地市级统计年鉴及地市级经济统计年鉴。表中生产总值按当年价格计算。

2.2.3　交　通

京津风沙源治理工程区交通相对便利。高速公路及国道主要分布于区域南部。其中,横向高速公路主要有 G6 北京—拉萨、G18 荣成—乌海高速公路;纵向有 G16 丹东—锡林浩特、G55 二连浩特—广州、G65 包头—茂名、G95 首都地区环线等。横向国道主要包括 G109 北京—拉萨国道、G110 北京—银川国道；纵向主要有 G208 二连浩特—淅川国道、G209 苏尼特左旗—北海国道及 G210 包头—南宁国道。各亚区中，燕山丘陵区、毛乌素沙地和农牧交错区道路总长度位居前列，分别为 17560.62km、12668.55km、10845.9km，河套灌溉区、燕山丘陵区和晋北山地丘陵区干线密度较大，分别为 0.33km/km^2、0.22km/km^2、0.19km/km^2。

参考文献

石莎，邹学勇，张春来，等，2009. 京津风沙源治理工程区植被恢复效果调查[J]. 中国水土保持科学，7(2)：86-92.

李瑶瑶，2009. 工程区土地利用/土地覆被时空变化特征及风沙源工程影响分析[D]. 北京：北京交通大学.

魏巍，2016. 工程区极端温度与降水的时空分布特征[D]. 北京：北京林业大学.

王全会，2005. 京津风沙源治理工程阶段性评价[D]. 北京：中国农业大学.

中华人民共和国地貌集编辑委员会，2009. 中华人民共和国地貌图1∶100万[M]. 北京：科学出版社.

中国科学院中国植被图编辑委员会，2001. 中国1∶100万植被图集[M]. 北京：科学出版社.

资源科学环境与数据中心，1995. 中国1∶100万土壤质地空间分布数据[DS/OL]. 中科院南京土壤研究所.

颜长珍，王建华，2019. 中国1∶10万沙漠(沙地)分布数据集[DS/OL]. 国家冰川冻土沙漠科学数据中心.

沈永平，2019. 全国1∶25万三级水系流域数据集[DS/OL]. 国家冰川冻土沙漠科学数据中心.

张国庆，2019. 中国湖泊数据集(1960s—2020)[DS/OL]. 国家青藏高原科学数据中心.

国家基础地理信息中心，2020. 1∶25万公众版基础地理信息数据[DS/OL]. https：//www. ngcc. cn/ngcc/html/1/index. html.

第 3 章

典型沙地生态系统土壤
生态功能特征

　　土壤是联系地球岩石圈、生物圈、水圈和大气圈的关键部分，也是生态系统功能和服务的根本支撑。土壤的物理、化学和生物学特性是其生态系统功能的重要组分。本章选择科尔沁沙地为研究区，调查分析了典型樟子松人工林风沙土的粒径分布特征、有机质含量、根系真菌多样性和功能特征，为理解工程区生态恢复对土壤功能的影响奠定基础。

3.1　引　言

　　随着人类活动范围的扩大，资源利用强度的加重，京津风沙源治理工程区各类生态系统受到多种干扰破坏，发生了不同程度的受损和退化，土地沙化问题严重，同时造成了生物多样性锐减、生态系统功能衰退等问题，威胁到了人类发展的可持续性。土壤是陆地生态系统的重要组成部分，是联系地球岩石圈、生物圈、水圈和大气圈的关键部分，也是生态系统功能和服务的根本支撑（Adhikari and Hartemink，2016）。随着人们对土壤生态功能的深入认识，除土壤化学和物理过程外，土壤生物学特性也是探究土壤生态系统功能的重要组分（李奕赞等，2022）。土壤物理、化学和生物特性，是表征土壤质量和健康的重要指标，也是描述和评估土壤生态功能的重要组分。

　　探究区域土壤功能特征是客观理解区域生态系统功能和服务变化的重要基础。科尔沁沙地位于京津风沙源治理工程区最东部，是中国北方农牧交错带最典型的区域，也是土地沙化最严重的地区之一，土壤以风沙土为主，原生植被多被沙生植物替代。该区域是中国最早开展流沙治理试验的地区，通过实施沙化土地综合治理、调整土地利用结构和退耕还林还草等措施，区域土地沙化趋势初步逆转，但土地沙化仍是制约区域可持续发展的主要因素（赵学勇等，2009；刘志民和余海滨，2022）。因此，以科尔沁沙地为研究区，探究沙区土壤功能特征，对于提升区域生态修复效率具有重要意义。

土壤粒径分布特征，即土壤中各粒径级所占的百分比，是重要的土壤物理特性参数之一，能够间接反映土地沙化程度，与土壤水分运动、溶质运移及养分状况等因素密切相关（张俊华等，2012；Mohammadi and Meskini-vishi-kaee，2013；Xu et al.，2013）。土壤粒径分布多采用激光衍射技术进行测定，将土壤质地分为黏粒、粉粒和砂粒等部分。由于土壤颗粒是非规则几何形态，无法使用长度、面积、体积等规则几何特征进行描述，因此，为能够更好地定量表达土壤粒径分布特征对土壤结构及其形成过程的影响，许多专家学者在该领域引入了分形理论（高广磊等，2014；Eacute et al.，2016）。在干旱风沙区，土壤粒径分布变化是土壤演变、沙区植被恢复和风沙运动共同作用的结果，可对土地覆被和土体稳定性产生重要影响（Wang et al.，2008；桂东伟等，2011），间接反映土壤风蚀程度（Nadeu et al.，2011；高永等，2017）。因此，探究土壤粒径分布特征对于揭示区域风沙运动规律和解析风沙沉积环境具有重要意义。

土壤中的生物化学反应，反映了土壤中的水、肥、气、热的状况，是表征土壤质量的重要指标，对林地生产力具有重要影响（Marzaioli et al.，2010）。土壤碳、氮和磷是表征土壤肥力和生产力的重要指标，对调节植物生长和驱动养分循环具有关键作用（柳叶等，2021）。土壤 pH 值影响着土壤中各个因素的转化，包括土壤养分的存在状态，甚至会影响土壤养分的可利用性等。由于林木自身对土壤理化作用程度强弱不等的表现，不同林龄林木对 pH 值的影响也不同。土壤容重、土壤孔隙度等反映了土壤各物理性质间关系的密切程度，而土壤容重和土壤有机质、结构和紧实度等物理指标间相互关联。一般来说，土壤孔隙越多，土壤质地越松散，进而表现为土壤容重越小。土壤孔隙的状态会对土壤中空气的流通产生影响，同时，土壤孔隙在土壤水分向更深更宽的地方入渗时也扮演着重要角色（邹晓霞等，2018）。

土壤微生物是连接根系与土壤的重要纽带，参与了森林生态系统中土壤元素循环和植物养分吸收等方面，对维持生态系统功能和稳定十分重要（Puglisi et al.，2013；Beck et al.，2015）。根系真菌作为土壤真菌的亚群，其多样性和群落结构与宿主植物的生长、发育和更新能力存在密切关系（Baldrian，2017）。一般来说，根系真菌可分为寄生真菌、腐生真菌和共生真菌 3 种类型（Bonito et al.，2016；Kilpelainen et al.，2016）。其中，寄生真菌诱发植物病害，威胁生态系统健康；腐生真菌是生态系统重要的分解者（Moore et al.，2004）；共生真菌主要为菌根真菌，能够促进宿主植物吸收水分和矿物质养分，协助植物提高抗逆性和适应性（Frewa et al.，2018）。因此，根系真菌组成与植被生长和群落稳定性存在密切联系，可视为评价沙区植被生态效益的土壤微生物视角。基于植被与根系真菌的互作关系，可以进一步揭示土壤在沙区植被恢复和重建过程中的重要生态功能。

樟子松（*Pinus sylvestiris* var. *mongolica*）原产于中国大兴安岭和呼伦贝尔红花尔基地区，具有适应性强、抗旱、耐瘠薄和速生等优良特性，可在养分含量较差、水分含量较低的风沙土中良好生长，是我国北方干旱半干旱地区农田防护林、水土保持林和防风固沙林的重要造林树种（Chen et al.，2005）。为了治理流沙并恢复天然植被，科尔沁沙地通过引种樟子松营造了大面积防风固沙林（刘新平等，2016）。现阶段，国内外专家在沙地樟子松人工林土壤水分动态、养分动态及生态化学计量特征等方面取得了大量研究成果（张继义等，2005；孟祥楠等，2012；Deng et al.，2021；Song et al.，2020），荒漠化防治工作已从仅重视植被覆盖度转变为综合改善土壤环境。相关研究表明，森林植被地上部分可一方面增大了土壤颗粒的起动风速，另一方面通过减弱风沙流挟沙能力，促进了风蚀颗粒的沉降，进而使土壤中细颗粒物质和营养成分的含量不断增加，土壤结构得以改良。土壤粒径分布、根系微生物结构和功能群特征作为影响土壤环境的重要因素，在樟子松人工林下的研究却仍略显薄弱。

鉴于此，本章以科尔沁沙地樟子松中龄、近熟、成熟人工林为研究对象，采用激光衍射技术揭示林下风沙土的粒度组成，探究分析风沙土粒度组成、粒度参数和粒配曲线在不同林龄条件下的变化规律及原因；基于高通量测序和真菌功能群划分，比较分析不同林龄樟子松根系真菌多样性、群落组成和真菌营养类型特征，以期为区域土地沙化防治和生态重建等工作提供理论依据。

3.2　研究方法

3.2.1　研究区

研究区位于科尔沁沙地东南部的辽宁省彰武县章古台沙地森林公园（42°

23′N，122°22′E），海拔226.5 m。属温带亚湿润大陆性季风气候，光照充足，昼夜温差大。年均气温8 ℃，年均降水量526.5 mm，年蒸发量约1932.7 mm，年均日照时数为2615.2 h。土壤类型为风沙土。研究区常见植物种包括樟子松、胡枝子（*Lespedeza bicolor*）、小叶锦鸡儿（*Caragana microphylla*）、狗尾草（*Setaria viridis*）、羊草（*Leymus chinensis*）、冰草（*Agropyron cristatum*）等。

3.2.2 样品采集

2017年7~8月，分别在章古台沙地森林公园中龄林（26年）、近熟林（33年）和成熟林（43年）处各随机布设3个规格为50m×50m的实验样地，在未造林地内随机选取3个1m×1m取样点，样地间距大于1km。对样地内胸径大于1cm的樟子松进行每木检尺，记录林龄、树高、胸径和郁闭度等指标，样地基本概况见表3-1。在每个人工林样地内选取3棵樟子松标准木作为采样对象，在树冠投影下方除去枯枝落叶层后，采用五点采样法分别收集深度为0~10cm和10~20cm土层的土壤样品。同时，樟子松根尖样品的采集需沿其根部小心挖至根的末级，剔除杂根。将采集的土样和根样分别装入密封袋并编号，土壤用于理化性质测定，根尖用于真菌分离鉴定。

表3-1　研究样地概况

	平均树高	平均胸径	林分密度	郁闭度
中龄林	10.26±1.47	16.93±2.81	1650	0.72
近熟林	10.61±1.03	14.06±2.44	1650	0.75
成熟林	11.12±1.74	21.07±1.02	1650	0.68

3.2.3 风沙土粒度参数计算

风沙土样品带回实验室自然风干，剔除细根及碎石等杂物后，采用马尔文MS 2000型激光粒度分析仪测定土壤粒度组成，每个样品重复测量3次，测试结果以美国制土壤粒度分级标准输出（高广磊等，2014），并输出土壤颗粒体积分数为5%、16%、25%、50%、75%、84%和95%时所对应的土壤粒径。采用Udden-Wentworth粒径标准，根据Krumbein所提出的对数转化法，将粒度的真值转化为 Φ 值：

$$\Phi = -\log_2 d \tag{3-1}$$

其中，d 为沙粒粒径（mm）。

采用Folk-Ward的图解法计算平均粒径、标准偏差、偏度和峰态值等土壤粒度参数，进而表征土壤粒径分布的平均程度、分散程度及分配对称性等

特征(杨金玲等, 2008; 董智等, 2013), 参数计算公式如下:

$$平均粒径\ d_0 = \frac{1}{3}(\Phi_{16} + \Phi_{50} + \Phi_{84}) \tag{3-2}$$

$$标准偏差\ \sigma_0 = \frac{1}{4}(\Phi_{84} - \Phi_{16}) + \frac{1}{6.6}(\Phi_{95} - \Phi_5) \tag{3-3}$$

$$偏度\ S_0 = \frac{\Phi_{16} + \Phi_{84} - \Phi_{50}}{2(\Phi_{84} - \Phi_{16})} + \frac{\Phi_5 + \Phi_{95} - \Phi_{50}}{2(\Phi_{95} - \Phi_5)} \tag{3-4}$$

$$峰态值\ K_0 = \frac{\Phi_{95} - \Phi_5}{2.44(\Phi_{75} - \Phi_{25})} \tag{3-5}$$

土壤粒径分形维数不仅可以进一步比较不同土壤的颗粒分布特征和质地均匀程度, 还可以用于反映土壤的其他特征, 如土壤发生、土壤肥力、土地利用类型对质地的影响、土壤退化程度等(Gao et al., 2016)。其计算公式为:

$$\lg\left(\frac{v(r<R_i)}{v_r}\right) = (3-D)\lg\left(\frac{R_i}{R_{\max}}\right) \tag{3-6}$$

其中, D 为土壤体积分形维数; r 为土壤粒径(mm); R_i 为粒径等级 i 的土壤粒径(mm); $R_{\max}$ 为土壤粒径的极大值(mm); $v(r<R_i)$ 为土壤粒径小于 R_i 的土壤体积分数(%); v_r 为各粒径等级体积分数之和(%)。

3.2.4 土壤理化性质测定

采用环刀烘干称重法测定土壤孔隙度(TSP, total soil porosity)和土壤含水量(SWC, soil water content), 采用离子选择电极测量法测量土壤 pH 值(pH), 采用重铬酸盐氧化法测定土壤有机质含量(SOM), 采用靛酚蓝比色法测定土壤全氮(TN)和铵态氮(NH_4^+-N)、钼锑抗比色法测定速效磷(AP)、水杨酸比色法测定硝态氮(NO_3^--N), 比色法测定均使用全自动化学分析仪(Smartchem 200, 意大利)进行, 使用酶标仪(DK-3506, 中国)采用高锰酸钾滴定法测定过氧化氢酶含量(CAT), 靛酚比色法测定脲酶活性(UE)。

3.2.5 根系真菌的分离与鉴定

使用 Power Soil© DNA Kit(Mo Bio Laboratories, 美国)试剂盒对根系真菌样品进行 DNA 抽提取, 完成基因组 DNA 抽提后, 利用 1%琼脂糖凝胶电泳检测抽提的基因组 DNA。采用 PCR 对根系真菌的 rDNA ITS 区进行扩增, 真菌通用引物为 ITS1F(5'-CTTGGTCATTTAGAGGAAGTAA-3')和 ITS2(5'-GCT-GCGTTCTTCATCGATGC-3'), 每个样本重复 3 次。对 PCR 扩增产物进行凝胶电泳检测, 合格后使用 Illumina MiSeq 平台进行上机测序。利用 NCBI 数据库中 BLAST 分析对相似性≥97% OTU 序列进行比对，并注释其群落的物种信息，注释遵循以对比相似度≥97%鉴定到种水平；相似度介于 90%～97%则可鉴定到属水平(Kennedy et al. ，2010)。

利用 FUNGuild v1.0 将樟子松根系真菌划分为不同的营养型和功能群(表3-2)，结果数据仅保留置信度为"很可能"(Probable)和"极可能"(Highly probable)的 OTUs 及其类别；将营养类型鉴定为复合营养型的群落全部纳入"其他真菌"(Other fungi)，功能群鉴定为复合多功能方式的群落分别统一为该营养型下的"其他病理/腐生真菌"(Other pathogenic/saprotrophic fungi)(Nguyen et al. ，2016)。

表 3-2　真菌营养型和功能群的划分

营养型 Trophic mode	功能群 Guild
病理营养型 Pathotroph	动物病原菌 Animal pathogens
	植物病原菌 Plant pathogens
	其他病理真菌 Other pathogenic fungi
腐生营养型 Saprotroph	粪腐生真菌 Dung saprotrophs
	植物腐生真菌 Plant saprotrophs
	土壤腐生真菌 Soil saprotrophs
	木质腐生真菌 Wood saprotrophs
	未定义腐生真菌 Undefined saprotrophs
	其他腐生真菌 Other saprotrophic fungi
共生营养型 Symbiotroph	丛枝菌根真菌 Arbuscular mycorrhizal fungi
	外生菌根真菌 Ectomycorrhizal fungi
	内生真菌 Endophytes
	地衣共生真菌 Lichenized fungi
其他 Other fungi	—

3.2.6　数据分析

采用 Excel 2010 和 SPSS Statistic 21 软件对风沙土实验数据进行统计分析，通过单因素方差分析(One-way ANOVO)的最小显著差异(LSD)法对研究区不同类型样地的土壤粒度组成与粒度参数进行差异显著性检验，置信区间为 95%。

根据真菌类群在整体群落中的占比划分优势度，占比≥10%为优势属，1%～10%为常见属，≤1%为稀有属(谯利军等，2018)。采用 SPSS 20 进行数据处理与分析，包括最小显著性差异法（LSD）和斯皮尔曼相关性检验（Spearman's rank correlation），运用 R 3.5.1 进行 Shannon、Simpson 和 Pielou 多样性指数及物种相关性矩阵计算，采用 OriginPro 2017 和 Cytoscape 绘图和输出结果。

3.3　樟子松人工林土壤粒度特征

3.3.1　土壤粒度组成

科尔沁沙地樟子松人工林 0~10cm 风沙土以砂粒为主，其平均含量高达土壤颗粒的 69.29%~87.04%，其中，细砂与中砂含量较高，极粗砂含量较低；其次为粉粒，平均含量可达 13.30%~25.05%；黏粒含量最少，平均含量不足 2%。随林龄的增加，近熟林与成熟林的黏粒、粉粒含量显著高于中林龄（$P<0.05$），近熟林的极细砂含量显著高于中林龄与成熟林（$P<0.05$）；近熟林与成熟林的细砂含量显著低于中龄林（$P<0.05$）；成熟林的中砂含量显著高于近熟林（$P<0.05$）；粗砂与极粗砂含量无显著变化（$P>0.05$）。裸沙地 0~10 cm 风沙土黏粒含量显著低于同层近熟林与成熟林土壤（$P<0.05$），与中龄林不存在显著差异（$P>0.05$），粉粒和极细砂含量显著低于林地土壤（$P<0.05$），中砂含量显著高于林地土壤（$P<0.05$），粗砂与极粗砂含量与林地土壤不存在明显差异（$P>0.05$）。

区域樟子松人工林 10~20cm 风沙土仍以砂粒为主，其平均含量高达土壤颗粒的 82.57%~94.23%；其次为粉粒，含量可达 5.68%~17.15%；黏粒含量不足 1%。随林龄的增加，土壤黏粒与粉粒含量不断增加（$P<0.05$）；成熟林极细砂含量显著高于中龄林（$P<0.05$）；近熟林与成熟林的细砂含量显著低于中龄林（$P<0.05$），成熟林的中砂含量显著低于中龄林与近熟林（$P<0.05$）；粗砂与极粗砂含量无显著变化（$P>0.05$）。裸沙地 10~20 cm 风沙土黏粒和粉粒含量显著低于同层近熟林与成熟林土壤（$P<0.05$），与中龄林不存在显著差异（$P>0.05$），极细砂含量显著低于成熟林（$P<0.05$），中砂含量显著高于成熟林（$P<0.05$），细砂、粗砂与极粗砂含量与林地土壤不存在明显差异（$P>0.05$）。

表 3-3　沙地樟子松人工林土壤粒度组成

林木类型	土层深度(cm)	黏粒(%)	粉粒(%)	砂粒(%)				
				极细砂	细砂	中砂	粗砂	极粗砂
中龄林	0~10	0.33±0.03b	13.30±1.44b	11.42±1.28b	48.95±4.83a	24.14±5.21bc	1.58±0.55a	0.28±0.23a
	10~20	0.09±0.04C	5.68±0.86C	8.62±1.08B	56.28±6.87A	27.23±6.27AB	1.93±1.88A	0.13±0.23A
近熟林	0~10	1.64±0.19a	23.45±3.81a	19.89±1.47a	34.83±6.03b	18.12±0.80c	1.63±0.68a	0.45±0.73a
	10~20	0.24±0.08B	12.89±1.52B	13.66±1.77AB	42.53±4.72B	27.74±5.40AB	2.86±1.37A	0.06±0.02A
成熟林	0~10	1.82±0.21a	25.05±2.20a	14.05±2.46b	32.43±4.05b	25.25±2.23b	1.40±0.73a	0.00±0.01a
	10~20	0.28±0.05A	17.15±2.10A	16.91±5.30A	35.45±2.01B	26.00±5.68B	3.91±0.47A	0.29±0.17A
裸沙地	0~10	0.30±0.02b	7.61±0.37c	7.59±1.81c	47.68±2.57a	34.37±3.15a	2.40±0.64a	0.06±0.06a
	10~20	0.07±0.43C	4.42±0.76C	7.97±1.03B	48.95±2.22AB	36.06±2.28A	2.44±0.18A	0.07±0.07A

注：同列不同小、大写字母分别表示 0~10cm 和 10~20cm 土层差异显著($P<0.05$)。

3.3.2　土壤粒度参数

科尔沁沙地樟子松中龄林、近熟林与成熟林 0~10cm 风沙土平均粒径分别为 2.77Φ、3.32Φ 和 3.23Φ，土壤质地较粗；标准偏差分别为 1.33Φ、1.72Φ、1.84Φ，分选性均属于较差等级；偏度值分别为 0.46、0.32、0.47，偏度状况均为极正偏度；峰度值分别为 1.51、1.16、1.04，峰度状况均为尖窄，土壤颗粒的分布不均匀；分形维数分别为 2.18、2.42、2.43(表 3-4)。随着林龄的增加，近熟林和成熟林的平均粒径、标准偏差与分形维数显著高于中龄林($P<0.05$)，成熟林的偏度值显著高于近熟林($P<0.05$)；近熟林和成熟林的峰度值显著低于中龄林($P<0.05$)。裸沙地 0~10cm 风沙土平均粒径和标准偏差显著低于同层林地土壤($P<0.05$)；偏度值与林地土壤无显著差异($P>0.05$)；峰度值显著高于林地土壤($P<0.05$)；分形维数显著低于近熟林和成熟林($P<0.05$)，与中龄林不存在显著差异($P>0.05$)。

科尔沁沙地樟子松中龄林、近熟林与成熟林 10~20cm 风沙土平均粒径分别为 2.43Φ、2.71Φ 和 2.86Φ，土壤质地较粗；标准偏差分别为 0.88Φ、1.32Φ、1.44Φ，中龄林风沙土分选中等，近熟林和成熟林风沙土分选性较差；偏度值分别为 0.25、0.36、0.33，中龄林风沙土偏度状况为正偏度，近熟林和成熟林风沙土为极正偏度；峰度值分别为 1.40、1.22、1.04，中龄林和近熟林风沙土峰度状况为尖窄，成熟林为中等；分形维数分别为 1.98、2.13、2.17。随着林龄的增加，近熟林和成熟林的土壤平均粒径、标准偏差与分形维数显著高于中龄林($P<0.05$)；近熟林和成熟林的峰度值显著低于中龄林($P<0.05$)；偏度值无显著变化($P>0.05$)。裸沙地 10~20cm 风沙土平均粒径、标准偏差和分形维数显著低于同层近熟林与成熟林($P<0.05$)，与中龄林不存在显著差异($P>0.05$)；峰度值显著低于中龄林($P<0.05$)，与近熟林和成熟林不存在显著差异($P>0.05$)；偏度值与林地土壤不存在显著差异($P>0.05$)。

表 3-4　沙地樟子松人工林土壤粒度参数

林木类型	土层深度(cm)	平均粒径	标准偏差	偏度值	峰度值	分形维数
中龄林	0~10	2.77±0.07b	1.33±0.06b	0.46±0.07ab	1.51±0.09b	2.18±0.01b
	10~20	2.43±0.09B	0.88±0.12B	0.25±0.06A	1.40±0.12A	1.98±0.07C
近熟林	0~10	3.32±0.14a	1.72±0.12a	0.32±0.09b	1.16±0.05c	2.42±0.02a
	10~20	2.71±0.13A	1.32±0.08A	0.36±0.03A	1.22±0.01B	2.13±0.04B
成熟林	0~10	3.23±0.07a	1.84±0.06a	0.47±0.10a	1.04±0.04c	2.43±0.02a
	10~20	2.86±0.16A	1.44±0.02A	0.33±0.13A	1.04±0.12B	2.17±0.02B
裸沙地	0~10	2.36±0.08c	1.12±0.01c	0.37±0.00ab	1.78±0.17a	2.15±0.01b
	10~20	2.28±0.03B	0.84±0.03B	0.23±0.04A	1.23±0.10B	1.91±0.11C

注：同列不同小、大写字母分别表示 0~10cm、10~20cm 土层差异显著($P<0.05$)。

3.3.3　土壤粒配曲线

3.3.3.1　土壤粒度频率分布曲线

科尔沁沙地不同樟子松人工林 0~10cm 风沙土粒度频率分布曲线均为双峰型，三条曲线分别在 4.8 Φ 和 2.4 Φ 附近出现了波峰，在 3.9 Φ 附近处出现了波谷（图 3-1a）。波谷左侧的曲线可代表风沙土细粒组分（包括黏粒、粉粒），右侧的曲线可代表风沙土粗粒组分（砂粒）。细粒组分的波峰由高到低依次为成熟林、近熟林、中熟林；粗粒组分的波峰由高到低依次为中熟林、近熟林、成熟林。随林龄的增加，0~10cm 风沙土细粒组分含量逐渐增加，粗粒组分含量逐渐减少。裸沙地风沙土粒度频率分布曲线的波峰也出现在 4.8 Φ 和 2.4 Φ 附近，细粒组分含量低于林地土壤，粗粒组分含量高于林地土壤。

科尔沁沙地不同樟子松人工林 10~20cm 风沙土粒度频率分布曲线均为双

峰型，三条曲线分别在 4.8 Φ 和 2.4 Φ 附近出现了波峰，在 3.9 Φ 附近处出现了波谷（图 3-1b）。细粒组分的波峰由高到低依次为成熟林、近熟林、中熟林；粗粒组分的波峰由高到低依次为中熟林、近熟林、成熟林。随林龄的增加，10~20cm 风沙土细粒组分含量逐渐增加，粗粒组分含量逐渐减少。裸沙地风沙土粒度频率分布曲线为单峰型，波峰出现在 2.5 Φ 附近。裸沙地细粒组分含量低于林地土壤，粗粒组分含量高于近熟林和成熟林土壤。

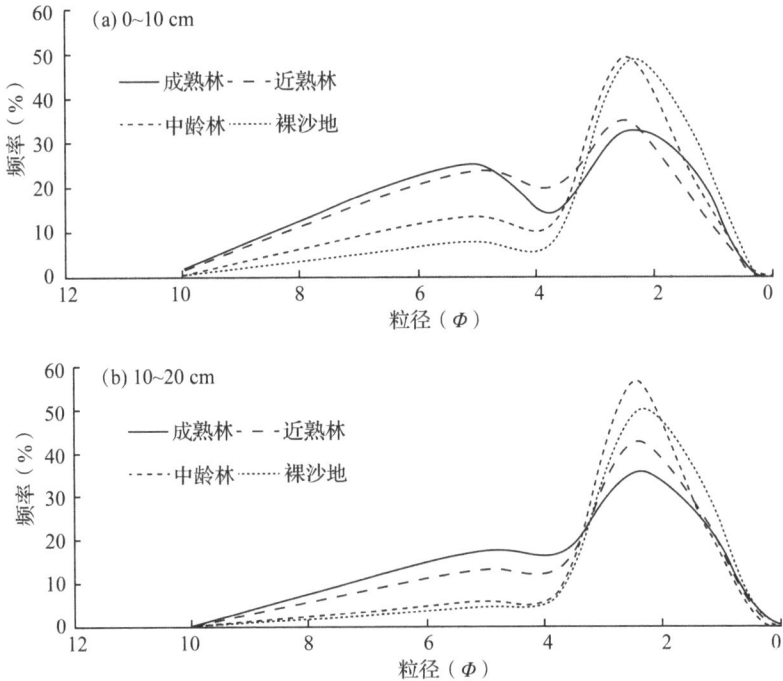

图 3-1　土壤粒度频率分布曲线

3.3.3.2　土壤粒度累计频率分布曲线

0~10cm 林地与裸沙地的土壤粒度累计频率分布曲线可划分为细粒段所代表的悬移组分、中粒段所代表的跃移组分以及粗粒段所代表的蠕移组分，成熟林、近熟林、中龄林和裸沙地跃移组分的粒径区间依次为 5.1~1.6Φ、4.9~1.6Φ、3.8~1.8Φ，3.5~2.4Φ，悬移组分含量：成熟林>近熟林>中龄林>裸沙地（图 3-2a）。各累计频率分布曲线的斜率越大，表明土壤颗粒的分选性越好，可见各样地跃移组分的分选性显著优于其他两种组分，其分选性：裸沙地>中龄林>近熟林>成熟林。

10～20 cm 林地与裸沙地的土壤粒度累计频率分布曲线亦可划分为悬移组分、跃移组分和蠕移组分 3 种类型，成熟林、近熟林、中龄林和裸沙地跃移组分的粒径区间依次为 5.2～1.1Φ、4.8～1.7Φ、3.8～1.8Φ，3.4～1.5Φ，悬移组分含量：成熟林>近熟林>中龄林>裸沙地。跃移组分土壤颗粒的分选性较好，其分选性：裸沙地>中龄林>近熟林>成熟林。裸沙地 0～10cm 风沙土跃移组分的分选性优于 10～20cm（图 3-2b）。

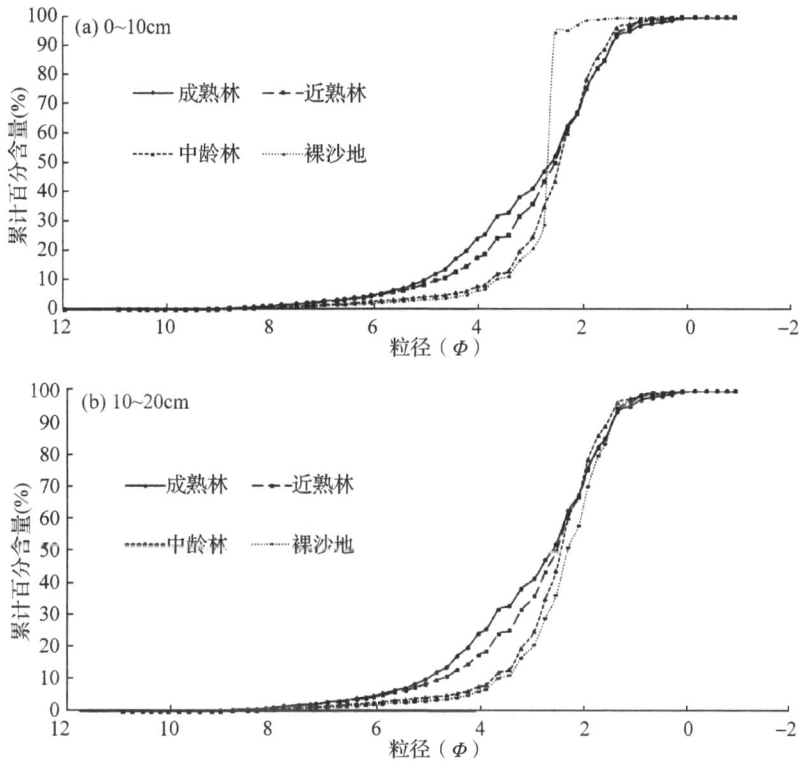

图 3-2　土壤粒度累计频率分布曲线

3.4　樟子松人工林土壤理化特性

3.4.1　樟子松林土壤理化性质

不同林龄樟子松林土壤理化性质如表 3-5 所示。在中龄林和成熟林中土壤含水量、土壤容重、土壤总孔隙、有机质、全氮、硝态氮和速效钾含量存在显著差异，在近熟林和成熟林中土壤全氮含量存在显著差异，在中龄林和近熟林中硝态氮和速效钾含量存在显著差异($P<0.05$)。土壤含水量和孔隙度随林龄增加不断降低；土壤有机碳、全氮和全磷含量均随林龄增加逐渐增加。

表 3-5 样地土壤基本理化性质

理化性质	中龄林	近熟林	成熟林
土壤含水量(%)	7.37±0.99a	6.75±0.91ab	5.79±0.35b
土壤容重(g/cm³)	1.69±0.04b	1.77±0.05a	1.75±0.05ab
土壤总孔隙(%)	37.5±1.29a	36.59±2.07ab	33.74±3.84b
pH 值	6.46±0.35a	6.65±0.78a	6.16±0.47a
土壤全氮(g/kg)	0.61±0.06a	0.64±0.11a	0.27±0.17b
土壤全磷(g/kg)	0.08±0.03a	0.11±0.05a	0.12±0.03a
土壤有机质(g/kg)	3.63±1.74b	6±3.33ab	7.49±3.45a
铵态氮(mg/kg)	4.72±1.24a	4.32±0.74a	4.41±0.58a
硝态氮(mg/kg)	3.77±0.77b	3.78±0.45b	6.59±2.89a
速效磷(g/kg)	2.31±0.48a	2.15±0.6a	2.73±1.78a
速效钾(g/kg)	67.33±7.68a	30.76±11.89b	29.23±5.58b

注：表中不同小写字母表示不同林组差异显著($P<0.05$)。

3.4.2 土壤因子之间相关性

部分土壤理化因子间表现出显著相关性(表 3-6)，土壤含水量与速效钾为显著正相关关系($P<0.05$)，土壤容重与土壤有机质为极显著正相关关系($P<0.01$)，和全磷为显著正相关关系($P<0.05$)，土壤总孔隙度与速效磷为极显著负相关关系($P<0.01$)，pH 值与土壤有机质和铵态氮为显著负相关($P<0.05$)，土壤全氮与硝态氮为极显著负相关关系($P<0.01$)，土壤全磷与有机质为显著正相关关系($P<0.05$)。

表 3-6 土壤理化性质相关性

	含水量	容重	总孔隙	pH 值	全氮	全磷	有机质	铵态氮	硝态氮	速效磷	速效钾
含水量											
容重	-0.069										
总孔隙	0.388	-0.426									
pH 值	0.008	-0.187	0.176								
全氮	0.445	0.049	0.267	0.293							
全磷	0.159	0.577*	-0.283	-0.159	-0.277						

（续）

	含水量	容　重	总孔隙	pH 值	全　氮	全　磷	有机质	铵态氮	硝态氮	速效磷	速效钾
有机质	-0.152	0.685**	-0.238	-0.527*	-0.163	0.543*					
铵态氮	0.260	0.164	0.135	-0.540*	0.148	0.063	0.346				
硝态氮	-0.262	0.010	0.010	-0.351	-0.827**	0.277	0.440	0.095			
速效磷	-0.154	0.081	-0.662**	-0.206	-0.041	-0.077	-0.076	0.157	-0.171		
速效钾	0.569*	-0.459	0.384	-0.044	0.400	-0.411	-0.361	0.251	-0.288	0.009	

注：* 表示显著相关（$P<0.05$），** 表示极显著相关（$P<0.01$）。

3.5　樟子松根系真菌群落结构和功能

3.5.1　樟子松根系真菌根系多样性和群落组成

从科尔沁沙地樟子松人工林 26 年、33 年和 43 年样地根尖样品中共获得根系真菌高质量 ITS 序列 384016 条及可划分 OTU 数量 832 个。随着林龄的增加，科尔沁沙地樟子松根系真菌 Shannon、Simpson 和 Pielou 指数逐渐增大，均在 43 年样地中达到最大值，分别是 2.04、0.72 和 0.44，但不同林龄林分之间无显著差异（$P>0.05$）（表 3-7）。

表 3-7　科尔沁沙地樟子松根系真菌多样性指数

	Shannon	Simpson	Pielou
中龄林	1.66±0.34a	0.64±0.15a	0.37±0.07a
成熟林	1.76±0.18a	0.65±0.10a	0.39±0.04a
中龄林	2.04±0.31a	0.72±0.11a	0.44±0.06a

注：不同小写字母表示在 0.05 水平差异显著（$P<0.05$），下同。

科尔沁沙地樟子松根系真菌隶属于 5 门 16 纲 54 目 84 科 182 属。各林龄樟子松根系真菌优势属和常见属共包括 22 属。其中，26 年样地优势属为鞘孢属（*Chalara*）和肉座菌属（*Hypocrea*），33 年样地优势属为 *Phialocephala*、鞘孢属和肉座菌属，43 年样地优势属为 *Phialocephal*。26 年、33 年和 43 年样地根系真菌优势属占所有真菌属的比例分别为 42.89%、47.58% 和 17.83%。26 年、33 年和 43 年样地根系真菌常见属分别有 10 属、9 属和 18 属，占比分别为 46.19%、42.13% 和 72.34%。稀有属个数和占比在不同林龄间相近，分别是 128 属、130 属和 126 属以及 10.92%、10.30% 和 9.83%。随着林龄增长，优势属比例呈下降趋势，常见属呈增加趋势，而稀有属则保持在一个较为稳定的水平。结合它们的相对丰度进行聚类分析（彩图7），26年和33年样地聚合性较好，表明其2组根系真菌组成结构具有较高的相似度。

3.5.2 根系真菌生态功能群

科尔沁沙地樟子松不同营养型真菌相对丰度随着林龄的增加呈现出不同的变化趋势（图3-3）。病理营养型真菌相对丰度呈现下降趋势，由17.48%下降到7.73%，腐生营养型较为稳定（7.84%~10.06%），共生营养型则表现出较大波动，在26年、33年和43年样地中的相对丰度分别为22.05%、38.90%和48.79%。其中，不同林龄中共生营养型根系真菌主要由外生菌根真菌和内生真菌组成，且均存在少量丛枝菌根真菌。26年和33年样地的共有优势属（鞘孢属和肉座菌属）均为复合营养型真菌，33年和43年样地的共有优势属 *Phialocephala* 为内生真菌。43年和33年样地中相对丰度较高的乳菇属（*Lactarius*）、丝盖伞属（*Inocybe*）、糙缘腺革菌属（*Amphinema*）和须腹菌属（*Rhizopogon*）均为共生营养型中的外生菌根真菌。

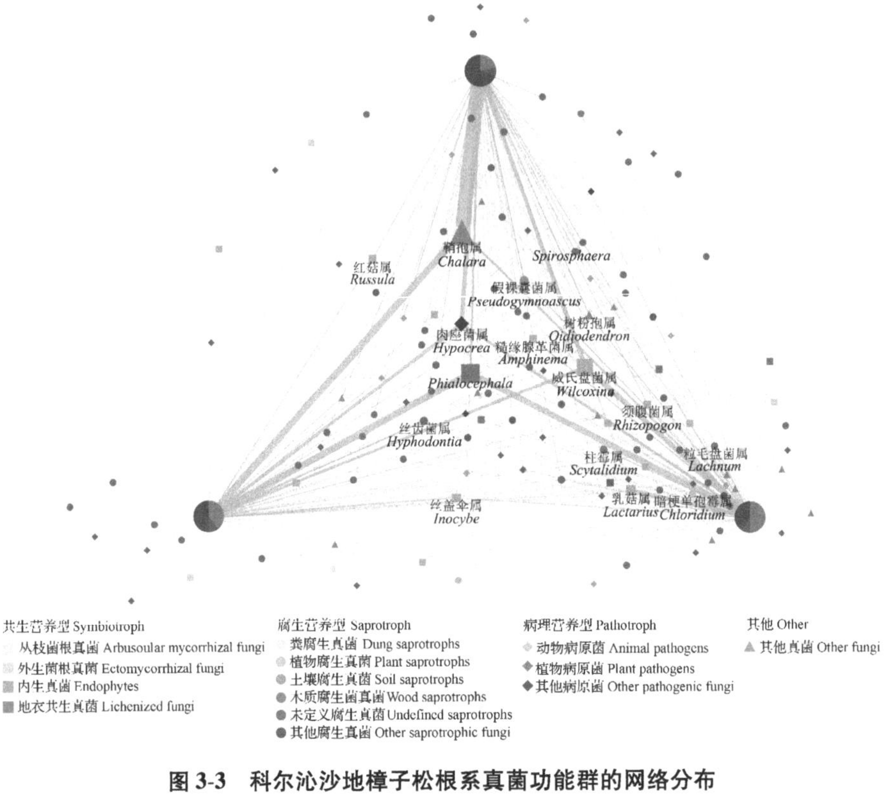

图3-3 科尔沁沙地樟子松根系真菌功能群的网络分布

不同真菌营养型在各样地中的相对丰度用扇形图表示，真菌属在不同林龄的相对丰度由边线粗细表示，节点的面积表示所有样品中属的绝对丰度，不同林龄根系真菌共 16 个优势属和常见属被可靠鉴定。

3.5.3　土壤理化性质对根系土壤真菌多样性和营养型的影响

不同林龄樟子松根围土壤具有不同理化性质。26 年样地中土壤含水量显著高于 33 年和 43 年样地（$P<0.05$），土壤有机碳、全氮和全磷含量均随林龄的增加显著升高（$P<0.05$），表明土壤养分含量上升。根系周围土壤理化性质与根系真菌多样性指数和根系真菌营养型相对丰度的相关性如表 3-8 所示，根系真菌多样性与土壤理化性质均无显著相关关系（$P>0.05$），不同真菌营养型中仅共生营养型真菌相对丰度与土壤含水量显著负相关（$P<0.05$）。

表 3-8　樟子松根系真菌多样性和营养型相对丰度与土壤理化性质的相关性

项目 Item	Shannon	Simpson	Pielou	病理营养型 Pathotroph	腐生营养型 Saprotroph	共生营养型 Symbiotroph
SWC	−0.282	−0.275	−0.289	−0.064	−0.171	−0.596*
pH	−0.428	−0.395	−0.369	0.086	−0.220	−0.113
TSP	−0.316	−0.278	−0.281	−0.034	−0.146	−0.406
SOC	0.321	0.086	0.289	−0.357	0.075	0.432
TN	0.031	−0.075	0.050	−0.101	−0.054	0.199
TP	0.359	0.149	0.337	−0.020	0.212	0.444

注：* $P<0.05$；SWC：土壤重量含水率 soil water content；TSP：土壤孔隙度 total soil porosity；SOC：有机碳含量 soil organic carbon content；TN：全氮含量 total nitrogen content；TP：全磷含量 total phosphorus content。

3.6　讨　论

3.6.1　科尔沁沙地风沙土粒度特征

科尔沁沙地风沙土砂粒含量较高，黏粒、粉粒含量较低，归因于区域内剧烈的风力侵蚀作用。黏粒和粉粒的粒径小于砂粒，起动风速较小，更易被近地表风的吹蚀、搬运。随着林龄的增长，土壤黏粒和粉粒含量呈增加趋势，砂粒含量呈减小趋势，因此林木生长可在一定程度上更加有效地影响土壤风蚀的发生和发展（贾晓红等，2007）。一方面林木冠层可有效削减风速，降低风力侵蚀的动力，另一方面地表枯落物不仅可以有效增大地表粗糙度，提升土壤颗粒的起动风速，还能增加土壤有机质含量，促进土壤团聚体的形成，提升土壤系统稳定性，从而有效抑制风沙活动（Hupy，2004；Yu et al.，2019）。10~20cm 风沙土的粒度组成也不断优化，这是因为樟子松人工林的增长可有效促进地下细根的周转，进而增加土壤养分，改善土壤结构（刘昀东等，2017）。裸沙地 0~10cm 风沙土黏粒和粉粒含量显著低于同层林地土壤（$P<0.05$），10~20cm 风沙土黏粒和粉粒含量显著低于同层近熟林与成熟林的土壤（$P<0.05$）。这是因为裸沙地风沙土表层缺少植被覆盖，土壤黏粒和粉粒的含量因强烈风蚀作用而不断减少。

科尔沁沙地樟子松人工林风沙土平均粒径较粗，随林龄的增长，平均粒径呈增大趋势，表明土壤粒度组成向细化趋势发展。林地风沙土分选性多属较差等级，随林龄的增长，其分选性不断变差，这是因为近熟林和成熟林的生态系统更加稳定，从而使黏粒和粉粒的含量不断增加，即土壤风沙土粒度组成不断细化，最终导致了土壤的粒径分布范围更趋广泛（Gao et al.，2016）。林地风沙土偏度状况多属极正偏、峰度状况多属尖窄，这是因为研究区风沙土细砂和中砂的含量很高，而黏粒和粉粒的含量极低，因此造成了风沙土粒度分布极不对称且相对比较集中的现象。随林龄的增长，土壤峰度值呈减小趋势，说明樟子松人工林通过增加土壤中细粒物质的含量，使土壤粒度分配逐渐趋向宽平，颗粒粗细分配的对称性不断优化。0~10cm 和 10~20cm 风沙土分形维数分别介于 2.18~2.43 和 1.98~2.17，土壤体积分形维数大小可直接反应土壤细颗粒物质（黏粒、粉粒）的含量，在风蚀强度越高，风蚀时间越久的地区，土壤因细颗粒物质被吹蚀而逐渐粗化，此时土壤体积分形维数就越小（胡云锋等，2005）。随林龄的增长，土壤分形维数不断增大的趋势亦可表征土壤细颗粒物质含量在不断增加。裸沙地风沙土平均粒径和标准偏差显著低于林地土壤（$P<0.05$），分形维数显著低于近熟林和成熟林（$P<0.05$），表明土壤风蚀对裸沙地的影响更加严重。

裸沙地 0~10cm 粗粒组分高于同层林地土壤，10~20cm 粗粒组分仅高于同层近熟林和成熟林的土壤，与中龄林土壤无明显差异，这是因为樟子松人工林的冠层可有效拦截风沙运动，使风沙流中的细颗粒物质遇阻沉降堆积。再加上植物枯落物对地表土壤的直接影响，导致表层土壤结构细化的速度比下层土壤快，最终使研究区樟子松人工林改良风沙土的方式在垂直方向是自上而下的过程，下层风沙土的结构细化具有一定滞后性。研究区风沙土存在明显悬移、跃移和蠕移组分的划分，林地土壤悬移组分的含量均高于裸沙地，归因于樟子松对风沙流的拦阻作用。林地和裸沙地风沙土跃移组分的分选性优于其他两种组分，这是由于跃移组分土壤颗粒频繁碰撞和高速旋转磨蚀所造成的（韩广等，2004），而跃移组分中裸沙地风沙土的分选性最好，表明风沙运动在裸沙地表面更为剧烈。

3.6.2　科尔沁沙地土壤理化特征

土壤含水率可以有效地表现出土壤孔隙度，并且能反映出土壤对于水分的吸收和保持能力，对于林分内水分状况有很好的指示作用。林龄会对人工林土壤理化性质产生一定影响，对土壤水分的影响更加明显（张芸等，2019）。随林龄增长，土壤含水量逐渐降低，这可能与樟子松生长阶段水分需求量大。土壤不仅是植物体生长的基本载体，也是枯落物的载体，向上通过根系不断向植物体提供必要的营养元素，同时向下不断吸收来自枯落物分解所释放的养分。因此，上层土壤的养分含量高于下层土壤。此外，不同林龄樟子松林土壤碳、氮、磷含量均远低于全国土壤水平（胡启武等，2014），表明樟子松林土壤储存养分的能力较差。这与樟子松的生长特性、土壤养分供应及枯落物分解状况有很大关系。针叶树种常常聚集在氮元素较为匮乏的土壤中，同时针叶枯落物分解后会降低周围土壤的 pH 值，而酸性环境在很大程度上会抑制土壤微生物的活动，不利于碳、氮、磷在土壤中的积累（任悦等，2019）。樟子松林生态系统氮含量低可能与区域土壤环境中氮缺乏有关，表明樟子松生长对氮长期供给不足具有较高的适应能力，也说明氮是樟子松林生态系统中主要的限制矿质营养元素（淑敏等，2018）。

土壤理化性质和根系真菌功能类型组成之间的因果关系难以确定，真菌自身生理活动直接影响土壤生态系统的健康与稳定，同时土壤水分和养分又是真菌生存的主要物质来源（Li et al.，2018）。干旱区樟子松的生长发育过程需要大量水分，增加共生真菌有助于植物根系从土壤中吸收水分（Grover et al.，2011），从而导致土壤含水率降低。土壤 pH 值在土壤真菌群落组成和功能类型上的影响普遍存在（Barnes et al.，2018），研究区樟子松人工林根围土壤 pH 值在 6~7，并与根系真菌功能群结构无显著相关性，这是因为真菌对 pH 值变化的敏感程度较低，具有较广的土壤酸碱耐受范围，且无明显生长抑制区（许美玲等，2004；Rousk et al.，2010）。本研究中大部分土壤理化性质并未与根系真菌营养型组成出现显著相关关系，这是因为宿主根系与根系真菌保持着相对稳定的供养和反馈相互作用（陈智裕等，2017），此时根系微环境已经过强烈的环境过滤，改变土壤性质对根系真菌群落的变化影响程度较低（Beck et al.，2015）。

3.6.3 科尔沁沙地樟子松根系真菌生态功能特征

土壤真菌多样性指数的高低代表着群落稳定性的大小和抵抗力的强弱（高尚坤等，2018），43a 样地中樟子松根系真菌群落抗扰能力强于 26a 和 33a 样地，这对樟子松的健康生长具有积极的效应。众所周知，植物根系真菌丰富度和多样性常受土壤 pH 值和有机质含量等因素影响（Toljander et al.，2006；Barnes et al.，2016b），然而樟子松根系真菌多样性与环境干扰因素的相关性较差，这种现象在以往研究中（Jumpponen et al.，2014；Entwistle et al.，2013）同样存在，这是因为真菌多样性与环境因子的相关性取决于所处生态系统的范围和类型，在某些生态系统中真菌对气候变化的承受力具有较大弹性（Zheng et al.，2017）。

从属水平上看，樟子松根系真菌优势属为鞘孢属、肉座菌属和 *Phialocephala*，其中：鞘孢属被认为是造成植物枯梢的植物病原菌（Tulik et al.，2018），肉座菌属是通过产生抗生素抑制植物病原真菌的腐生真菌生长（Jaklitsch，2009），而 FUNGuild 却将鞘孢属鉴定为复合营养型，肉座菌属鉴定为病理营养型。这可能是因为内生真菌在发育阶段的不稳定性导致它们不停地改变生态策略，于是生活史复杂的病原菌在不同的宿主中表现出不同的生活状态（Arnold et al.，2007）；也可能是伴随着根系真菌所在植物根系组织的死亡，其为维持正常的生理活动而改变自身的营养方式（Paulin–Mahady et al.，2002）。*Phialocephala* 为常出现于健康植物中的深色有隔内生真菌（dark septate endophytes，DSE），在针叶树种 DSE 中占主要地位（Surono et al.，2018），它能激发植物对非生物胁迫的抗性，加速根系内物质运输和矿化作用，抑制根系病原菌（Mandyam et al.，2005；Tellenbach et al.，2013）。总体上看，不同林龄樟子松根系真菌优势属和常见属的种类和占比波动较大，出现真菌组成异质性的原因可能是林龄影响了宿主植物根系分泌物的组成成分（李娇等，2014），而不同根系分泌物将直接影响根系微生物的数量和群落结构（Lladó et al.，2018）。

植物根系中不同营养型真菌之间相互促进与制约，根系真菌功能群结构组成与植物生长发育状况密不可分。43 年和 33 年样地中相对丰度高于 26 年样地的根系真菌为乳菇属、丝盖伞属、糙缘腺革菌属和须腹菌属，它们均为樟子松林常见的外生菌根真菌（郭米山等，2018），这证实了外生菌根真菌多样性在森林发育的前 30~40 年增长较快（Wu et al.，2013；Wallander et al.，2010）。共生营养型真菌的增加同时对病理营养型和腐生营养型真菌产生影响：一方面，共生营养型真菌可对植物致病菌产生拮抗作用，减少病原菌的定殖以保护植物免受病害（Nagy et al.，2013；Frewa et al.，2018），导致病理营养型真菌不断减少；另一方面，菌根真菌（尤其是外生菌根真菌）对土壤中营养物质的大量摄取，腐生真菌和其他微生物分解者受到抑制（Grau et al.，2017）。因此，即使土壤养分含量随林龄增加，科尔沁沙地樟子松根系腐生营养型真菌的相对丰度一直处于较为平稳的水平。樟子松根系真菌营养型结构随林龄的变化表现出一定的波动，共生营养型真菌占优势时宿主的抗扰能力增加（Chu et al.，2016），反之，若病理营养型和腐生营养型真菌比例高于共生营养型真菌，则极易导致植物病害发生（Millberg et al.，2015）。

3.7　小　结

（1）科尔沁沙地樟子松人工林风沙土以砂粒为主，其次为粉粒，黏粒含量最少。随林龄的增长，土壤黏粒、粉粒含量呈增加趋势，砂粒含量呈减少趋势。风沙土质地较粗，0~10cm 风沙土分选性均较差，偏度状况均为正偏度，峰度状况均为尖窄，分形维数 2.18~2.43；而随林龄的增加，10~20cm 风沙土分选性由中等变为较差，偏度状况由正偏度变为极正偏度，峰度状况由尖窄变为中等，分形维数 1.98~2.17；对于林地土壤而言，裸沙地风沙土质地更粗，分选性更好，分形维数更小，但偏度值不存在显著差异（P>0.05）。沙土的粒度频率分布曲线均为双峰型；裸沙地风沙土细粒组分含量低于林地土壤，0~10cm 粗粒组分高于林地土壤，10~20cm 粗粒组分仅高于近熟林和成熟林的土壤，体现了下层风沙土随林龄增加土壤颗粒不断细化的滞后性；樟子松人工林的阻沙作用使其悬移组分的含量高于裸沙地，裸沙地剧烈的风沙运动使其跃移组分的分选性高于林地。

（2）樟子松林土壤含水量随林龄的增加而减小，土壤养分含量在成熟林中并未得到有效积累；樟子松林土壤碳、氮、磷含量均远低于全国土壤水平，土壤储存养分的能力较差。上层土壤的养分含量高于下层土壤，这与樟子松枯落物分解、淋溶和沉降有关。土壤含水量和共生营养型真菌相对丰度存在显著相关关系；樟子松人工林土壤 pH 值在 6~7，与根系真菌功能群结构无显著相关性。樟子松根系与其根内真菌保持着相对稳定的供养和反馈相互作用，导致土壤理化性质对根内真菌群落的变化影响程度较低。

（3）科尔沁沙地樟子松根尖样品共获得 832 个 OTUs，根系真菌多样性指数随林龄的增加而不断增大，但不同林龄樟子松人工林不存在显著差异，且根系真菌多样性和土壤理化性质无显著相关关系；不同林龄樟子松根系真菌隶属于 5 门 16 纲 54 目 84 科 165 属，子囊菌门和担子菌门为主要组成部分，根系真菌优势属包括鞘孢属、肉座菌属和 *Phialocephala*。不同林龄根系真菌群落组成存在异质性，中优势属和常见属菌种类型和相对丰度变动较大；科尔沁沙地樟子松根系真菌功能群组成丰富，随林龄的增加科尔沁沙地樟子松根系共生营养型真菌数量急剧增加，同时病理营养型真菌数量呈现下降趋势，腐生营养型真菌数量维持在一个稳定水平。

参考文献

陈智裕，马静，赖华燕，等，2017. 植物根系对根际微环境扰动机制研究进展[J]. 生态学杂志，36(2)：524-529.

董智，王丽琴，杨文斌，等，2013. 额济纳盆地戈壁沉积物粒度特征分析[J]. 中国水土保持科学，11(1)：32-38.

高广磊，丁国栋，赵媛媛，等，2014. 四种粒径分级制度对土壤体积分形维数测定的影响[J]. 应用基础与工程科学学报，22(6)：1060-1068.

高尚坤，肖文发，曾立雄，等，2018. 马尾松人工林干扰对土壤微生物群落结构的短期影响[J]. 林业科学，54(12)：92-101.

高永，丁延龙，汪季，等，2017. 不同植物灌丛沙丘表面沉积物粒度变化及其固沙能力[J]. 农业工程学报，33(22)：135-142.

桂东伟，雷加强，曾凡江，等，2011. 绿洲农田不同深度土壤粒径分布特性及其影响因素-以策勒绿洲为例[J]. 干旱区研究，28(4)：622-629.

郭米山，高广磊，丁国栋，等，2018. 呼伦贝尔沙地樟子松外生菌根真菌多样性[J]. 菌物学报，37(9)：1133-1142.

韩广，张桂芳，杨文斌，2004. 呼伦贝尔沙地沙丘砂来源的定量分析——逐步判别分析(SDA)在粒度分析方面的应用[J]. 地理学报，59(2)：189-196.

胡启武，聂兰琴，郑艳明，等，2014. 沙化程度和林龄对湿地松叶片及林下土壤 C、N、P 化学计量特征影响[J]. 生态学报，34(9)：2246-2255.

胡云锋，刘纪远，庄大方，等，2005. 不同土地利用/土地覆盖下土壤粒径分布的分维特征[J]. 土壤学报，42(2)：336-339.

贾晓红，李新荣，李元寿，2007. 干旱沙区植被恢复过程中土壤颗粒分形特征[J]. 地理研究，26(3)：518-525.

李娇, 蒋先敏, 尹华军, 等, 2014. 不同林龄云杉人工林的根系分泌物与土壤微生物 [J]. 应用生态学报, 25(2): 325-332.

李奕赞, 张江周, 贾吉玉, 等, 2022. 农田土壤生态系统多功能性研究进展 [J]. 土壤学报, 59(5): 1177-1189.

刘新平, 何玉惠, 魏水莲, 等, 2016. 科尔沁沙地樟子松 (*Pinus sylvestris* var. *mongolica*) 生长对降水和温度的响应 [J]. 中国沙漠, 36(1): 57-63.

刘昀东, 高广磊, 丁国栋, 等, 2017. 风蚀荒漠化地区土壤质量演变研究进展 [J]. 南京林业大学学报 (自然科学版), 41(5): 161-168.

刘志民, 余海滨, 2022. "山水林田湖草沙生命共同体" 理念下的科尔沁沙地生态治理 [J]. 中国沙漠, 42(1): 34-40.

柳叶, 任悦, 高广磊, 等, 2021. 沙地樟子松人工林土壤碳氮磷储量分布特征 [J]. 中国水土保持科学 (中英文), 19(6): 27-34.

孟祥楠, 赵雨森, 郑磊, 等, 2012. 嫩江沙地不同年龄樟子松人工林种群结构与林下物种多样性动态 [J]. 应用生态学报, 23(9): 2332-2338.

谯利军, 周思旋, 文庭池, 等, 2018. 贵州马比木内生真菌的多样性研究 [J]. 菌物学报, 37(1): 9.

任悦, 高广磊, 丁国栋, 等, 2019. 沙地樟子松人工林叶片-枯落物-土壤氮磷化学计量特征 [J]. 应用生态学报, 30(3): 743-750.

淑敏, 王东丽, 王凯, 等, 2018. 不同林龄樟子松人工林针叶-凋落叶-土壤生态化学计量特征 [J]. 水土保持学报, 32(3): 174-179.

许美玲, 朱教君, 孙军德, 等, 2004. 树木外生菌根菌与环境因子关系研究进展 [J]. 生态学杂志, 23(5): 212-217.

杨金玲, 李德成, 张甘霖, 等, 2008. 土壤颗粒粒径分布质量分形维数和体积分形维数的对比 [J]. 土壤学报, 45(3): 413-419.

张继义, 赵哈林, 崔建垣, 等, 2005. 科尔沁沙地樟子松人工林土壤水分动态的研究 [J]. 林业科学, 41(3): 1-6.

张俊华, 李国栋, 南忠仁, 等, 2012. 黑河绿洲区耕作影响下的土壤粒径分布及其与有机碳的关系 [J]. 地理研究, 31(4): 608-618.

张芸, 李惠通, 张辉, 等, 2019. 不同林龄杉木人工林土壤 C：N：P 化学计量特征及其与土壤理化性质的关系 [J]. 生态学报, 39(7): 2520-2531.

赵学勇, 张春民, 左小安, 等, 2009. 科尔沁沙地沙漠化土地恢复面临的挑战 [J]. 应用生态学报, 20(7): 1559-1564.

邹晓霞, 张晓军, 王铭伦, 等, 2018. 土壤容重对花生根系生长性状和内源激素含量的影响 [J]. 植物生理学报, 54(6): 1130-1136.

Adhikari K, Hartemink A E, 2016. Linking Soils to Ecosystem Services——A Global Review [J]. Geoderma, 262: 101-111.

Arnold A E, Lutzoni F, 2007. Diversity and Host Range of Foliar Fungal Endophytes: Are Tropical Leaves Biodiversity Hotspots? [J]. Ecology, 88(3): 541-549.

Baldrian P, 2017. ForestMicrobiome: Diversity, Complexity and Dynamics[J]. FEMS Microbiology Reviews, 41(2): 109-130.

Barnes C J, Carla M, Frøslev T G, et al., 2016. Unexpectedly High Beta-diversity of Root-associated Fungal Communities in the Bolivian Andes [J]. Frontiers in Microbiology, 7 (195): 1377.

Barnes C J, van der Gast C J, McNamara N P, et al., 2018. Extreme Rainfall Affects Assembly of the Root - associated Fungal Community [J]. The New phytologist, 220 (4): 1172-1184.

Beck S, Powell J R, Drigo B, et al., 2015. The Role of Stochasticity Differs in the Assembly of Soil- and Root-associated Fungal Communities[J]. Soil Biology and Biochemistry(80): 18-25.

Bonito G, Hameed K, Ventura R, et al., 2016. Isolating a Functionally Relevant Guild of Fungi from the Root Microbiome of Populus[J]. Fungal Ecology(22): 35-42.

Chen F S, Zeng D H, Singh A N, et al., 2005. H. Effects of Soil Moisture and Soil Depth on Nitrogen Mineralization Process under Mongolian Pine Plantations in Zhanggutai Sandy Land, P. R. China[J]. Journal of Forestry Research, 16(2): 101-104.

Chu H, Wang C, Wang H, et al., 2016. Pine Wilt Disease Alters Soil Properties and Root-associated Fungal Communities in *Pinus tabulaeformis* Forest[J]. Plant and Soil, 404(1-2): 237-249.

Deng J F, Yao J Q, Zheng X, et al., 2021. Transpiration and Canopy Stomatal Conductance Dynamics of Mongolian Pine Plantations in Semiarid Deserts, Northern China[J]. Agricultural Water Management, 249: 106806.

Eacute M C J, Milton C C C, Denilton C G, et al., 2016. Fractal Analysis in the Description of Soil Particle-size Distribution under Different Land-use Patterns in Southern Amazonas State, Brazil[J]. African Journal of Agricultural Research, 11(23): 2032-2042.

Entwistle E M, Zak D R, Edwards I P, 2013. Long-term Experimental Nitrogen Deposition Alters the Composition of the Active Fungal Community in the Forest Floor[J]. Soil Science Society of America Journal, 77(5): 1648-1658.

Frew A, Powell J R, Glauser G, et al., 2018. Mycorrhizal Fungi Enhance Nutrient Uptake But Disarm Defences in Plant Roots, Promoting Plant-parasitic Nematode Populations[J]. Soil Biology and Biochemistry, 126: 123-132.

Gao G L, Ding G D, Zhao Y Y, et al., 2015. Characterization of Soil Particle Size Distribution with a Fractal Model in the Desertified Regions of Northern China[J]. Acta Geophysica, 64 (1): 1-14.

Grau O, Geml J, Pérez-Haase A, et al. , 2017. Abrupt Changes in the Composition and Function of Fungal Communities along an Environmental Gradient in the High Arctic. [J]. Molecular ecology, 26(18): 4798-4180.

Grover M, Ali S Z, Sandhya V, et al. , 2011. Role of Microorganisms in Adaptation of Agriculture Crops to Abiotic Stresses[J]. World Journal of Microbiology and Biotechnology, 27(5): 1231-1240.

Hupy J P, 2004. Influence ofVegetation Cover and Crust Type on Wind-blown Sediment in a Semi-arid Climate[J]. Journal of Arid Environments, 58(2): 167-179.

Jaklitsch W M, 2009. EuropeanSpecies of *Hypocrea* Part I. The Green-spored Species[J]. Studies in Mycology, 63: 1-91.

Jumpponen A, Jones K L, 2014. Tallgrass Prairie Soil Fungal Communities are Resilient to Climate Change[J]. Fungal Ecology, 10: 44-57.

Kennedy P G, Hill L T, 2010. A Molecular and Phylogenetic Analysis of the Structure and Specificity of *Alnus rubra* Ectomycorrhizal Assemblages[J]. Fungal Ecology, 3(3): 195-204.

Kilpeläinen J, Vestberg M, Repo T, et al. , 2016. Arbuscular and Ectomycorrhizal Root Colonisation and Plant Nutrition in Soils Exposed to Freezing Temperatures[J]. Soil Biology and Biochemistry, 99: 85-93.

Li S, Shakoor A, Wubet T, et al. , 2018. Fine-scale Variations of Fungal Community in a Heterogeneous Grassland in Inner Mongolia: Effects of the plant community and Edaphic Parameters[J]. Soil Biology and Biochemistry, 122: 104-110.

Lladó S, López-Mondéjar R, Baldrian P, 2018. Drivers of Microbial Community Structure in Forest Soils[J]. Applied Microbiology and Biotechnology, 102(10): 4331-4338.

Mandyam K, Jumpponen A, 2005. Seeking the Elusive Function of the Root-colonising Dark Septate Endophytic Fungi[J]. Studies in Mycology, 53(1): 173-189.

Marzaioli R, D'ascoli R, de Pascale R A, et al. , 2010. Soil Quality in a Mediterranean area of Southern Italy as Related to Different Land Use Types[J]. Appllied Soil Ecology, 44(3): 205-212.

Millberg H, Boberg J, Stenlid J, 2015. Changes in Fungal Community of Scots Pine (*Pinus sylvestris*) Needles along a Latitudinal Gradient in Sweden[J]. Fungal Ecology, 17: 126-139.

Mohmmadi M H, Meskini-Vishikaee F, 2013. PredictingSoil Moisture Characteristic Curves from Continuous Particle-size Distribution Data[J]. Pedosphere, 23(1): 70-80.

Moore J C, Berlow E L, Coleman D C, et al. , 2010. Detritus, Trophic Dynamics and BioDiversity[J]. Ecology Letters, 7(7): 584-600.

Nadeu E, Vente J D, Martínez-Mena M, et al. , 2011. Exploring Particle Size Distribution and Organic Carbon Pools Mobilized by Different Erosion Processes at the Catchment Scale[J]. Journal of Soils and Sediments, 11(4): 667-678.

Nagy N E, Fossdal C G, 2013. HostResponses in Norway Spruce Roots Induced to the Pathogen *Ceratocystis polonica* are Evaded or Suppressed by the Ectomycorrhizal Fungus *Laccaria bicolor* [J]. Plant Biology, 15(1): 99-110.

Nguyen N H, Song Z W, Bates S T, et al., 2016. FUNGuild: An Open Annotation Tool for Parsing Fungal Community Datasets by Ecological Guild[J]. Fungal Ecology(20): 240-248.

Paulin-Mahady A E, Harrington T C, Mcnew D, 2002. Phylogenetic and Taxonomic Evaluation of *Chalara*, *Chalaropsis*, and *Thielaviopsis*anamorphs Associated with *Ceratocystis*[J]. Mycologia, 94(1): 62-72.

Puglisi E, Pascazio S, Suciu N, et al., 2013. Rhizosphere Microbial Diversity as Influenced by Humic Substance Amendments and Chemical Composition of Rhizodeposits[J]. Journal of Geochemical Exploration, 129: 82-94.

Rousk J, Bååth E, Brookes P C, et al., 2010. Soil Bacterial and Fungal Communities across a pH Gradient in an Arable Soil. [J]. The ISME journal, 4(10): 1340-1351.

Song L N, Zhu J J, Zheng X, et al., 2020. Transpiration and Canopy Conductance Dynamics of *Pinus Sylvestris* var. *mongolica* in its Natural Range and in an Introduced Region in the Sandy Plains of Northern China[J]. Agricultural and Forest Meteorology, 281(C): 107830.

Surono Narisawa K, 2018. The Inhibitory Role of Dark Septate Endophytic Fungus, *Phialocephalafortinii*, Against, *Fusarium*, Disease on the, *Asparagus officinalis*, Growth in Organic Source Conditions[J]. Biological Control, 121: 159-167.

Tellenbach C, Sumarah M W, Grünig C R, et al., 2013. Inhibition of Phytophthora Species by Secondary Metabolites Produced by the Dark Septate Endophyte Phialocephala Europaea[J]. Fungal Ecology, 6(1): 12-18.

Toljander J F, Eberhardt U, Toljander Y K, et al., 2006. Species Composition of an Ectomycorrhizal Fungal Community along a Local Nutrient Gradient in a Boreal Forest[J]. The New phytologist, 170(4): 873-884.

Tulik M, Yaman B, Köse N, 2018. Comparative Tree-ring Anatomy of Fraxinus Excelsior with *Chalara* dieback[J]. Journal of Forestry Research, 29(6): 1741-1749.

Twieg B D, Durall D M, Simard S W, 2007. Ectomycorrhizal Fungal Succession in Mixed Temperate Forests[J]. New Phytologist, 176: 437-447.

Wallander H, Johansson U, Sterkenburg E, et al., 2010. Production of Ectomycorrhizal Mycelium Peaks during Canopy Closure in Norway Spruce Forests. [J]. The New phytologist, 187 (4): 1124-1134.

Wang D, Fu B J, Zhao W W, 2008. MultifractalCharacteristics of Soil Particle Size Distribution under Different Land-use Types on the Loess Plateau, China[J]. Catena, 72(1): 29-36.

Wu Y T, Wubet T, Trogisch S, et al., 2013. Forest Age and Plant Species Composition Determine the Soil Fungal Community Composition in a Chinese Subtropical Forest[J]. PloS one, 8

(6)：e66829.

Xu G C, Li Z B, Li P, 2013. FractalFeatures of Soil Particle-size Distribution and Total Soil Nitrogen Distribution in a Typical Watershed in the Source Area of the Middle Dan River, China[J]. Catena, 101：17-23.

Yu K Y, Yao X, Deng Y B, et al., 2019. Effects of Stand Age on Soil Respiration in Pinus Massoniana Plantations in the Hilly Red Soil Region of Southern China[J]. Catena, 178(7)：313-321.

Zheng Y, Hu H W, Guo L D, et al., 2017. Dryland Forest Management Alters Fungal Community Composition and Decouples Assembly of Root- and Soil-associated Fungal Communities[J]. Soil Biology and Biochemistry, 109：14-22.

第4章

京津风沙源治理工程区
土地利用/覆盖变化

　　随着气候变化、人口增长、环境污染和能源短缺等诸多全球性问题的日益突出，一系列全球环境变化研究计划相继开展，全球变化研究工作也不断深入，土地利用/覆盖变化研究逐渐成为其核心组成部分。土地利用/覆盖变化过程会带来生物多样性、初级生产力、土壤质量、风蚀程度等生态系统功能和服务的改变，是人类活动与自然环境相互作用最直接的表现形式，也是量化生态建设措施最有效的途径。本章重点分析京津风沙源治理工程区工程实施前后土地利用/覆盖变化特征，为后续生态效益的评估奠定基础。

4.1　引　言

4.1.1　基本概念

　　土地利用变化为土地用途转移和土地利用集约度的变化；土地覆盖变化则包括土地质量与类型的变化和土地属性的转变（史培军等，2004）。土地利用/覆盖变化（Land use/cover change，LUCC）不仅客观地记录了人类改变地球表面特征的空间格局，还再现了地球表面景观的时空动态变化过程，既包括土地利用/覆盖类型的转换（Land use/cover conversions）（如农田开垦、森林砍伐和城市扩展），也包括类型未发生变化条件下土地覆盖特征的微变（Land cover modifications）（如农业种植结构、退化草地封育）（Lambin et al.，2006）。LUCC 研究以地理学为理论依据，以遥感和地理信息系统为技术依托，包括 LUCC 时空过程监测、驱动机理分析、过程刻画与模拟以及生态效应评估等多个方面（刘纪远和邓祥征，2009；何春阳等，2021）。LUCC 的监测是其他相关研究的基础，下面将从土地利用/覆盖类型转换和土地覆盖渐变两个方面对相关研究方法进行综述。

4.1.2　土地利用/覆盖类型转换监测方法

LUCC 监测方法可以概括为以分类后比较为基础的方法和以像元光谱直接比较为基础的方法两大类，两类方法各有利弊，研究中一般要根据研究区和影像特征，采用一种或多种方法混合来提取变化信息（何春阳等，2001；Sak-ieh et al.，2016）。

分类后比较（Post classification）是土地利用/覆盖类型转换应用最广泛的方法（史培军等，2004；刘纪远等，2014）。其主要思路是将不同时相的影像各自进行分类，获取各土地利用/覆盖类型的面积和格局，然后采用叠加分析、土地利用动态度指数等方法提取变化的特征。随着遥感技术的发展，全球已经积累了海量遥感影像数据集，包括 NOAA/AVHRR、MODIS、Landsat TM/ETM/OLI、SPOT 数据以及我国的高分系列数据等，这些数据为 LUCC 时空数据平台的建设提供了重要的数据基础。除了传统的目视解译分类技术和包括监督和非监督分类方法的计算机自动分类技术，面向对象的分类方法（陈云浩等，2006）、机器学习方法（骆剑承等，2021）等在一定程度上克服了传统方法的局限，逐渐得到广泛的应用。目前，在全球尺度上，可公开获取的土地利用/覆盖数据集包括：美国地质调查局研发的全球土地覆盖数据集 IGBP DIS-Cover（International Geosphere-Biosphere Programme Data and Information System Cover）（Loveland et al.，2000）；马里兰大学研发的 UMD（University of Mary-land）（Hansen et al.，2000）；波士顿大学研发的 MOD12Q1（MODIS Land Cover Type Product collection 4）（Friedl et al.，2002）；欧盟联合研究中心研发的 GLC2000（Global Land Cover 2000）（Bartholome and Belward，2005）；欧洲空间局研发的 300m 分辨率数据集 Global Cover 2005（Global Land Cover Product）（Bicheron et al.，2008）；中山大学研发的 AGLC-2000-2015（Annual Global Land Cover 2000-2015）（许晓聪等，2021）。在全国尺度上，中国国家地理信息中心研发的 30m 分辨率数据集 Globeland30（Global Land Cover 30）（Chen et al.，2015）；清华大学地球系统科学系地球系统建模教育部重点实验室研发的 10m 分辨率数据集 FROM-GLC10（Free Obtained Resolution Global Land Cover Map）（Gong et al.，2019）；中国科学院航天信息研究所遥感国家重点实验室研发的 30m 分辨率数据集 GLC-FCS30-2015（Global 30m Land-Cover with a Fine Classification System 2015）（Zhang et al.，2021），这些数据为大尺度 LUCC 研究提供了重要的数据资料。然而，受数据源、分类技术和尺度等多方面因素影响，不同土地利用/覆盖数据之间总体一致性相对较差（杨永可等，2014）。同时，分类后比较受数据分类精度的影响较大，选择合适的、高精度的数据是准确提取 LUCC 信息的关键。

基于像元光谱的比较法主要包括影像代数法（Algebra）和影像变换法（Transformation）。基于影像代数的 LUCC 监测方法主要包括影像差值法、影像比值法、植被指数差值法和变化向量分析法等，这些方法的共同特征在于需要确定阈值来提取变化区（Sohl，1999；Chen et al.，2003）。其优点在于可以避免分类后比较中的误差累积，缺点在于需要确定合理的阈值来识别变化区，同时，也不能直接获取类型的转换信息。Lyon 等（1998）采用植被指数差值法提取了墨西哥东南部的土地利用/覆盖变化（2001a；b）；陈晋等采用变化向量分析法提取了北京市的土地利用/覆盖变化，并提出了双窗口变步长阈值搜寻新方法，以及参考图像分类和变化向量方向余弦最小距离分类的变化类型确定方法，有效解决了变化阈值和变化类型的问题。影像变换法主要包括主成分分析、穗帽变换和卡方变换等，该类方法能够降低多光谱图像不同波段之间的数据冗余，进而获取加强信息。同影像代数法类似，其局限性也是不能直接获取土地覆盖类型的转换矩阵，需要确定阈值来识别变化区，此外，通过变换后的影像来解译和标记变化信息也十分困难。例如，Deng 等（2008）基于 SPOT-5 和 Landsat-7 的多光谱数据，以主成分分析法为主，结合影像分类，提取了杭州 2000—2003 年的土地利用/覆盖信息。

4.1.3　土地覆盖渐变监测方法

土地覆盖渐变主要指类型未发生变化条件下土地覆盖特征的微变，例如退化草地封育，植物种植结构的变化等，主要表现为植被年内和年际的波动。因此，土地覆盖渐变一般可以通过植被覆盖的动态特征来有效表达。

植被指数是针对光谱特性对监测到的植被光谱的波段进行不同组合所得到的指数，目前被广泛地用于植被动态的监测。常用的植被指数包括归一化植被指数（Normalized Difference Vegetation Index，NDVI）（Myneni et al.，1997；Piedallu et al.，2019）、比值植被指数（Ratio Vegetation Index，RVI）（Jordan et al.，1969；Crippen et al.，1990）、增强植被指数（Enhanced Vegetation Index，EVI）（Huete et al.，1997；Liu et al.，1995）和土壤调节植被指数（Soil Adjusted Vegetation Index，SAVI）（Huete et al.，1988）等（表 4-1），研究中可根据研究区植被特征和研究目标来选择适宜的指数。

表 4-1　常用的植被指数

植被指数	公　式	备　注	参考文献
归一化植被指数（NDVI）	NDVI=（NIR−R）/（NIR+R）	数值在−1~1，负数表示有云、雪等覆盖，正数表示植被覆盖。高植被覆盖度时灵敏度低，受土壤背景、大气等影响因素大。相对可靠，使用广泛。	（Myneni et al., 1997）（Ru et al., 2018）
比值植被指数（RVI）	RVI= NIR/R	表示植被的覆盖情况，也叫做绿度。植被覆盖地区数值大于 2，无植被地区数值为 1 左右，植被覆盖度低于 50% 时灵敏度低，受大气等影响较大。	（Jordan et al., 1969）（Crippen et al., 1990）
垂直植被指数（PDI）	PDI=（（SR−VR）^{2}+（SNIR−VNIR）^{2}）$^{1/2}$	表示在 R-NIR 的二维坐标系内，植被像元到土壤亮度线的垂直距离。较好地消除了土壤背景的影响	（Ghulam et al., 2007）
增强植被指数（EVI）	EVI=（NIR−R）/（NIR+C_1R−C_2R_b+L）	在高植被盖度区不会发生饱和。消除了土壤背景和大气影响，时间序列精度高于 NDVI，年际变化监测敏感	（Huete et al., 1997）（Liu et al., 1995）
土壤调节植被指数（SAVI）	SAVI=（NIR−R）（1+L）/（NIR+R+L）	数值在 0~1，适用范围小（土壤线参数 $a=1$，$b=0$ 时才适用），植被覆盖度高时不如 NDVI 精确	（Huete et al., 1988）
绿度植被指数（GVI）		K-t 变换后表示绿度的分量，是各波段辐射亮度的加权和，受外界环境因素影响较大	（Young et al., 1999）
差值植被指数（DVI）	DVI=NIR−R	受土壤背景影响较大，低覆盖度时精确度高	（Richardson et al., 1977）（Xue et al., 2017）
抗大气植被指数（ARVI）	ARVI=（NIR*−R_{rb}^*）/（NIR*+R_{rb}^*）　R_{rb}^*=R^*−Y（R_b^*−R_r^*）	ARVI 对大气的敏感性比 NDVI 低 4 倍	（Kaufman et al., 1992）

注：NIR 为近红光波段的反射率；R 为红外波段的反射率；S 为土壤反射率；V 为植被反射率；R_b 为蓝光波段反射率；L 为背景调节参数；C_1、C_2 为大气修正参数；R^* 为经过分子散射和臭氧订正的反射率；Y 为大气调节参数。

　　以植被指数时间序列数据为基础监测土地覆盖渐变的研究方法主要包括线性趋势分析法（Myneni et al., 1997）、主成分分析法（Pearson et al., 1901）、小波变换（Martínez and Gilabert, 2009）、变异系数法（Vicente-Serrano et al., 2006）、植被指数差值法（Lyon et al., 1998）、变化向量分析法（Lambin and Strahler, 1994a；b）等。前 5 类方法能更充分利用植被指数年际时间序列信息来获取植被变化趋势特征。变异系数法和线性趋势分析法由于计算简便、便于分析等优点，在全球、区域和局地等各个尺度上应用最为广泛。例如，Fensholt 和 Proud 等（2012）采用线性趋势分析法分析了全球 1981—2007 年的植被 NDVI 变化趋势；刘宪锋等（2013）采用该方法揭示了三江源地区 2000—2011 年植被 NDVI 时空变化特征；屈莹波等（2021）基于线性趋势分析获取了内蒙古锡林郭勒草原的植被变化趋势。曹永强（2022）等采用变异系数法分析了辽宁省 2000—2019 年的植被动态特征。变化向量分析法更关注一定时段植被年内的变化信息，将年内植被指数时间序列定义为一个 n 维向量，利用两年份向量之间的欧式距离来表达植被是否发生变化和变化的强度，能够有效识别植被年内物候、长势等变化信息。也有研究综合多种方法，综合年际和年内植被特征来提取植被变化信息（Zhao et al.，2012）。这些研究为不同空间尺度上植被渐变的研究提供了扎实的例证。

4.1.4 研究区土地利用/覆盖变化相关研究

京津风沙源治理工程区土地利用/覆盖变化一直受到研究者的关注。吴丹等（2016）、迟文峰等（2018）基于区域土地利用/覆盖类型数据揭示了工程实施前后耕地、林地、草地和未利用地等类型之间的转换特征，Wu 等（2013）、Yang 等（2014）基于 NDVI 检测了工程实施以来区域植被的动态变化，这些研究发现，京津风沙源治理工程区在近 30 年来，LUCC 主要表现为由耕地开垦向生态退耕还林/草的转变，建设用地面积扩展明显；工程区总体植被呈现改善趋势，局部区域表现出显著退化。已有研究为本研究在总体上理解区域土地利用/覆盖变化奠定了基础。然而，由于研究时段、研究内容等的差异，仍然缺乏对区域土地利用/覆盖类型转换和未转换地类植被覆盖渐变特征的系统和综合研究，这对于有针对性地开展工程区治理措施的评估和土地的可持续管理是十分必要的。

4.1.5 研究目标

本章基于 1990—2018 年土地利用/覆盖和 NDVI 等数据，从土地利用/覆盖类型转换和土地覆盖渐变两个角度揭示区域土地利用/覆盖变化的综合特征，讨论了可能的驱动因素，为后续全面理解区域生态系统服务变化和区域可持续性奠定基础。

4.2　研究方法

4.2.1　数　据

　　本章使用的数据包括土地利用/覆盖、NDVI 和气象数据等。1990 年、2000 年、2010 年和 2018 年四期 1∶100000 土地利用/覆盖数据来源于中国科学院全国土地利用/覆盖数据集，该数据基于 Landsat TM/ETM+/OLI、GF-2 等遥感卫星影像，结合基于地学知识的人机交互解译方法获取，数据综合精度达 91.2%(刘纪远等，2014；2018)。该数据包括 6 个一级类和 25 个二级类，为了阐明区域沙源地的变化特征，本研究将未利用地中的沙地单独提出，重新构建了 7 个一级类，即耕地、林地、草地、水域、建设用地、沙地和未利用地。NDVI 数据来源于美国国家航空航天局网站(https://ecocast.arc.nasa.gov)提供的 1990—2018 年时间序列数据。其中，1990 年 1 月至 2000年 12 月的数据来自全球监测与模型研究组(Global Inventory Monitoring and Modeling System，GIMMS)，空间分辨率为 8km，时间分辨率为 15 天；2001 年 1 月至 2018 年 12 月的数据为中分辨率成像光谱仪产品(Moderate-resolution Imaging Spectroradiometer，MODIS)，空间分辨率为 250m，时间分辨率为 16 天。将 NDVI 数据采用最大值合成方法进行处理和合成，得到年度 NDVI 数据(Holben et al.，1986)。为了消除传感器差异等的影响，利用像元二分模型进一步计算植被覆盖度(Gutman et al.，1998)。气象数据来源于中国国家气象信息中心(http://data.cma.cn/)，包括研究区内及周边的 66 个气象站的年均温度和降水量数据，剔除了无关因素的干扰，时间序列为 1990—2018 年。

　　为保证计算中数据的匹配性，所有数据分辨率重采样为 1km×1km。

4.2.2　土地利用/覆盖类型转换分析

　　本研究在获取多期土地利用/覆盖数据基础上，利用相应时相的高分数据对各期土地利用/覆盖图进行核查和修正(图 4-1a)，保证数据精度。投影方式均为 Albers(图 4-1b)，投影的主要参数：单位为 m；参考椭球体为 Krasovsky；X、Y 轴偏量都为 0；第一标准纬线为 25°0′0″N；第二标准纬线为 47°0′0″N；中央经线为 105°0′0″E；坐标原点为 0°0′0″；半球参数为 Krasovsky 的长短半轴。将不同时相的土地利用/覆盖图相互叠置，获取动态图斑(图 4-1c)。土地利用/覆盖分类 1km 栅格成分数据是进行区域尺度土地利用/覆盖变化监测、预测及进行驱动分析的一种易于表现和有效数据空间数据融合的数据集成方式，本节为了更好地分析土地利用/覆盖类型变化时空特征，利用 1km×1km 栅格面积比例数据方法表征(图 4-1d)。

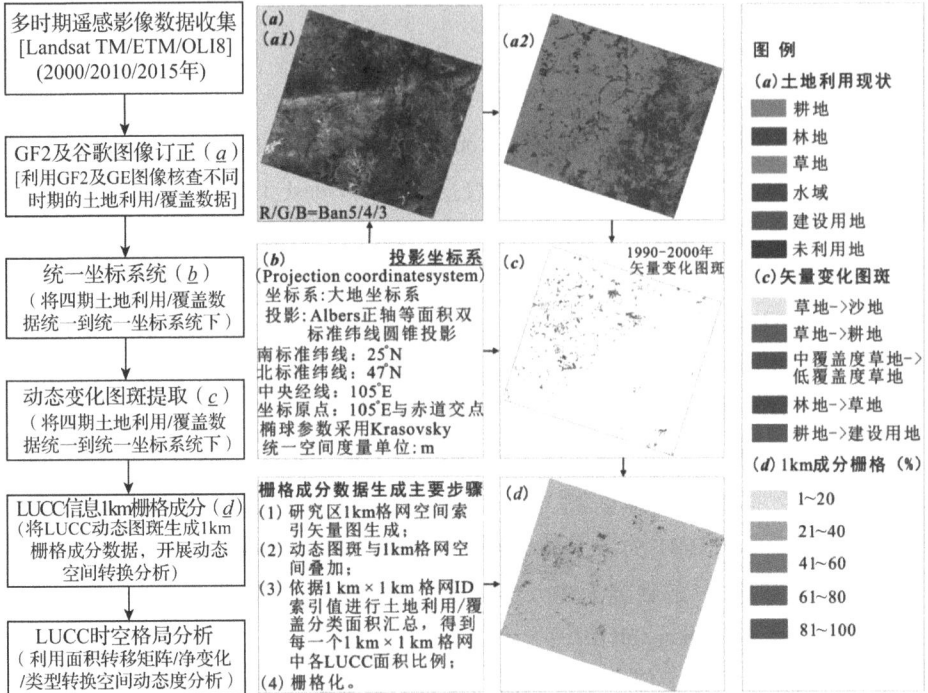

图 4-1 土地利用/覆盖信息提取

4.2.3 土地覆盖渐变分析

在 1990—2018 年土地利用/覆盖未变化区域，采用线性趋势法统计分析各土地利用/覆盖类型上植被覆盖度的变化特征，以揭示土地覆盖的渐变过程。计算方法为(严恩萍等，2014)，

$$y = ax + b \tag{4-1}$$

$$a = \left(\sum_{i=i}^{n} x_i y_i - n\bar{x}\bar{y} \right) / \left(\sum_{i=i}^{n} x_i^2 - nx^{-2} \right) \tag{4-2}$$

其中，x 为时间；y 为对应年份某未变化地类上的覆盖度平均值；a 为变化斜率；b 为常数，$\bar{x}$ 和 $\bar{y}$ 为 x 和 y 的平均。a 值的正/负表示增加/减小趋势，在趋势显著的条件下，a 的大小表示植被覆盖度变化的幅度。

本研究提取了 1990—2018 年地类未发生变化的林地、草地、耕地和沙地区域，并计算区域 1990—2018 年逐年覆盖度平均值，进而获取各地类上土地利用/覆盖渐变特征。

4.3　区域土地利用/覆盖变化

4.3.1　区域土地利用/覆盖格局

　　工程区土地利用/覆盖以草地为主，总体上呈现草地和耕地集中分布，林地、沙地零散镶嵌的格局。2018 年，区域草地面积达 $39.15 \times 10^4 km^2$，占区域总面积的 55.25%，主要分布于典型草原东区（面积为 $8.15 \times 10^4 km^2$，占草地总面积的 20.82%）、毛乌素沙地（$6.88 \times 10^4 km^2$，17.58%）、浑善达克沙地（$5.82 \times 10^4 km^2$，14.87%）、典型草原中区（$5.82 \times 10^4 km^2$，14.86%）；耕地面积为 $12.45 \times 10^4 km^2$，占区域总面积的 17.57%，主要分布于农牧交错区（面积为 $3.13 \times 10^4 km^2$，占耕地总面积的 25.14%）、燕山丘陵山地水源保护区（$2.18 \times 10^4 km^2$，17.47%）、毛乌素沙地（$1.53 \times 10^4 km^2$，12.26%）、晋北山地丘陵区（$1.45 \times 10^4 km^2$，11.61%）；林地、沙地面积相对较小，分别为 $7.64 \times 10^4 km^2$、$4.36 \times 10^4 km^2$，但林地集中分布在燕山丘陵山地水源保护区和大兴安岭南部区；沙地集中分布在毛乌素沙地和浑善达克沙地（彩图 8）。

　　从各个亚区来看（彩图 8），典型草原东区呈现草地集中分布、其他地类零星点缀的格局，2018 年，该亚区草地面积达 $81508.12km^2$，占亚区总面积的近九成；典型草原西区总体上呈现草地集中分布、沙地和耕地零散镶嵌的格局，草地面积为 $30832.23km^2$，占亚区总面积的一半，沙地和耕地面积占亚区总面积的 8.60% 和 4.62%；典型草原中区和浑善达克沙地总体上呈现草地集中分布的格局，草地面积分别为 $58170.58km^2$ 和 $58200km^2$，分别占各自总面积的 88.21% 和 78.95%；科尔沁沙地呈现草地和耕地交错分布为主、沙地和林地镶嵌分布为辅的格局，草地和耕地面积为 $15436.84km^2$ 和 $12216.82km^2$，分别占亚区总面积的 40.31% 和 31.90%；大兴安岭南部区呈现草地、林地和耕地集中镶嵌分布的格局，草地、林地和耕地面积分别为 $16202.67km^2$、$15775.19km^2$ 和 $8838.53km^2$，分别占亚区总面积的 37.43%、36.44% 和 20.4%。毛乌素沙地总体上呈现草地集中分布的格局，草地面积为 $68811.19km^2$，占亚区总面积的 57.81%，而亚区沙地面积比例约占五分之一。黄河灌溉区呈现耕地集中分布、草地镶嵌的格局，区域耕地面积为 $9905.92km^2$，占亚区总面积的 59.21%，草地面积占亚区总面积的 17.89%；农牧交错区呈现耕地和草地集中交错分布、林地镶嵌的格局，耕地和草地面积分别为 $31287.35km^2$ 和 $28944.06km^2$，分别占亚区总面积的 42.22% 和

39.06%；晋北山地丘陵区总体上呈现耕地、林地和草地交错集中分布的格局，耕地、草地和林地面积分别为 144407.01km² 、11945.25km² 和8958.06km² ，占亚区总面积的38.39%、31.75%和23.81%；燕山丘陵山地水源保护区总体上呈现林地集中分布的格局，林地面积占亚区总面积的42.01%，而耕地和草地约占亚区总面积的27.12%和22.95%。

表4-2 京津风沙源治理工程区各亚区土地利用/覆盖面积和比例（2018年）

土地利用/覆盖		耕 地	林 地	草 地	沙 地	水 域	建设用地	其 他
典型草原东区	面积（km²）	1562.16	2850.48	81508.12	1616.69	767.53	645.68	7189.99
	占比（%）	1.62%	2.96%	84.78%	1.68%	0.80%	0.67%	7.48%
大兴安岭南部区	面积（km²）	8838.53	15775.19	16202.67	700.53	398.06	895.07	478.80
	占比（%）	20.4%	36.44%	37.43%	1.62%	0.92%	2.07%	1.11%
科尔沁沙地	面积（km²）	12216.82	3439.80	15436.84	4025.19	913.71	1102.84	1161.82
	占比（%）	31.90%	8.98%	40.31%	10.51%	2.39%	2.88%	3.03%
典型草原中区	面积（km²）	338.09	130.90	58170.58	1823.78	545.35	395.93	4537.40
	占比（%）	0.51%	0.20%	88.21%	2.77%	0.83%	0.60%	6.88%
浑善达克沙地	面积（km²）	4208.04	424.40	58200.00	5936.48	827.95	593.67	3522.17
	占比（%）	5.71%	0.58%	78.95%	8.05%	1.12%	0.81%	4.78%
典型草原西区	面积（km²）	2726.11	1233.82	30832.23	5070.59	1162.25	885.73	17042.50
	占比（%）	4.62%	2.09%	52.30%	8.60%	1.97%	1.50%	28.91%
黄河灌溉区	面积（km²）	9905.92	236.39	2993.51	267.19	1077.58	1400.37	848.96
	占比（%）	59.21%	1.41%	17.89%	1.60%	6.44%	8.37%	5.07%
农牧交错区	面积（km²）	31287.35	6339.38	28944.06	52.78	1236.36	4037.40	2212.95
	占比（%）	42.22%	8.55%	39.06%	0.07%	1.67%	5.45%	2.99%
毛乌素沙地	面积（km²）	15258.08	3135.75	68811.19	24059.48	1938.68	2799.83	3034.54
	占比（%）	12.82%	2.63%	57.81	20.21%	1.63%	2.35%	2.55%
晋北山地丘陵区	面积（km²）	14447.01	8958.06	11945.25	1.11	446.36	1773.55	57.37
	占比（%）	38.39%	23.81%	31.75%	0%	1.19%	4.71%	0.15%
燕山丘陵山地水源保护区	面积（km²）	21748.09	33691.07	18408.40	28.87	1426.68	4709.31	189.95
	占比（%）	27.12%	42.01%	22.95%	0.04%	1.78%	5.87%	0.24%

注：占比为各土地利用/覆盖类型面积占各自亚区总面积的比例。

4.3.2 区域土地利用/覆盖变化类型转换

1990—2018 年，区域土地利用/覆盖类型转换主要以沙地向草地和耕地向草地转换为主，但随时间段和亚区位置而具有明显的异质性。1990—2000 年，土地利用/覆盖变化类型转换特征主要表现为草地向耕地转换、沙地向草地转换。具体来看，4516.94km² 的草地被开垦为耕地，主要分布在区域的东部和中部地区的科尔沁沙地（面积为 1532.13km²，占变化耕地总面积的 33.92%）、农 牧 交 错 区（1273.78km²，28.20%）、大 兴 安 岭 南 部 区（683.86km²，15.14%）；2625.75km² 的沙地恢复为草地，主要分布在区域的西南部、东部和中部地区，包括毛乌素沙地（面积为 1728.27km²，占变化草地总面积的 65.82%）、科尔沁沙地（286.73km²，10.92%）、浑善达克沙地（231.85km²，8.83%）；1802.78km² 的草地退为沙地，主要分布在区域的西南部和中部地区，包括毛乌素沙地（面积为 884.62km²，占变化沙地总面积的 49.07%）、浑善达克沙地（517.40km²，28.70%）、典型草原中区（172.89km²，9.59%）（彩图 9）。

2000—2010 年，土地利用/覆盖类型转换主要表现为草地和耕地的相互转换、沙地和草地的相互转换。具体来看，9515.18km² 草地被开垦为耕地，主要分布在科尔沁沙地（面积为 2165.66km²，占变化耕地总面积的 22.76%）、农 牧 交 错 区（1950.61km²，20.50%）、大 兴 安 岭 南 部 区（1425.37km²，14.98%）；4812.87km² 的草地退为沙地，主要分布在毛乌素沙地（面积为 2237.50km²，占变化沙地总面积的 46.49%）、浑善达克沙地（1092.52km²，22.70%）、典型草原中区（602.09km²，12.51%）；6374.15km²、3122.67km² 耕地恢复为草地和林地，其中，草地主要分布在农牧交错区（面积为 2065.86km²，占变化草地总面积的 32.41%）、毛乌素沙地（1414.42km²，22.19%），林地主要分布在晋北山地丘陵区（面积为 958.04km²，占变化林地总 面 积 的 30.68%）、毛 乌 素 沙 地（832.82km²，26.67%）、农 牧 交 错 区（743.82km²，23.82%）（彩图 9）。

2010—2018 年，土地利用/覆盖变化类型转换的强度有所减弱，总体表现为耕地向建设用地转换，沙地向草地转换。其中，1131.79km² 耕地变为建设用地，主要分布在农牧交错区（面积为 392.96km²，占变化建设用地总面积的 34.72%）、燕山丘陵山地水源保护区（246.62km²，21.79%）；818.91km² 沙地恢复为草地，主要分布在毛乌素沙地（面积为 579.87km²，占变化草地总面积的 70.81%）、典 型 草 原 中 区（101.38km²，12.38%）、浑 善 达 克 沙 地（69.95km²，8.42%）；228.67km² 沙地转变为林地，主要分布在毛乌素沙地（面积为 213.21km²，占变化林地总面积的 93.24%）和典型草原西区（14.75km²，6.45%）（彩图 9）。

4.3.3 土地覆盖渐变特征

1990—2018 年，京津风沙源治理工程区土地覆盖渐变表现为总体改善、局部退化的特征。具体来看，区域沙地植被总体呈改善趋势，覆盖度每 10 年约增长 1.7 个百分点，而草地、耕地和林地植被覆盖度总体变化趋势不显著，但区域差异明显(图 4-2)。

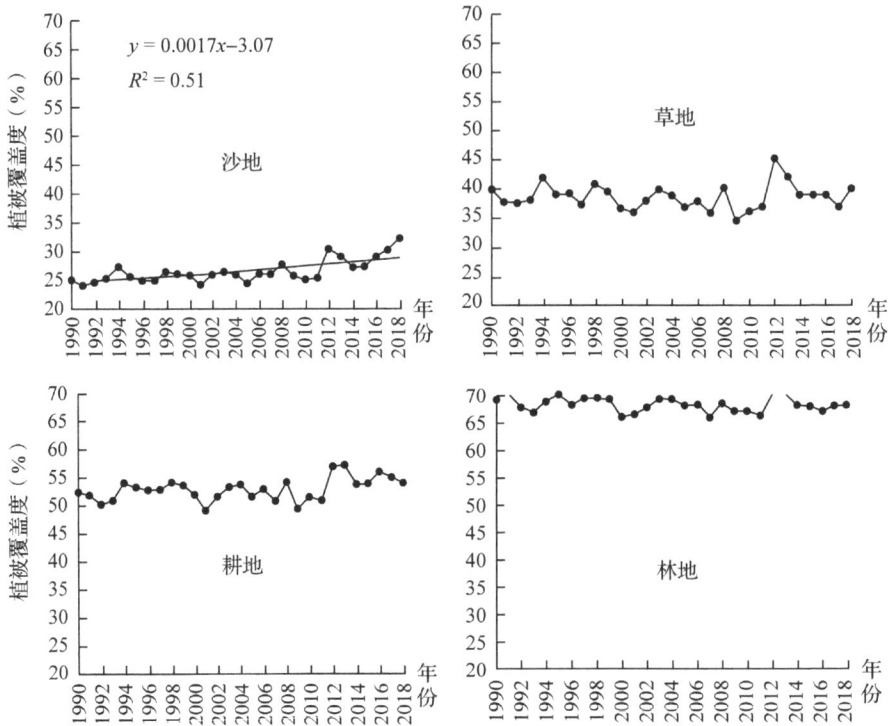

图 4-2 京津风沙源治理工程区 1990—2018 年不同地类植被盖度变化趋势

从各亚区来看，毛乌素沙地植被覆盖总体呈现显著改善趋势，耕地、林地、草地和沙地上植被盖度每 10 年分别约增加 4.3 个、3.6 个、2.6 个和 2.3 个百分点；典型草原东区和农牧交错区沙地植被改善较为显著，而其他植被无显著变化趋势；作为沙尘的主要源区，科尔沁沙地、浑善达克沙地、典型草原中区和西区沙地的植被变化还是以波动为主，改善趋势不显著(表 4-3)。

表 4-3　京津风沙源治理工程区各亚区植被覆盖度变化斜率（1990—2018 年）

区域/地类（10^{-4}）	沙　地	草　地	耕　地	林　地
大兴安岭南部区	-33**	-11*	-14*	-15**
典型草原东区	-29**	-0.6	3	-9
典型草原西区	4	2	12**	11*
典型草原中区	-5	-5	-13	\
科尔沁沙地	-1*	-12	3	-0.5
浑善达克沙地	8	-1	0.9	25
黄河灌溉区	17	31**	26**	-11
燕山丘陵山地水源保护区	-4	11	5	4
毛乌素沙地	23**	26**	43**	36**
晋北山地丘陵区	\	26**	27**	21**
农牧交错区	-35**	2	6	-7

注：* 为变化趋势达到了 0.05 的显著性水平，** 为达到了 0.01 的显著性水平。

4.4　讨　论

　　土地利用/覆盖变化是自然和人类活动共同作用的结果。近 30 年京津风沙源地区年均气温呈波动上升趋势，年降水量呈波动趋势（孙斌等，2014）。为探讨区域植被覆盖变化与气候因素的关系，本研究采用区域降水和温度数据，计算了 1990—2018 年植被覆盖度与年降水和年气温的相关性（图 4-3）。结果显示，区域植被覆盖度受温度变化影响不大；而区域降水对沙地和草地植被覆盖度有积极影响，体现在沙地植被覆盖度与年降水的相关系数为 0.41（$P<0.05$），区域草地植被盖度与年降水的相关系数为 0.56（$P<0.01$）。

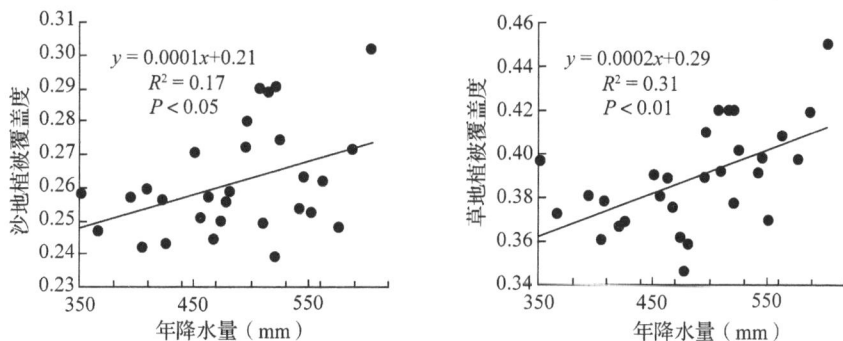

图 4-3　区域降水与草地、沙地相关性变化（1990—2018 年）

本研究进一步采用残差分析法厘定了自然和人类活动对土地覆盖渐变影响的主导特征。结果发现，人类活动对区域沙地和草地植被盖度较显著；2003年后，区域沙地、草地植被盖度残差值均为正值，表明人类活动对沙地、草地植被盖度变化均产生正面影响（图4-4）。这与国家和地方采取的一系列生态建设措施实现京津风沙源地区的生态恢复密不可分（表4-4）。例如，区域在生态工程实施前（1990—2000年）是"沙进人退"的现象，实施中（2000—2010年）如内蒙古克什克腾旗封沙育林、农防林、荒山荒地造林等措施营造出工程实施后的"人沙和谐"局面（严恩萍等，2014；汪滨等，2017）；生态工程的实施促使毛乌素沙地和晋北山地丘陵区耕地、林地和草地的覆盖度呈上升趋势，黄河灌溉区草地、耕地覆盖度呈上升趋势（李愈哲等，2018）。

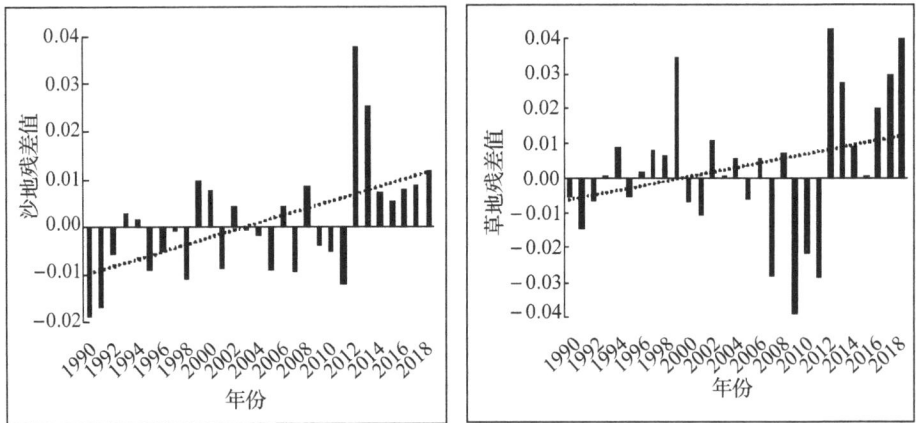

图4-4 区域沙地、草地植被覆盖度残差（1990—2018年）

表4-4 京津风沙源治理工程区生态工程措施

年 份	措 施	区 域	目 标	来 源
1999	"再造三个塞罕坝林场"项目	河北省	构筑京津绿色屏障	河北林业网 http://www.hebly.gov.cn/
2000—2005	封沙育林、农防林、荒山荒地造林	内蒙古克什克腾旗	治理沙源	http://www.nmg.gov.cn/
2013	人工造林、飞播造林、飞播牧草，工程固沙	陕西省	加强林草植被保护	http://www.shaanxi.gov.cn/
2015	"植树造林绿化"工程	山西省	构筑京津绿色屏障	http://lcj.shanxi.gov.cn/
2018	"人工造林"项目	内蒙古鄂尔多斯市	提高贫困农牧民在生态建设中的参与度、受益度	http://www.ordos.gov.cn/
2020	探索建立"草长制"	河北省	加强草原生态保护构筑生态安全屏障	http://lycy.hebei.gov.cn/

4.5 小 结

本章从土地利用/覆盖类型变化和土地覆盖渐变两个方面揭示了京津风沙源治理工程区 1990—2018 年土地利用/覆盖变化特征。研究结果表明，区域草地面积超过总面积的一半，总体上呈现草地和耕地集中分布，林地、沙丘零散镶嵌的格局。1990—2018 年，区域土地利用/覆盖类型变化随时间段具有异质性。2010 年之前，耕地、草地、沙地面积减少，林地面积增加；而 2010 年后，沙地、林地面积减少，草地和耕地面积增加。区域土地覆盖渐变总体改善、局部退化，不同地类存在差异。其中，沙地植被总体改善，而草地、林地和耕地植被总体呈波动变化；各个亚区中，毛乌素沙地植被改善趋势最为显著，而其他的沙尘源，如科尔沁沙地和浑善达克沙地等，植被改善仍随降水呈波动变化。因此，建议京津风沙源治理工程区要有针对性地开展工程治理措施的评估和土地资源的可持续管理，不仅要重视退耕还林、未利用地造林种草，更要关注草地和林地的修复和恢复，注重生态工程成果的维持和质量的提升。

参考文献

曹永强，周姝含，杨雪婷，2022. 近 20 年辽宁省植被动态特征及其对气候变化的响应[J]. 生态学报，42(14)：1-14.

陈晋，何春阳，卓莉，2001. 基于变化向量分析(CVA)的土地利用/覆盖变化动态监测（Ⅱ）—变化类型的确定方法[J]. 遥感学报，5(5)：346-352+403.

陈晋，何春阳，史培军，等，2001. 基于变化向量分析的土地利用/覆盖变化动态监测（Ⅰ）—变化阈值的确定方法[J]. 遥感学报，5(4)：259-266+323.

陈云浩，冯通，史培军，等，2006. 基于面向对象和规则的遥感影像分类研究[J]. 武汉大学学报(信息科学版)，31(4)：316-320.

迟文峰，匡文慧，贾静，等，2018. 京津风沙源治理工程区 LUCC 及土壤风蚀强度动态遥感监测研究[J]. 遥感技术与应用，33(5)：965-974.

崔晓，赵媛媛，丁国栋，等，2018. 京津风沙源治理工程区植被对沙尘天气的时空影响[J]. 农业工程学报，34(12)：171-179.

何春阳，陈晋，陈云浩，等，2001. 土地利用/覆盖变化混合动态监测方法研究[J]. 自然资源学报，16(3)：255-262.

何春阳,张金茜,刘志锋,等,2021. 1990—2018 年土地利用/覆盖变化研究的特征和进展[J]. 地理学报,76(11),2730-2748.

江凌,肖燚,饶恩明,等,2016. 内蒙古土地利用变化对生态系统防风固沙功能的影响[J]. 生态学报,36(12):3734-3747.

李屹峰,罗跃初,刘纲,等,2013. 土地利用变化对生态系统服务功能的影响—以密云水库流域为例[J]. 生态学报,33(3):726-736.

李愈哲,樊江文,于海玲,2018. 京津风沙源治理工程不同恢复措施对草地恢复过程的差异性影响[J]. 草业学报,27(5):1-14.

刘纪远,邓祥征,2009. LUCC 时空过程研究的方法进展[J]. 科学通报,54(21):3251-3258.

刘纪远,宁佳,匡文慧,等,2018. 2010—2015 年中国土地利用变化的时空格局与新特征[J]. 地理学报,73(5):789-802.

刘纪远,匡文慧,张增祥,等,2014. 20 世纪 80 年代末以来中国土地利用变化的基本特征与空间格局[J]. 地理学报,69(1):3-14.

刘宪锋,任志远,林志慧,等,2013. 2000—2011 年三江源区植被覆盖时空变化特征[J]. 地理学报,68(7):897-908.

骆剑承,胡晓东,吴田军,等,2021. 高分遥感驱动的精准土地利用与土地覆盖变化信息智能计算模型与方法研究[J]. 遥感学报,25(7):1351-1373.

屈莹波,赵媛媛,丁国栋,等,2021. 气候变化和人类活动对锡林郭勒草原植被覆盖度的影响[J]. 干旱区研究,38(3):802-811.

史培军,陈晋,潘耀忠,2000. 深圳市土地利用变化机制分析[J]. 地理学报,67(2):151-160.

史培军,等,2004. 土地利用/覆盖变化与生态安全响应机制[M]. 北京:科学出版社.

孙斌,高志海,王红岩,等,2014. 近 30 年工程区气候干湿变化分析[J]. 干旱区资源与环境,28(11):164-170.

宋富强,邢开雄,刘阳,等,2011. 基于 MODIS/NDVI 的陕北地区植被动态监测与评价[J]. 生态学报,31(2):354-363.

汪滨,张志强,2017. 黄土高原典型流域退耕还林土地利用变化及其合理性评价[J]. 农业工程学报,33(7):235-245.

吴丹,巩国丽,邵全琴,等,2016. 京津风沙源治理工程生态效应评估[J]. 干旱区资源与环境,30(11):117-123.

许晓聪,李冰洁,刘小平,等,2021. 全球 2000—2015 年 30 m 分辨率逐年土地覆盖制图[J]. 遥感学报,25(9):1896-1916.

严恩萍,林辉,党永峰,等,2014. 2000—2012 年工程区植被覆盖时空演变特征[J]. 生态学报,34(17):5007-5020.

杨永可，肖鹏峰，冯学智，等，2014. 大尺度土地覆盖数据集在中国及周边区域的精度评价[J]. 遥感学报，18(2)：453-475.

Bartholome E, Belward A S, 2005. GLC2000：A New Approach to Global Land Cover Mapping from Earth Observation Data[J]. International Journal of Remote Sensing, 26(9)：1959-1977.

Bicheron P, Defourny P, Brockmann C, et al. , 2008. Global Cover Products Description and Validation Report[R]. Toulouse：Medias-France.

Bai Y Q, Chen B, Xu B, et al. , 2019. Stable Classification with Limited Sample：Transferring a 30-m Resolution Sample Set Collected in 2015 to Mapping 10-m Resolution Global Land Cover in 2017[J]. Science Bulletin, 64(6)：370-373.

Chen J, Chen J, Liao A P, et al. , 2015. Global Land Cover Mapping at 30m Resolution：A POK-based Operational Approach[J]. ISPRS Journal of Photogrammetry and Remote Sensing, 103：7-27.

Crippen R E, 1990. Calculating theVegetation Index Faster[J]. Remote Sensing of Environment, 34(1)：71-73.

Chen J, Gong P, He C Y, et al. , 2003. Land-use/land-cover Change Detection Using Improved Change-vector Analysis[J]. Photogrammetric Engineering and Remote Sensing, 69(4)：369-379.

Deng J S, Wang K, Deng Y H, et al. , 2008. PCA-based Land-use Change Detection and Analysis Using Multitemporal and Multisensor Satellite Data[J]. International Journal of Remote Sensing, 29(16)：4823-4838.

Fensholt R, Proud S R, 2012. Evaluation of Earth Observation Based Global Long Term Vegetation Trends Comparing GIMMS and MODIS Global NDVI Time Series[J]. Remote Sensing of Environment, 119：131-147.

Friedl M A, McIver D K, Hodges C F, et al. , 2002. Global Land Cover Mapping from Modis：Algorithms and Early Results[J]. Remote Sensing of Environment, 83(1/2)：287-302.

Ghulam A, Qin Q, Zhan Z, 2007. Designing of thePerpendicular Drought Index[J]. Environmental Geology, 52(6)：1045-1052.

Gong P, Liu H, Zhang M L, et al. , 2019. Stable Classification with Limited Sample：Transferring a 30-m Resolution Sample Set Collected in 2015 to Mapping 10-m Resolution Global Land Cover in 2017[J]. Science Bulletin, 64(6)：370-373.

Gutman G, Ignatov A, 1998. TheDerivation of the Green Vegetation Fraction from NOAA/A VHRR Data for Use in Numerical Weather Prediction Models[J]. International Journal of Remote Sensing, 19(8)：1533-1543.

Hansen M C, Defries R S, Townshend J R G, et al. , 2000. Global Land Cover Classification at 1 km Spatial Resolution Using a Classification Tree Approac[J]. International Journal of Remote

Sensing, 21(6 /7) ： 1331–1364.

Huete A R, 1988. A soil–adjusted vegetation index (SAVI)［J］. Remote Sensing of Environment, 25(3)：295–309.

Huete A R, Liu H Q, Batchily K V, et al. , 1997. A Comparison of Vegetation Indices over a Global Set of TM Images for EOS–MODIS［J］. Remote sensing of environment, 59 (3)： 440–451.

Holben B N, 1986. Characteristics ofMaximum Value Composite Images from Temporal A VHRR Data［J］. International Journal Remote Sensing, 7(11)：1417–1434.

Jordan C F, 1969. Derivation ofLeaf–area Index from Quality of Light on the Forest Floor［J］. Ecology, 50(4)：663–666.

Kaufman Y J, Tanre D, 1992. AtmosphericallyResistant Vegetation Index (ARVI) for EOS–MODIS［J］. IEEE Transactions on Geoscience and Remote Sensing, 30(2)：261–270.

Lambin E, Helmut J Geist, 2006. Land–Use and Land–Cover Change：Local Processes and Global Impacts［M］. Global Change–The IGBP Series：11–25.

Lambin E F, Strahler A H, 1994. Indicators ofLand–cover Change for Change–vector Analysis in Multitemporal Space at Coarse Spatial Scales［J］. International Journal of Remote Sensing, 15(10)：2099–2119.

Lambin E F, Strahlers A H, 1994. Change–vectorAnalysis in Multitemporal Space：A Tool to Detect and Categorize Land–cover Change Processes Using High Temporal–resolution Satellite Data ［J］. Remote Sensing of Environment, 48(2)：231–244.

Liu J Y, Kuang W H, Zhang Z X, et al. , 2014. Spatiotemporal Characteristics, Patterns, and Causes of Land–use Changes in China since the Late 1980s［J］. Journal of Geographical Sciences, 24(2)：195–210.

Liu H, Huete A R, 1995. AFeedback Based Modification of the NDVI to Minimize Canopy Background and Atmospheric Noise［J］. IEEE Transactions on Geoscience and Remote Sensing, 33 (2)：457–465.

Liu J Y, Ning J, Kuang W H, et al. , 2018 . Spatiotemporal Patterns and Characteristics of Land–use Change in China during 2010—2015［J］. Journal of Geographical Sciences, 73(5)： 547–562.

Loveland T R, Reed B C, Brown J F, et al. , 2000. Development of a Global Land Cover Characteristics Database and IGBP DISCover from 1 km Avhrr Data［J］. International Journal of Remote Sensing, 21(6/7)：1303–1330.

Lyon J, Yuan D, Lunetta R, et al. , 1998. A Change Detection Experiment Using Vegetation Indices［J］. Photogrammetric Engineering and Remote Sensing, 64(2)：143–150.

Martínez B, Gilabert M A, 2009. VegetationDynamics from NDVI Time Series Analysis Using the Wavelet Transform［J］. Remote Sensing of Environment, 113(9)：1823–1842.

Myneni R B, Keeling C D, Tucker C J, et al. , 1997 . Increased Plant Growth in the North-ern High Latitudes from 1981 to 1991[J]. Nature, 386(6626): 698-702.

Pearson K, 1901. LIII, On Lines and Planes of Closest Fit to Systems of Points in Space[J]. Philosophical Magazine, 2(11): 559-572.

Piedallu C, Cheret V, Denux J P, 2019. Soil andClimate Differently Impact NDVI Patterns According to the Season and the Stand Type [J]. Science of The Total Environment, 651: 2874-2885.

Ru N, Yang X, Song Z, et al. , 2018. Phytoliths and Phytolith Carbon Occlusion in Aboveground Vegetation of Sandy Grasslands in Eastern Inner Mongolia, China[J]. Science of The Total Environment, 625: 1283-1289.

Richardson A J, Wiegand C L, 1977. Distinguishing Vegetation from Soil Background Infor-mation[J]. Photogrammetric engineering and remote sensing, 43(12): 1541-1552.

Sakieh Y, Gholipour M, Salmanmahiny A, 2016. AnIntegrated Spectral-textural Approach for Environmental Change Monitoring and Assessment: Analyzing the Dynamics of Green Covers in a Highly Developing Region[J]. Environmental Monitoring and Assessment, 188(4): 193-224.

Sohl T L, 1999. ChangeAnalysis in the United Arab Emirates: An Investigation of Techniques [J]. Photogrammetric Engineering and Remote Sensing, 65(4): 475-484.

Steffen W, Sanderson A, Tyson P D, 2004. GlobalChange and the Earth System: A Planet under Pressure[M]. (The IGBP Series), Springer, Berlin Heidelberg: 32-36.

Sobrino J A, Raissouni N, 2000. TowardRemote Sensing Methods for Land Cover Dynamic Monitoring: Application to Morocco [J]. International Journal of Remote Sensing, 21 (2): 353-366.

Tucker C J, Pinzon J E, Brown M E, et al. , 2005. An Extended A VHRR 8-km NDVI Dataset Compatible with MODIS and SPOT Vegetation NDVI Data[J]. International Journal of Re-mote Sensing, 26(20): 4485-4498.

Vicente-Serrano S M, Cuadrat-Prats J M, Romo A, 2006. AridityInfluence on Vegetation Patterns in the Middle Ebro Valley (Spain): Evaluation by Means of AVHRR Images and Climate Interpolation Techniques[J]. Journal of Arid Environments, 66(2): 353-375.

Wu Z T, Wu J J, Liu J H, et al. , 2013. Increasing Terrestrial Vegetation Activity of Ecolog-ical Restoration Program in the Beijing-Tianjin Sand Source Region of China[J]. Ecological Engi-neering, 2013, 5(2): 37-50.

Xue J, Su B, 2017. Significant Remote Sensing Vegetation Indices: A Review of Develop-ments and Applications[J]. Journal of Sensors(24): 1-17.

Yang X, Xu B, Jin Y, 2014. RemoteSensing Monitoring of Grassland Vegetation Growth in the Beijing-Tianjin Sandstorm Source Project Area from 2000 to 2010[J]. Ecological Indicators, 44(4): 244-252.

Young S S, Anyamba A, 1999. Comparison of NOAA/NASA PAL and NOAA GVIData for Vegetation Change Studies over China[J]. Photogrammetric Engineering & Remote Sensing, 65 (6): 679-688.

Zhang X, Liu L Y, Chen X D, et al., 2021. GLC_ FCS30: Global land-cover Product with Fine Classification System at 30 m Using Time-series Landsat Imagery[J]. Earth system Science Data Discussion, 6(13): 2753-2776.

Zhao Y Y, Chi W F, Kuang W H, et al., 2020. Ecological and Environmental Consequences of Ecological Projects in the Beijing-Tianjin Sand Source Region[J]. Ecological Indicators, 11(2): 106-111.

Zhao Y Y, He C Y, Zhang Q F, 2012. MonitoringVegetation Dynamics by Coupling Linear Trend Analysis with Change Vector Analysis: A Case Study in the Xilingol Steppe in Northern China[J]. International Journal of Remote Sensing, 33(1): 287-308.

第5章

京津风沙源治理工程区土壤
侵蚀强度时空格局

土壤侵蚀是京津风沙源治理工程区最严重的环境问题之一，能够改变生态系统结构、功能和服务，进而影响社会经济发展和民生福祉。风蚀和水蚀是土壤侵蚀的两个最主要的过程，尽管两类侵蚀的易发区分属不同气候区，但对于半干旱地区，风力和水力在共同或交替作用于土壤的过程中，会通过改变微地形、影响侵蚀动力等途径而作用于彼此，风水复合侵蚀对于土壤侵蚀的贡献是不容忽视的。本章重点量化京津风沙源治理工程区风蚀和水蚀的时空格局，并识别侵蚀主导类型，为客观认识区域土壤侵蚀时空格局提供理论参考。

5.1 引 言

5.1.1 土壤侵蚀的类型

土壤侵蚀主要是在水力、风力、温度作用力和重力等外营力作用下发生的。常用的土壤侵蚀类型的划分方法有3种，即依据导致土壤侵蚀的外营力种类来划分、依据土壤侵蚀发生的时间来划分和依据土壤侵蚀发生的速率来划分。

依据引起土壤侵蚀的外营力可将土壤侵蚀划分为水力侵蚀、风力侵蚀、重力侵蚀、混合侵蚀、冻融侵蚀、冰川侵蚀和化学侵蚀等。另外，还有一类土壤侵蚀类型称之为生物侵蚀。按土壤侵蚀时间可以将土壤侵蚀划分为两大类，一类是人类出现在地球上以前所发生的侵蚀，称之为古代侵蚀。这些侵蚀有时较为强烈，足以对地表土地资源产生破坏；有些则较为轻微，不足以对土地资源造成危害。但是其发生、发展及其所造成的灾害与人类的活动无任何关系和影响。另一类是人类出现在地球上之后所发生的侵蚀，称之为现代侵蚀。一部分现代侵蚀是由于人类不合理活动导致的，另一部分则主要是在地球内营力和外营力共同作用下发生的，被称为地质侵蚀。依据土壤侵蚀发生的速率大小和是否对土地资源造成破坏可以将土壤侵蚀划分为正常侵蚀和加速侵蚀。正常侵蚀是指在不受人类活动影响下的自然环境中，所发生的土壤侵蚀速率小于或等于土壤形成速率的那部分土壤侵蚀。这种侵蚀不易被人们察觉，实际上也不至于对土地资源造成危害。加速侵蚀是指由于人们不合理活动，如滥伐森林、陡坡开垦、过度放牧和过度樵采等，再加之自然因素的影响，使土壤侵蚀速率超过正常侵蚀速率，导致土地资源的损失和破坏。一般情况下所称的土壤侵蚀就是指发生在现代的加速土壤侵蚀部分(图 5-1)。

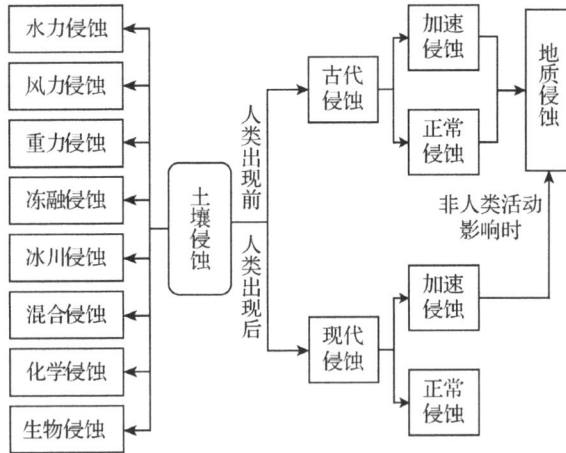

图 5-1 土壤侵蚀类型

5.1.2 水蚀预报模型研究进展

水力侵蚀受气候、土壤、地形和土地利用等因子的影响，每个因子不仅单独影响水蚀过程，且因子之间也相互作用。加之降水过程的随机性、环境因子的空间变异及其格局的复杂性，决定了水力侵蚀过程是一个典型的非线性复杂系统。水蚀的研究也经历了从定性到半定量与定量，从单一到多途径、多学科交叉协同研究的过程(史志华和宋常青，2016)。自 20 世纪 30 年代起，科学家和政策决策者开始发展并使用模型来计算田块、坡面和流域的土壤流失量(Wischmeier and Smith，1978)。目前，水蚀预报模型已经成为水蚀研究的前沿领域和获取水蚀强度时空格局和形成机制的有效手段。

多位研究者对国内外水蚀预报模型进行了总结。例如，Karydas 等(2014)

以空间尺度(田块到坡面、流域到景观)、时间尺度(事件、日月年和长期)和空间特征(空间共存型、路径型)为分类规则归纳了 8 大类 82 个水蚀模型；Bagarello 等(2018)综述了以通用土壤流失方程(universal soil loss equation,USLE)及其修正版为代表的经验模型和不同空间尺度上的面向土壤侵蚀过程的预测模型，指出未来研究需求包括现有试验经验模型在不同环境下的适用性、提升土壤侵蚀测量方法的可靠性和发展物理模型等方面；Vrieling(2006)总结了卫星遥感对于水蚀模拟的贡献，结论中指出普遍缺乏验证数据是当前模型面临的一个主要问题，验证过程对于实现区域业务监测系统至关重要，因此需要遥感监测和地面实验的紧密结合。

目前，应用最广的是美国农业部(United States Department of Agriculture,USDA)提出的 USLE 和其修正版本 RUSLE。该模型以降水侵蚀力、土壤可蚀性、地形、植被管理和保护措施为输入，采用基于因子计算的方法估计土壤流失量(Renard et al.，1991)。Borrelli 等(2017)基于 RUSLE 和流域尺度的实验校正，揭示了全球 2001—2012 年土壤在水力侵蚀中的流失量变化以及土地利用/覆盖变化对其的影响。自从中国引入 USLE 和 RUSLE 模型以来，在流域和全国尺度上，基于此模型的土壤侵蚀的研究广泛开展。例如，傅伯杰等(1999)将 RUSLE 模型应用于黄土高原中部延河流域，探讨了模型主要参数的尺度上推方法和模型在流域尺度的适用性。李佳蕾等(2020)采用该模型，在全国尺度上，基于气候、土地覆盖、地形特征等空间分异特征，对各个参数进行了率定，估算了 2000—2015 年中国的土壤侵蚀量。

我国学者于 20 世纪 80 年代起，也开展了大量水蚀模型的探索(谢云等，2003；郑粉莉等，2005)。一些研究根据研究区实际情况对 USLE 模型进行参数修正，实现了对黄土高原(牟金泽和孟庆枚，1983)、闽东南(黄炎和等，1993)、长江三峡库区(蔡崇法等，2000)、三江平原(张树文等，2008)、鄱阳湖流域(陈建忠等，2011)、东北黑土区(王彬等，2012)、重庆(肖洋等，2015)和云南(彭双云等，2018)等地区的水力侵蚀的预测。刘宝元等借鉴 USLE 的研究经验，在安塞、子洲、离石、延安和绥德等开展径流小区实验，建立了中国坡面土壤流失方程(CSLE，Chinese Soil Loss Equation)，目前已经实现了对全国水蚀强度的评估(Liu et al.，2020)。

5.1.3　风蚀预报模型研究进展

风蚀过程一般被归纳为土壤颗粒通过地表蠕动、跳跃和悬浮等发生输送和沉积的过程，受风速、降水、土壤、地表覆盖和人类活动等多种因素的共同作用。野外测量是使用最早、应用最广的土壤风蚀研究方法，经过几十年的努力，国内外学者已经研发出一系列风蚀野外测量仪器与技术（王仁德等，2019）。野外测量可以真实、客观地反映风蚀过程与结果，为理解风蚀机理、修订和验证风蚀模型等提供了扎实的基础。风蚀预报模型则有助于在各种时空尺度上评估风蚀的过程和影响，是近年来土壤风蚀研究的核心内容之一。

最简单的风蚀模型为 Bagnold 的输沙率方程，其中只包含了风速和沙粒粒径 2 个变量，不能满足预报复杂的风蚀过程的需要。根据目前的研究成果，已有的风蚀模型可分为物理模型、数学模型和经验模型。物理模型是在确定模型变量的基础上，通过各变量在风蚀过程中作用物理机制的分析研究，应用物理学方法建立起来的。由于当前土壤风蚀过程中很多物理机制尚不清楚，所以，所建立的物理模型都是高度简化的，难以反映风蚀的客观规律。数学模型主要通过风沙两相流体力学方程组求解得出。一般而言，针对风蚀过程列的方程组十分复杂，在求解的过程中不得不逐步简化。而且，数学模型中很多参数物理意义不明确，在实际应用中无法确定。经验模型主要是根据实验或野外观测结果，采用统计方法建立起来的模型，缺乏严密的物理和数学基础，但可行性较强。

19 世纪 50 年代，Chepil（1945a；b；c）通过一系列文章系统总结了风蚀动态的理论基础，成为后续风蚀预报系列研究的重要基础。60 年代，Woodruff 和 Siddoway（1965）综合风洞试验和野外测量，提出了第一个风蚀预报经验模型，即风蚀方程（Wind erosion equation，WEQ）。WEQ 以美国堪萨斯州实验为基础，综合考虑气候因子、土壤可蚀性因子、地表粗糙度因子、地面裸露区域长度和植被覆盖等 5 组 11 个变量来计算田间土壤风蚀量，同时可通过方程来确定风蚀容忍量以下的防护带间距，估计风蚀对农田生产力的影响等，被广泛用于估计美国大平原地区的风蚀量。1980 年代后期，美国农业部组织一些学者对 WEQ 进行修正，提出了修正的风蚀方程（Revised wind erosion equation，RWEQ），目的是应用简单的模型变量输入方式来计算风蚀量（Fryrear et al.，1994）。RWEQ 模型输入参数相对较少，近年来，经过参数本地化和尺度上升，大量研究表明 RWEQ 和 RUSLE 模型应用具有很大的地域适应性，只要有较理想的气象、土壤和田间管理措施等输入数据即可以获得比较准确的预报结果（Buschiazzo and Zobeck，2008；Youssef et al.，2012；Ouyang et al.，2016），两模型在中国的应用也日趋成熟（彭建等，2017；Chi et al.，2019）。此外，还有风蚀预报系统（Wind erosion prediction system，WEPS）、风蚀事件评估程序（Single-event wind erosion evaluation program，SWEEP）、德克萨斯侵蚀分析模型（Texas erosion analysis model，TEAM）等，这些模型为理解土壤风蚀的过程和机制提供了有用的工具，为研究者提出自然资源可持续管理对策提供了技术支撑（Jarrah et al.，2020）。

我国学者除了对国外模型进行修订外，也在努力发展土壤风蚀模型。学者们通过大量研究来探索土壤风蚀和影响因子之间的影响规律（董光荣等，1987；董治宝等，1996；黄富祥等，2001；张春来等，2003；孙悦超等，2010；邹学勇等，2014；Cheng et al.，2020）。1998 年，董治宝以陕北神木市六道沟小流域为单元，通过风洞实验和野外观测，厘清了风蚀量与风速、植被盖度、人为地表结构破损率等变量之间的变化关系，从而构建了多变量风蚀预测模型。2010 年，为满足土壤风蚀普查需要，研究者根据风洞实验资料，考虑风速、空气动力学粗糙度、植被盖度等因子，分别建立了草（灌）地和沙（漠）地的风蚀预报经验模型，并先后用于京津风沙源治理效益评价和第一次全国水土流失普查。2014 年，邹学勇等提出基于土壤风蚀动力过程的土壤风蚀动力模型（Dynamic model of soil wind erosion，DMSWE），综合考虑地表粗糙干扰力、风力侵蚀力和表土抗侵蚀力等 3 类因子来设计模型，预测从地块到区域尺度的耕地、草地和沙地等地类的风蚀量。从科学发展和实际应用的长远观点来看，重新构建具有坚实理论基础与更广泛适用性的土壤风蚀模型，提高模型应用的普适性势在必行，也是一项巨大的挑战。

5.1.4　研究目标

京津风沙源治理工程区在不同程度上受到风力侵蚀和水力侵蚀的威胁。已有的研究发现，工程实施以来，区域植被盖度整体呈现增加趋势，沙尘天气日数显著减少，关键生态系统服务有了显著提升（覃云斌等，2012；Wu et al.，2013；Wu et al.，2013；Yang et al.，2015；Jiang et al.，2018；崔晓等，2018；Zhao et al.，2018，2020；Jin et al.，2019；黄麟等，2020）。然而，区域土壤侵蚀强度的时空格局、风蚀和水蚀在空间上的主导特征、生态工程实对区域土壤侵蚀的积极和消极影响等科学问题，至今仍未得到明确和定量的回答。由于风沙、流水等自然条件变化的不确定性，以及观测调查手段的局限性，当前研究仍主要将风蚀和水蚀作为单独的过程来量化土壤侵蚀量。现有的一系列研究也表明，将侵蚀模拟模型和地面调查相结合是当前土壤侵蚀过程研究的主要途径，能够得到较为可靠的土壤侵蚀量时空格局特征。

因此，本章将地面调查和遥感监测相结合，采用较为成熟的模型，量化了工程区 2000—2018 年区域风蚀和水蚀强度的时空格局，揭示了生态工程实施以来区域土壤侵蚀的变化程度，并识别了区域风水复合侵蚀区和风蚀、水蚀主导类型区，讨论了该区域风水复合侵蚀的机制。

5.2　研究方法

5.2.1　数据来源

研究中使用的数据包括气象数据，归一化植被指数（NDVI）数据，数字高程（DEM）数据，植被、土壤类型数据，土地利用/覆盖数据等。为消除不同数据之间分辨率差异带来的影响，本研究数据分辨率统一重采样或插值为 250m×250m。

气象数据来源于中国气象数据网，包括研究区及周边 66 个气象站点的逐日均温、降水量、风速、风向、日照时数等要素，时间序列为 1990—2018 年。在消除奇异值、采用临近点插补缺失数据的基础上，利用 ANUSPLIN 软件对气象数据进行空间插值。

2000—2018 年每 16 天间隔的 NDVI 数据来源于 MODIS13Q1 数据集，空间分辨率为 250m。NDVI 数据分别采用像元二分模型和最大值合成方法来获取植被盖度和逐月植被盖度数据集（Holben，1986；Gutman and Ignatov 1998）。

DEM 数据通过 USGS 网站下载获取（http：//glovis. usgs. gov/）；土壤类型和植被类型数据通过中国科学院资源环境科学数据中心申请获取（http：//www. resdc. cn/）。

覆盖研究区的 2000、2010 和 2018 年土地利用/覆盖数据来源于中国科学院土地利用/覆盖数据集，比例尺为 1∶100000。该数据由 Landsat TM/ETM+/OLI 影像解译而来，数据精度在 90% 以上（刘纪远等，2018）。数据包括耕地、林地、草地、水体、城乡工矿居民用地和未利用地等 6 个一级类。

5.2.2　土壤侵蚀强度模拟

5.2.2.1　土壤风蚀强度模拟

采用地面调查与 RWEQ 模型相结合的方法评估 2000—2018 年逐年土壤风蚀强度。RWEQ 模型最早由美国农业部发展用于估算农田土壤风蚀量，近年来，经过模型参数本地化，该模型已在中国北方地区得到了成功的应用（Zhang et al.，2018；Chi et al.，2019；Zhao et al.，2020）。该模型通过考虑气候、土壤可蚀性、土壤结皮、地表粗糙度和植被残茬覆盖等因子来度量土壤

风蚀量，其基本表达式为(Fryrear et al.，2001)，

$$Q_{wind} = \frac{2x}{s^2} Q_{max} e^{-\left(\frac{x}{s}\right)^2} \tag{5-1}$$

$$Q_{max} = 109.8(\text{WF}\times\text{EF}\times\text{SCF}\times K'\times\text{COG})$$

$$s = 150.71(\text{WF}\times\text{EF}\times\text{SCF}\times K'\times\text{COG})^{-0.3711} \tag{5-2}$$

其中，Q_{wind} 为土壤风蚀模数，用于表征土壤风蚀强度；x 为实际地块长度；s 为关键地块长度；WF 为气候因子，是风速、降水、温度、雪盖等因子的函数；EF 为土壤可蚀性因子，SCF 为土壤结皮因子，两者主要受土壤质地和有机质含量影响；K' 为地表粗糙度因子；COG 为植被因子，包括生长植被、菱蔫植被、农作物及其残差等。

气候因子 WF 的计算方法为，

$$\text{WF} = Wf \frac{\rho}{g} \times \text{SW} \times \text{SD} \tag{5-3}$$

$$Wf = \sum_{i=1}^{N} U_2(U_2 - U_t)^2 N_d/N \tag{5-4}$$

$$\text{SW} = \frac{ET_p - (R + 1)\dfrac{R_d}{N_d}}{ET_p} \tag{5-5}$$

$$ET_p = 0.0162 \times \left(\frac{SR}{58.5}\right) \times (DT + 17.8) \tag{5-6}$$

$$\rho = 348.0\left(\frac{1.013 - 0.1183EL + 0.0048EL^2}{T}\right)$$

式中，U_2 为 2m 处风速(m/s)；U_t 为 2m 处临界风速(假定为 5m/s)；N 为风速的观测次数；N_d 为试验的天数(d)；ρ 为空气密度(kg/m³)，由海拔高度 EL (km)和绝对温度 T(开氏度)计算得到；g 为重力加速度 (m/s²)；SW 为土壤湿度因子(无量纲)，其中潜在相对蒸发量 ET_p(mm)采用了 Samani 等 (1986)的方法；R 为降雨量(mm)；I 为灌溉量 (mm)；R_d 为降雨次数和(或)灌溉天数；N_d 为观测天数(d，一般 15d)；SR 为太阳辐射总量(cal/cm²，据 Allen et al，1998)；DT 为平均温度(℃)。SD 为雪覆盖因子。

土壤可蚀性因子 EF 的值通过以下方程来计算(Fryear et al，1994)：

$$\text{EF} = \frac{29.09+0.31\text{Sa}+0.17\text{Si}+0.33\text{Sa}/\text{Cl}-2.59\text{OM}-0.95\text{CaCO}_3}{100} \tag{5-7}$$

土壤结皮为土壤颗粒物(特别是黏土、粉砂与有机质颗粒)的胶结作用而

在土壤表面生成一层物理、化学和生物性状均较特殊的土壤微层。

$$SCF = \frac{1}{1 + 0.0066(Cl)^2 + 0.021(OM)^2} \tag{5-8}$$

其中，Sa 为土壤砂粒含量（5.5%~93.6%）；Si 为土壤粉砂含量（0.5%~69.5%）；Sa/Cl 为土壤砂粒和黏土含量比（1.2%~53.0%）；Cl 为黏土含量（5.0%~39.3%），OM 为有机质含量（0.32%~4.74%）；$CaCO_2$ 为碳酸钙含量（0~25.2%）。括号中数据为 RWEQ 模型要求的数据含量范围表。对于土壤可蚀性和土壤结皮而言，由于中国土壤颗粒分级与美国制不同，RWEQ 中的分级使用的是美国制，为此需要先对土壤颗粒含量进行粒径转换，且研究区的土壤物质含量需符合 RWEQ 要求，为此对于超出范围的使用 RWEQ 内嵌的土壤质地资料所建议的输入参数（Fryrear et al，1998）。

综合植被因子用来确定枯萎植被和生长植被覆盖对土壤风蚀的影响。

$$SLR_f = e^{-0.0438(SC)} \tag{5-9}$$

$$SLR_c = e^{-5.614(CC^{0.7366})} \tag{5-10}$$

其中，SLR_f 为枯萎植被的土壤流失比率；SC 为枯萎植被的地表覆盖率；SLR_c 为作物覆盖土壤流失比率，CC 是土表植被覆盖度。为了更准确地量化区域风蚀量，在典型草地和沙地地区取样，对植被因子的计算进行了校正。

5.2.2.2 土壤水蚀强度模拟

采用 RUSLE 来计算 2000—2018 年逐年土壤水蚀强度，模型计算方法为（Renard and Ferreira，1993；Renard et al.，1997），

$$Q_{water} = R \times K \times L \times S \times C \times P \tag{5-11}$$

其中，Q_{water} 为土壤水蚀模数，用于表征土壤水蚀强度；R 为降水侵蚀力；K 为土壤可蚀性因子，采用 Nomo 图法计算；L 为坡长因子，S 为坡度因子；C 为植被覆盖因子；P 为水土保持措施因子。

降水侵蚀力（R）是土壤侵蚀的驱动因子，与土壤侵蚀强度有直接的关系。本研究采用章文波等（2002）的全国日降水量拟合模型，即基于日降水量资料的半月降水侵蚀力模型，来估算降水侵蚀力。其公式如下：

$$M_i = \alpha \sum_{j=1}^{k} D_j^{\beta} \tag{5-12}$$

式中，M_i 为某半月时段的降水侵蚀力值 $[(MJ \cdot mm)/(hm^2 \cdot h)]$；$D_j$ 表示半月时段内第 j 天的侵蚀性日雨量（要求日雨量大于等于 12mm，否则以 0 计算，阈值 12mm 与中国侵蚀性降水标准一致；k 表示半月时段内的天数，半月时段的划分以每月第 15 日为界，每月前 15 天作为一个半月时段，该月剩

下部分作为另一个半月时段, 将全年依次划分为 24 个时段。

α、β 是模型待定参数:

$$\beta = 0.8363 + \frac{18.144}{P_{d12}} + \frac{24.455}{P_{y12}} \qquad (5\text{-}13)$$

$$\alpha = 21.586\beta^{-7.1891} \qquad (5\text{-}14)$$

其中, P_{d12} 表示日雨量 12mm 以上(包括等于 12mm)的日平均雨量; P_{y12} 表示日雨量 12mm 以上(包括 12mm)的年平均雨量。

土壤可蚀性(K)是表征土壤性质对侵蚀敏感程度的指标。尽管关于土壤可蚀性值估算的研究很多, 但具有代表性的成果为 Wischmeier(1971)等提出的 Nomo 图法。Wischmeier 根据美国主要土壤性质, 分析了 55 种土壤性质指标, 筛选出粉粒+极细砂粒含量、砂粒含量、有机质含量、结构和入渗 5 项土壤特性指标, 建立了 K 值与土壤性质之间的 Nomo 模型。其计算公式如下:

$$K = \frac{\left[2.1\times10^{-4}(12-OM)M^{1.14} + 3.25(S-2) + 2.5(P-3)\right]}{100} \times \text{Ratio} \qquad (5\text{-}15)$$

其中, K 为土壤可蚀性值; OM 为土壤有机质含量百分比; M 为土壤颗粒级配参数, 为美国粒径分级制中(粉粒+极细砂)与(100-黏粒)百分比之积; S 为土壤结构系数; P 为渗透等级; Ratio 为美国制单位转换为国际制单位的转换系数, 取值为 0.1317。美国制的粒径等级: 黏粒为(<0.002mm); 粉粒为(0.002~0.05mm); 极细砂为(0.05~0.1mm); 砂粒为(0.1~2.0mm)。本研究在计算土壤可蚀性因子时采用 1∶100 万中国土壤数据, 该数据库根据全国土壤普查办公室 1995 年编制并出版的《1∶100 万中华人民共和国土壤图》构建, 覆盖了全国各种类型土壤及包括可蚀性在内的主要属性特征参数。

坡度坡长因子(LS)反应了地形坡度和坡长对土壤侵蚀的影响。本研究坡度坡长因子的算法建立在 McCool 等 (1989)和刘宝元(1994)研究的基础之上, 核心算法为:

$$L = \left(\frac{\gamma}{22.132}\right)^m \begin{cases} m = 0.5 & \theta \geqslant 9\% \\ m = 0.4 & 9\% > \theta \geqslant 3\% \\ m = 0.3 & 3\% > \theta \geqslant 1\% \\ m = 0.2 & 1\% > \theta \end{cases} \qquad (5\text{-}16)$$

$$S = \begin{cases} 10.8 \times \sin(\theta) + 0.03, & \theta < 9\% \\ 16.8 \times \sin(\theta) - 0.5, & 9\% \leqslant \theta \leqslant 18\% \\ 21.91 \times \sin(\theta) - 0.96, & \theta > 18\% \end{cases} \qquad (5\text{-}17)$$

其中, γ 为坡长 (m); m 为无量纲常数, 取决于坡度百分比值(θ)。

植被覆盖因子(C)是影响土壤侵蚀最敏感的因子，与植被覆盖度有着直接的关系。它是指在一定条件下有植被覆盖或实施田间管理的土地，其土壤流失总量与同等条件下实施清耕的连续休闲地土壤流失总量的比值，为无量纲数，介于0~1。本研究采用蔡崇法(2000)提出的 C 值计算方法：

$$C=\begin{cases}1, & f=0 \\ 0.6508-0.3436\lg f, & 0<f\leqslant78.3\% \\ 0, & f>78.3\%\end{cases} \tag{5-18}$$

上述公式中，植被覆盖度 f 基于植被指数 NDVI 数据计算得到，公式如下：

$$f=\frac{\text{NDVI}-\text{NDVI}_{\text{soil}}}{\text{NDVI}_{\text{max}}-\text{NDVI}_{\text{soil}}} \tag{5-19}$$

其中，$\text{NDVI}_{\text{soil}}$ 为纯裸土象元的 NDVI 值；NDVI_{max} 纯植被象元的 NDVI 值。

水土保持措施因子(P)是采用专门措施后的土壤水蚀量与顺坡种植时的土壤流失量的比值，通常的侵蚀控制措施包括等高耕作、修梯田等。本研究采用基于坡度的计算方法(Lufafa et al., 2003)，

$$P=0.2+0.3\alpha \tag{5-20}$$

其中，α 为坡度(%)。

5.2.3 土壤侵蚀类型区划

依据2000—2018年区域土壤平均侵蚀模数和土壤侵蚀分类分级标准(SL190—2007)，将区域土壤侵蚀强度划分为6个等级，包括微度[<200t/(km²·a)]、轻度[200~2500t/(km²·a)]、中度[2500~5000t/(km²·a)]、强度[5000~8000t/(km²·a)]、极强度[8000~15000t/(km²·a)]、剧烈[>15000t/(km²·a)]。本研究将土壤风蚀和水蚀分级图进行叠加分析，将区域划分为风蚀主导区(风蚀模数≥200t/km²，且水蚀模数<200t/km²)、水蚀主导区(水蚀模数≥200t/km²，且风蚀模数<200t/km²)、风水复合侵蚀区(风蚀模数≥200t/km²，且水蚀模数≥200t/km²)和轻度侵蚀区(风蚀模数<200t/km²，且水蚀模数<200t/km²)4个类型。为保证区域在宏观上的连片性，采用5×5像元邻域提取多值，对分类图进行处理，进而获取区域土壤侵蚀主导类型。

5.3　区域土壤侵蚀强度时空格局特征

5.3.1　2000—2018 年区域土壤风蚀强度时空格局

京津风沙源治理工程区约 3/4 的土地遭受不同程度的风力侵蚀。从多年平均侵蚀强度来看，中度以上风蚀区面积占区域土地总面积的 17%（表 5-1），其中，强度以上等级的侵蚀区主要分布在荒漠草原西区、毛乌素沙地、荒漠草原中区和浑善达克沙地，侵蚀区面积分别为 $2.52 \times 10^4 km^2$、$0.83 \times 10^4 km^2$、$0.77 \times 10^4 km^2$ 和 $0.68 \times 10^4 km^2$，占全区该等级区域面积的 46.09%、15.13%、14.17% 和 12.47%（彩图 10）；中度侵蚀区主要分布在浑善达克沙地和荒漠草原中区，面积分别为 $2.53 \times 10^4 km^2$ 和 $1.30 \times 10^4 km^2$，分别占全区该等级区域的 37.78% 和 19.46%（彩图 10）。从各亚区来看，荒漠草原西区风蚀强度最大，多年平均土壤风蚀模数达 $6363 t/(km^2 \cdot a)$，其次为河套灌溉区 $[4152 t/(km^2 \cdot a)]$、荒漠草原中区 $[2949 t/(km^2 \cdot a)]$、浑善达克沙地 $[2182 t/(km^2 \cdot a)]$、毛乌素沙地 $[1303 t/(km^2 \cdot a)]$、其他地区侵蚀模数均低于 $1000 \ t/(km^2 \cdot a)$（图 5-2）。

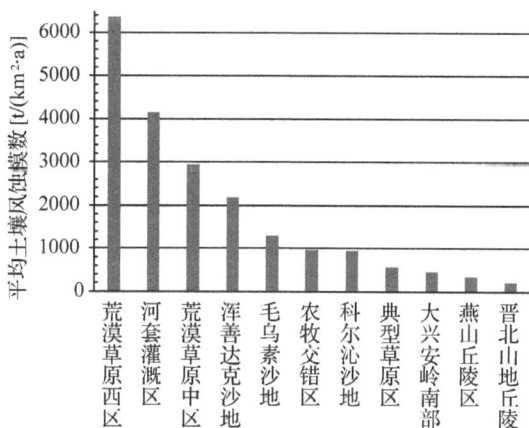

2000—2018 年各亚区平均土壤风蚀模数

图 5-2　京津风沙源治理工程区风蚀强度格局

工程区风蚀强度在 2003 年以后下降为 21 世纪初期的一半以上。2000—2002 年，区域平均土壤风蚀模数达 $2800 \pm 432 t/(km^2 \cdot a)$，而 2003—2018 年区域平均土壤风蚀模数降为 $1309 \pm 162 t/(km^2 \cdot a)$，且稳定在较低强度水平（彩图 10）。各亚区风蚀强度的时间格局也表现出类似的特征，其中，毛乌素沙地、荒漠草原西区、科尔沁沙地、荒漠草原中区、河套灌溉区和浑善达克

表 5-1 京津风沙源治理工程区土壤侵蚀强度特征

等级	风　蚀		水　蚀	
（侵蚀模数）	面积（km^2）	比例（%）	面积（km^2）	比例（%）
微　度	161440	22.98	365421	52.01
轻　度	420094	59.79	286249	40.74
中　度	66828	9.51	32180	4.58
强　度	26401	3.76	12516	1.78
极强度	19808	2.82	5640	0.80
剧　烈	8060	1.15	625	0.09

沙地当前风蚀强度已降低到 21 世纪初期的 50% 以下，其中，毛乌素沙地平均风蚀模数降低幅度最大，由 2648t/（km^2·a）降低到 1051t/（km^2·a）。而典型草原区、农牧交错区、燕山丘陵山地水源保护区和晋北山地丘陵区风蚀强度主要呈波动变化（图 5-2）。

5.3.2 2000—2018 年区域土壤水蚀强度时空格局

区域近一半的土地遭受水力侵蚀，但中度以上水蚀区面积仅占全区土地总面积的 7.25%（表 5-1）。其中，强度以上等级水蚀区集中分布在毛乌素沙地（0.64×10^{4}km^2，占区域同等强度侵蚀区总面积的 34.34%）、晋北山地丘陵区（0.42×10^{4}km^2，22.20%）、农牧交错区（0.22×10^{4}km^2，11.56%），中度水蚀区主要分布在毛乌素沙地（0.71×10^{4}km^2，占区域同等强度侵蚀区总面积的 21.88%）、晋北山地丘陵区（0.60×10^{4}km^2，18.70%）、农牧交错区（0.49×10^{4}km^2，15.14%）、燕山丘陵山地水源保护区（0.41×10^{4}km^2，12.81%）和大兴安岭南部区（0.40×10^{4}km^2，12.66%）（彩图 11，图 5-3）。从各亚区总体来看，晋北山地丘陵区平均土壤水蚀模数最高，约达 1942t/（km^2·a），其次为大兴安岭南部亚区、毛乌素沙地区、农牧交错区、科尔沁沙地区和燕山丘陵山地水源保护区，平均土壤水蚀模数为 700~1200t/（km^2·a）（图 5-3）。

2000—2018 年，土壤水蚀强度也呈显著降低趋势（$P<0.01$），但下降幅度较风蚀强度小。全区平均土壤水蚀模数从 2000 年左右的 708t/（km^2·a），降低到 2003—2010 年的 654t/（km^2·a）和 2010—2018 年的 620t/（km^2·a），当前水蚀强度约为 21 世纪初期的 88%。从各亚区来看，晋北山地丘陵区、毛乌素沙地、农牧交错区和燕山丘陵山地水源保护区土壤水蚀模数呈显著下降趋势，区域当前平均水蚀模数分别降为 1773、951、872、686t/（km^2·a），分别为 21 世纪初期侵蚀强度的 78.66%、85.35%、89.44% 和 85.30%。

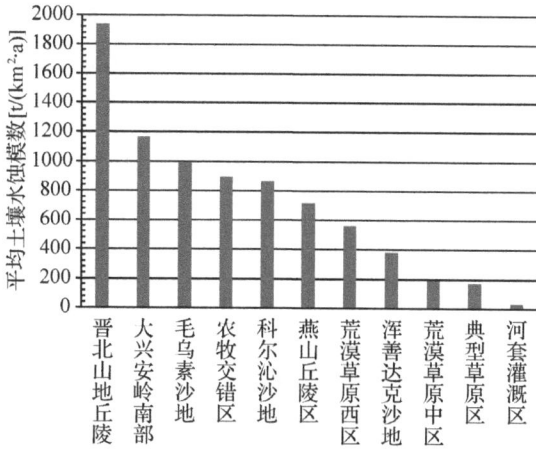

2000—2018 年各亚区平均土壤水蚀模数

图 5-3　京津风沙源治理工程区水蚀强度格局

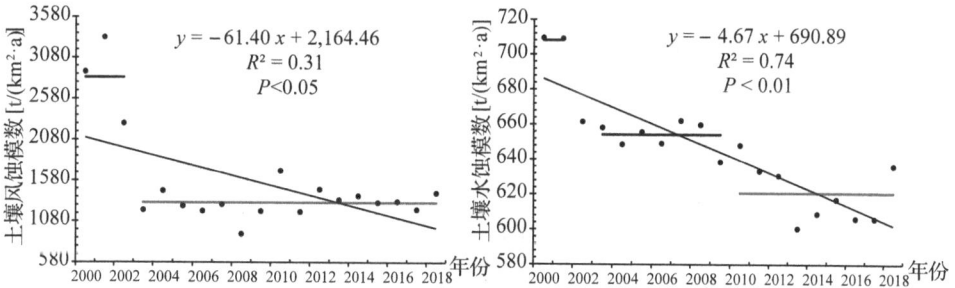

$y = -61.40\,x + 2{,}164.46$
$R^2 = 0.31$
$P < 0.05$

$y = -4.67\,x + 690.89$
$R^2 = 0.74$
$P < 0.01$

图 5-4　京津风沙源治理工程区土壤侵蚀模数变化（2000—2018 年）

5.3.3　区域土壤侵蚀类型的空间异质性

工程区以风力侵蚀为主，其次为风水复合侵蚀，侵蚀类型格局自西北向东南总体表现为从风蚀主导向风水复合侵蚀和水蚀主导的过渡。风蚀主导区面积为 $31.58 \times 10^4\,km^2$，占区域土地总面积的 44.95%，主要分布在区域北部和西部的典型草原、荒漠草原，以及沙地地区。1/3 的区域遭受风水复合侵蚀，面积为 $23.54 \times 10^4\,km^2$，主要分布在农牧交错地带、林草交错地带。水蚀主导区的面积为 $10.30 \times 10^4\,km^2$，占区域土地总面积的 14.66%，主要分布在区域南部边缘的山地地区（彩图 12）。

从各亚区来看，以风蚀为主导的亚区为典型草原区、浑善达克沙地、荒漠草原中区、荒漠草原西区、河套灌溉区和毛乌素沙地，风蚀主导区占各亚区的比例分别为 60.73%、59.10%、75.18%、60.37%、99.16% 和 43.19%。以水蚀为主导的亚区为晋北山地丘陵区，面积占比为 61.64%。以风水复合侵蚀为主的亚区包括大兴安岭南部区、科尔沁沙地、燕山丘陵山地水源保护区、农牧交错区，这些亚区中风水复合侵蚀面积占各自亚区总面积的比例分别为 52.02%、59.25%、36.66% 和 57.60%。

5.4 讨 论

5.4.1 区域土壤侵蚀模拟的可靠性

我国学者在土壤侵蚀模型的探索过程中也取得了很多重要成果，但仍处于摸索阶段(Zou et al., 2015；Liu et al., 2020)，借鉴国外成熟预报模型的架构、修正其主要因子是估算土壤侵蚀量的一条可行之路(刘纪远等，2016)。本研究从参数本地化和结果验证两个方面来尽可能保证模拟结果对土壤侵蚀时空格局的有效表达。对于参数的率定，主要从两个方面来保证模拟的准确性。一是参数计算公式的适用性。例如，对于土壤可蚀性和土壤结皮而言，由于我国土壤颗粒分级与美国制不同，RWEQ 中的分级使用的是美国制，为此需要先对土壤颗粒含量进行粒径转换(刘纪远等，2016)。二是地块尺度向区域尺度的推绎问题，本研究一方面通过建立地面调查和空间数据之间的统计关系来实现参数的空间表达，另一方面基于土地利用/覆盖数据对地表粗糙度和植被因子等进行宏观尺度上的修正(图 5-5)。

由于土壤侵蚀过程具有复杂性、随意性和无边界性，长期连续的风蚀和水蚀量真实结果的获取是十分困难的，本研究模拟的侵蚀格局总体上与全国土壤侵蚀调查的结果具有一致性。为了定量验证结果，广泛查阅已有研究成果和多年来的野外调研积累，对模拟结果进行了对比检验。对于土壤风蚀模拟结果，本研究与鄂尔多斯(齐永青等，2008)、锡林郭勒(刘纪远等，2007)和张家口(张加琼等，2010)等风蚀主导区土壤^{137}Cs调查结果进行了对比，对于水蚀，收集了中国 1km 空间分辨率的土壤侵蚀数据集(Li et al., 2021)，随机选取样点对 2015 年对应结果进行了相关性分析，结果发现本研究的模拟结果与这些结果具有显著的相关性(图 5-6)。这也表明本研究模拟结果在表达土壤侵蚀的时空格局上是有效的，而且提高了模拟的时空分辨率。

5.4.2 区域生态工程对土壤侵蚀的调控作用

生态建设过程中的植被恢复在提升区域侵蚀控制服务过程中发挥关键作

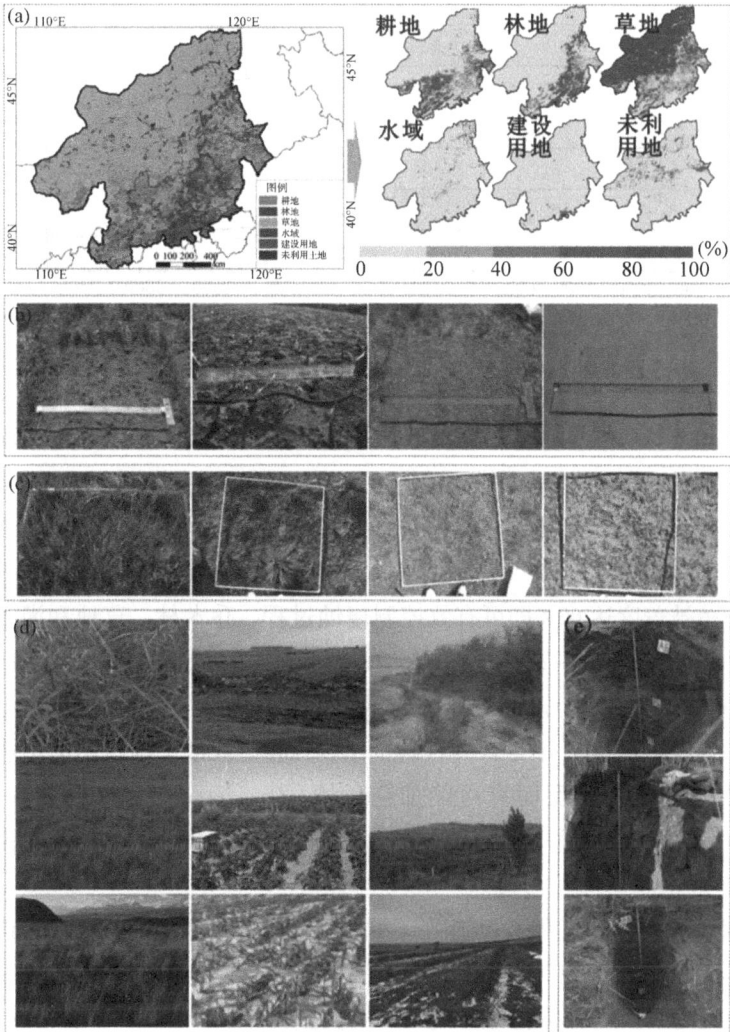

图 5-5 土壤风蚀模型参数野外采样

用。风力和水力在沙物质输送过程中有所差异。风蚀主要发生在干旱和半干旱气候区,风力的物质输送方向主要受风向控制,可在水平和垂直的任意方向进行,而且输送距离可跨越气候区,空间尺度相对较大;而水力的物质输送只在流域内向坡度降低的方向进行,且不可逆。湿润地区植被覆盖的大量减少会导致径流和水蚀模数的集聚增加,但湿润环境对于植被的恢复也是有利的;而干旱/半干旱地区土壤风蚀和水蚀对于植被减少等干扰更为敏感,这些区域土壤侵蚀尤其是风蚀的加剧会显著扩大影响的范围和程度(图 5-7)

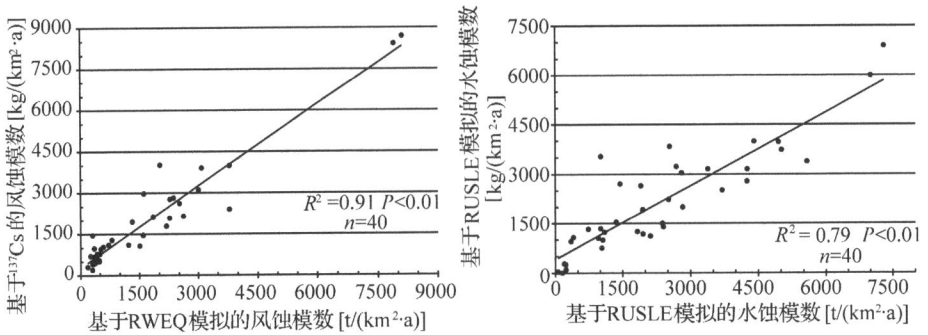

图 5-6 本研究模拟结果与同类研究结果的相关性分析

（Field et al.，2009）。中国干旱和半干旱地区的土壤风蚀总量约占全国总量的九成以上；冬春季节裸露的耕地是遭受土壤风蚀的主要对象之一，导致沙尘天气频发，也造成土壤肥力的下降；坡耕地，尤其是大于 25°的坡耕地，在暴雨季节会产生大量水土流失（Fu et al.，2011；Chi et al.，2019）。已有研究发现，一般植被盖度达 60%即可有效控制侵蚀过程，乔木林、草地和灌木林分别对于控制 20°~30°、0°~25°和 10°~25°坡地的水土流失是最有效的（Zhao et al.，2017；Wu et al.，2020）。对于风蚀防治，森林和高覆盖度草地上的土壤风蚀量仅为耕地上的一半，不足裸露沙地的 1/5，但植被过于稀疏不但不能有效地起到风蚀防控作用，反而有可能加剧风蚀（Zhao et al.，2020；Zhao et al.，2017）。因此，恢复林草植被已经成为当前削弱风力和水力输送过程的主要手段。

京津风沙源治理工程通过退耕还林/草、荒山造林、植被保护和荒漠化土地管理等手段来改善京津和周边地区生态环境质量，截至 2015 年，投资超过 500 亿元人民币，工程措施覆盖近 1/5 的国土面积（Bryan et al.，2018）。基于土地覆盖数据统计，2000—2010 年，是区域大规模生态建设时期，退耕还林/草约为 2700km²，主要分布在农牧交错亚区、毛乌素亚区和晋北山地丘陵区；未利用地植树造林种草约 1900km²，主要分布在浑善达克沙地、毛乌素沙地和科尔沁沙地；中低盖度草地质量提升面积约 4600km²，主要分布在农牧交错亚区、毛乌素沙地腹地以及荒漠草原中区；2010—2018 年，区域生态工程以巩固为主，尽管退耕面积有所减少，但植被保护和质量提升面积仍达 4100km²（Zhao et al.，2020）。研究表明，京津风沙源治理工程区森林和高覆盖度草地对于控制土壤侵蚀是十分有效的，其土壤风蚀量仅为耕地上的一半，不足裸露沙地的 1/5，但稀疏草地与裸沙地相当（Zhao et al.，2020）。然而，区域仍

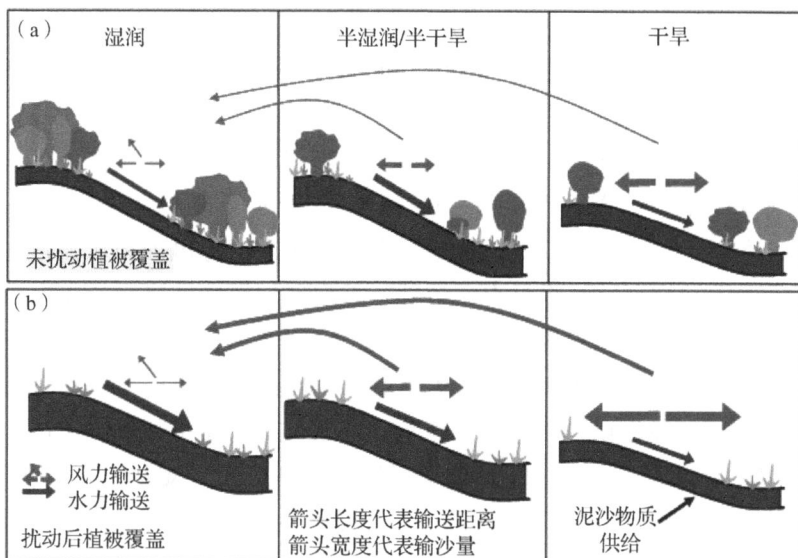

图 5-7　地表植被受干扰前后风蚀和水蚀过程差异

[据(Field et al. , 2009)译]

然存在局部的植被退化，部分沙地恢复的植被仍以低覆盖为主(Wu et al. ,
2013；Zhao et al. , 2020)。因此，需要在接下来工程治理中注意林草建设格局
的优化和生态系统质量的提升。

5.4.3　区域风水复合侵蚀机制

　　风水复合侵蚀是风水两相外营力共同或交替作用下发生的有别于单一营
力的地表物质搬运及再分配过程，近 20 年来，越来越多的研究开始关注半干
旱区风水侵蚀过程的相互作用机制。风力和水力因子的互馈方式表现在不同
的时空尺度上(Bullard and McTainsh, 2003；宋阳等，2006；Field et al. , 2009；
杨会民等，2016；张攀等，2019)。在空间尺度上，全球和区域尺度上的风水
复合侵蚀主要表现为干旱/半干旱地区的风水交替作用过程、地貌景观的镶嵌
和演变；局地尺度上集中表现为丘间地与坡面丰枯水期风力和水力因子的相
互作用。在时间尺度上，地质时期由于气候变迁，风蚀和水蚀主导期会交替
出现；年际尺度上降水和风力变化使风力和水力侵蚀贡献率相应变化；一年
之内两者可共同侵蚀或交替侵蚀，共同侵蚀过程中，风力改变雨滴动能进而
影响雨滴对土壤颗粒的作用，交替侵蚀主要表现为风季以风蚀为主导，而到
降水集中的夏秋季以水蚀为主导，两者空间叠加，时间交替，是一种侵蚀营
力对另一种侵蚀营力造成的侵蚀形态的再作用过程，也会发育独特的地貌景

观，例如，风蚀过程中改变了土壤质地和下垫面特征，会改变地表径流流速，影响水蚀过程。两者之间的反馈作用可正可负（海春兴等，2002；脱登峰等，2012；杨会民等，2016）。

中国风水复合侵蚀区主要分布在半干旱半湿润的农牧交错区，对气候变化有着显著的响应。本研究发现，大兴安岭南部区、科尔沁沙地、燕山丘陵山地水源保护区、农牧交错亚区、毛乌素沙地东南部等风蚀和水蚀强度都相对较大，这与已有研究结果具有一致性。根据区域风速和降水的年内时间格局，京津风沙源治理工程区主要表现为风力和水力的交替侵蚀，从秋季到翌年春季，地表裸露、气候干旱、风力强劲，是风蚀的高峰期；6~9月地表覆盖逐渐增加，风蚀作用表现微弱，而集中降水使水力侵蚀加剧。风速和降水量、雨强等的差异导致了侵蚀主导类型的空间异质性。风力侵蚀主导区（例如，朱日和）冬春季平均风速明显高于水力侵蚀主导区，但夏季降水量相对较低（图5-8）。然而，由于干旱环境中风沙和流水过程自然变化的不确定性，两个过程空间叠加和时间交替，使得观测和测量两者之间的相互作用仍然是一个挑战。本研究在一定程度上量化了水蚀和风蚀的强度，但对于风力和水力因子对土壤侵蚀的贡献比例，以及风水蚀之间的相互作用，仍然需要更深入的研究来进行准确辨识。

5.5 小 结

本章评估了京津风沙源治理工程区2000—2018年逐年土壤风蚀和水蚀强度，揭示了区域土壤侵蚀强度和类型的空间异质性，以及工程实施以来土壤侵蚀降低的程度。研究发现，区域土壤风蚀和水蚀具有不同的空间格局特征，但工程实施以来，风蚀强度和水蚀强度均呈现出显著的下降趋势。区域北部和西部典型草原和荒漠草原区的土壤主要遭受风力侵蚀，向东南不断过渡为风水复合侵蚀和水蚀为主，农牧交错亚区、大兴安岭南部亚区、燕山丘陵山地水源亚区、科尔沁沙地亚区和毛乌素沙地东南部风水复合侵蚀面积较大，主要表现为冬春季节的风蚀和夏秋季节的水蚀交替作用。生态工程的实施已经在区域生态环境改善方面发挥了积极的影响，为了提高防治效率，建议针对侵蚀的主导类型采取差别化的管理措施。在今后的工作中，还需要在风水复合侵蚀区进一步开展实验研究，深入探究风水侵蚀作用机制，更准确地评估风力和水力因子对于土壤侵蚀的贡献率。

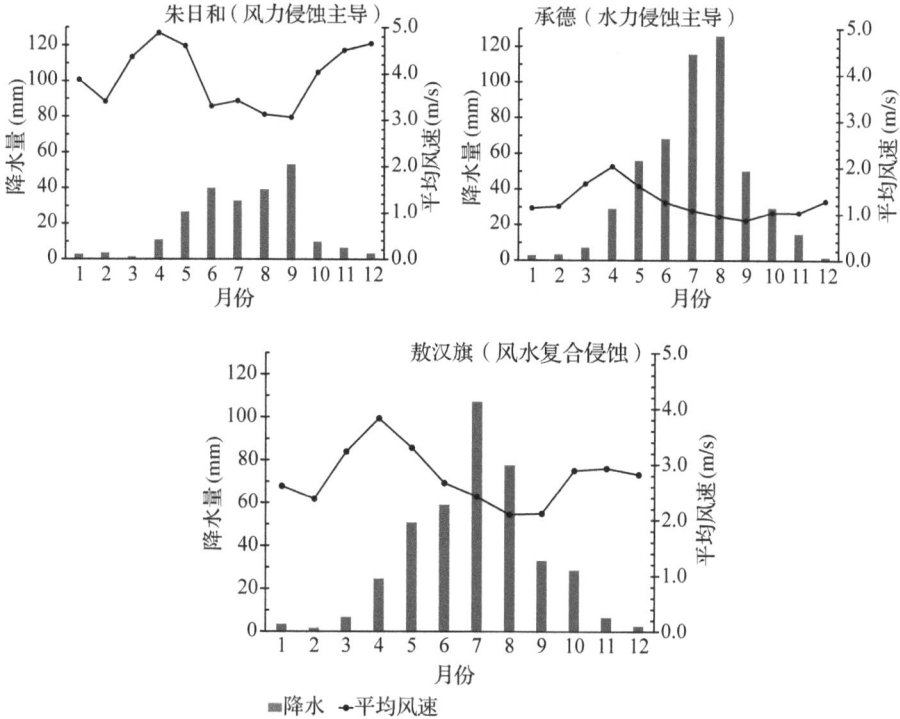

图 5-8　各类型侵蚀区年内降水和风速分布格局

参考文献

安志山，李栋梁，王涛，等，2012. 气候变化对风水蚀复合区的影响[J]. 中国沙漠，32
（3）：610-617.

蔡崇法，丁树文，史志华，等，2000. 应用 USLE 模型与地理信息系统 IDRISI 预测小流
域土壤侵蚀量的研究[J]. 水土保持学报，14（2）：19-24.

崔晓，赵媛媛，丁国栋，等，2018. 京津风沙源治理工程区植被对沙尘天气的时空影响
[J]. 农业工程学报，34（12）：171-179+310.

董光荣，李长治，金炯，等，1987. 关于土壤风蚀风洞模拟实验的某些结果[J]. 科学
通报（4）：297-301.

董治宝，陈渭南，董光荣，等，1996. 植被对风沙土风蚀作用的影响[J]. 环境科学学
报，16（4）：437-443.

傅伯杰，陈利顶，马克明，1999. 黄土丘陵区小流域土地利用变化对生态环境的影
响——以延安市羊圈沟流域为例[J]. 地理学报（3）：51-56.

海春兴，史培军，刘宝元，等，2002. 风水两相侵蚀研究现状及我国今后风水蚀的主要研究内容[J]. 水土保持学报(2)：50-52+56.

黄富祥，牛海山，王明星，等，2001. 毛乌素沙地植被覆盖率与风蚀输沙率定量关系[J]. 地理学报(6)：700-710.

黄麟，吴丹，孙朝阳，2020. 基于规划目标的工程区生态保护与修复效应[J]. 生态学报，40(6)：1923-1932.

黄炎，卢程隆，付勤，等，1993. 闽东南土壤流失预报研究[J]. 水土保报(4)：13-18.

李佳蕾，孙然好，熊木齐，等，2020. 基于RUSLE模型的中国土壤水蚀时空规律研究[J]. 生态学报，40(10)：3473-3485.

刘纪远，宁佳，匡文慧，等，2018. 2010—2015年中国土地利用变化的时空格局与新特征[J]. 地理学报，73(5)：789-802.

刘纪远，齐永青，师华定，等，2007. 蒙古高原塔里亚特-锡林郭勒样带土壤风蚀速率的137Cs示踪分析[J]. 科学通报(52)：2785-2791.

刘纪远，邵全琴，于秀波，等，2016. 中国陆地生态系统综合监测与评估[M]. 北京：科学出版社.

陆建忠，陈晓玲，李辉，等，2011. 基于GIS/RS和USLE鄱阳湖流域土壤侵蚀变化[J]. 农业工程学报，27(2)：337-344+397.

牟金泽，孟庆枚，1983. 降水侵蚀土壤流失预报方程的初步研[J]. 中国水土保持(6)：25-29.

彭双云，杨昆，洪亮，等，2018. 基于USLE模型的滇池流域土壤侵蚀时空演变分析[J]. 农业工程学报，34(10)：138-146+305.

齐永青，刘纪远，师华定，等，2008. 蒙古高原北部典型草原区土壤风蚀的137Cs示踪法研究[J]. 科学通报，1070-1076.

史志华，宋长青，2016. 土壤水蚀过程研究回顾[J]. 水土保持学报，30(5)：1-10.

宋阳，刘连友，严平，2006. 风水复合侵蚀研究述评[J]. 地理学报(1)：77-88.

孙悦超，麻硕士，陈智，等，2010. 植被盖度和残茬高度对保护性耕作农田防风蚀效果的影响[J]. 农业工程学报，26(8)：156-159.

脱登峰，许明祥，郑世清，等，2012. 风水两相侵蚀对坡面产流产沙特性的影响[J]. 农业工程学报，28(18)：142-148.

王彬，郑粉莉，王玉玺，2012. 东北典型薄层黑土区土壤可蚀性模型适用性分析[J]. 农业工程学报，28(6)：126-131.

王仁德，李庆，常春平，等，2019. 土壤风蚀野外测量技术研究进展[J]. 中国沙漠，39(4)：113-128.

王涛，屈建军，姚正毅，等，2008. 北方农牧交错带风水蚀复合区水土流失现状与综合治理对策[J]. 中国水土保持科学(1)：28-36+42.

肖洋，欧阳志云，徐卫华，等，2015. 基于GIS重庆土壤侵蚀及土壤保持分析[J]. 生态学报, 35(21): 7130-7138.

谢云, 林燕, 张岩, 2003. 通用土壤流失方程的发展与应用[J]. 地理科学进展(3): 179-187.

杨会民, 王静爱, 邹学勇, 等, 2016. 风水复合侵蚀研究进展与展望[J]. 中国沙漠, 36 (4): 962-971.

姚正毅, 屈建军, 郑新民, 等, 2008. 北方农牧交错带风水蚀复合区水土流失现状、分布特点及发展趋势[J]. 中国水土保持 (12): 63-66.

张春来, 邹学勇, 董光荣, 等, 2003. 植被对土壤风蚀影响的风洞实验研究[J]. 水土保持学报(17): 31-33.

张加琼, 周学雷, 张春来, 等, 2010. 张家口坝上地区农田土壤风蚀的-(137)Cs 示踪研究[J]. 北京师范大学学报(自然科学版)(46): 724-728.

张攀, 姚文艺, 刘国彬, 等, 2019. 土壤复合侵蚀研究进展与展望[J]. 农业工程学报, 35(24): 154-161.

张树文, 王文娟, 李颖, 等, 2008. 近 50 年来三江平原土壤侵蚀动态分析[J]. 资源科学, 30(6): 843-849.

章文波, 谢云, 刘宝元, 2002. 利用日雨量计算降水侵蚀力的方法研究[J]. 地理科学 (6): 705-711.

郑粉莉, 王占礼, 杨勤科, 2005. 我国水蚀预报模型研究的现状、挑战与任务[J]. 中国水土保持科学, 3(1): 7-14.

邹学勇, 张春来, 程宏, 等, 2014. 土壤风蚀模型中的影响因子分类与表达[J]. 地球科学进展, 29(8): 875-889.

Bagarello V, Ferro V, Flanagan D C, 2018. PredictingPlot Soil Loss by Empirical and Process-oriented Approaches. A Review[J]. Journal of Agricultural Engineering, 49(1): 1-18.

Borrelli P, Robinson D A, Fleischer L R, et al. , 2017. An Assessment of the Global Impact of 21st Century Land Use Change on Soil Erosion[J]. Nature Communications, 8(1): 2013.

Bullard J E, McTainsh G H, 2003. Aeolian-fluvialInteractions in Dryland Environments: Examples, Concepts and Australia Case Study[J]. Progress in Physical Geography: Earth and Environment, 27(4): 471-501.

Buschiazzo D E, Zobeck T M, 2008. Validation of WEQ, RWEQ and WEPS Wind Erosion for Different Arable Land Management Systems in the Argentinean Pampas[J]. Earth Surface Processes and Landforms, 33(12): 1839-1850.

Cheng H, Liu C, Zou X, et al. , 2020. Wind Erosion Rate for Vegetated Soil Cover: A Prediction Model Based on Surface Shear Strength[J]. Catena, 187(5): 104398.

Chepil W S, 1945. Dynamics ofWind Erosion. Nature of Movement of Soil by Wind[J]. Soil Science, 60.

Chepil W S, 1945. Dynamics of Wind Erosion: II. Initiation of Soil Movement[J]. Soil Science, 60(5): 397.

Chepil W, 1945. Dynamics of Wind Erosion: III. The transport Capacity of the Wind[J]. Soil Sci, 60(6): 475-480.

Chepil W S, 1959. Wind Erodibility of Farm Fields[J]. Journal of Soil and Water Conservation, 14(5): 214-219.

Chi W F, Zhao Y Y, Kuang W H, et al., 2019. Impacts of Anthropogenic Land Use/Cover Changes on Soil Wind Erosion in China[J]. Science of the Total Environment, 668: 204-215.

Du H, Dou S, Deng X, et al., 2016. Assessment of Wind and Water Erosion Risk in the Watershed of the Ningxia-Inner Mongolia Reach of the Yellow River, China[J]. Ecological Indicators, 67: 117-131.

Field J P, Breshears D D, Whicker J J, 2009. Toward aMore Holistic Perspective of Soil Erosion: Why Aeolian Research Needs to Explicitly Consider Fluvial Processes and Interactions[J]. Aeolian Research, 1(1-2): 9-17.

Fryrear D, Chen W, Lester C, 2001. RevisedWind Erosion Equation[J]. Annals os Arid Zone, 40(3): 265-279.

Fu B, Wang Y, Lu Y, et al., 2009. The Effects of Land-use Combinations on Soil Erosion: A Case Study in the Loess Plateau of China[J]. Progress in Physical Geography, 33(6): 793-804.

Fu B J, Zhao W W, Chen L D, et al., 2005. Assessment of Soil Erosion at Large Watershed Scale Using RUSLE and GIS: A Case Study in the Loess Plateau of China[J]. Land Degradation & Development, 16(1): 73-85.

Fu B, Liu Y, Lü Y, et al., 2011. Assessing the Soil Erosion Control Service of Ecosystems Change in the Loess Plateau of China[J]. Ecological Complexity, 8(4): 284-293.

Gutman G, Ignatov A, 1998. TheDerivation of the Green Vegetation Fraction from NOAA/ AVHRR Data for Use in Numerical Weather Prediction Models[J]. International Journal of Remote Sensing, 19(8): 1533-1543.

Holben B N, 1986. Characteristics ofMaximum - value Composite Images from Temporal AVHRR Data[J]. International Journal of Remote Sensing, 7(11): 1417-1434.

Jarrah M, Mayel S, Tatarko J, et al., 2020. A Review of Wind Erosion Models: Data Requirements, Processes, and Validity[J]. Catena, 187.

Jiang C, Nath R, Labzovskii L, et al., 2018. Integrating Ecosystem Services into Effectiveness Assessment of Ecological Restoration Program in Northern China's Arid Areas: Insights from the Beijing-Tianjin Sandstorm Source Region[J]. Land Use Policy, 75: 201-214.

Jin Y, Yang X, Li Z, et al., 2019. Remote Sensing Estimation of Forage Mass and Spatiotemporal Change Analysis in the Beijing-Tianjin Sandstorm Source Region, China[J]. International Journal of Remote Sensing, 40(5-6): 2212-2226.

Karydas C G, Panagos P, Gitas I Z, 2014. AClassification of Water Erosion Models According to their Geospatial Characteristics[J]. International Journal of Digital Earth, 7(3): 229-250.

Lal R, 2019. Accelerated SoilErosion as a Source of Atmospheric CO_2[J]. Soil & Tillage Research, 188: 35-40.

Li J, Sun R H, Xiong M Q, et al., 2021. Time Series of Soil Erosion Dataset in Water Erosion Area of China in Five-year Increments (2000—2015) [DB/OL]. Digit J Glob Chang Data Repo.

Liu B, Xie Y, Li Z, et al., 2020. The Assessment of Soil Loss by Water Erosion in China [J]. International Soil and Water Conservation Research, 8(4): 430-439.

Lufafa A, Tenywa M M, Isabirye M, et al., 2003. Prediction of Soil Erosion in a Lake Victoria Basin Catchment Using a GIS-based Universal Soil Loss Model[J]. Agricultural Systems, 76 (3): 883-894.

McCool D K, Foster G R, Mutchler C K, et al., 1989. Revised Slope Length Factor for the Universal Soil Loss Equation[J]. Transactions of the ASAE, 32(5): 1571-1576.

Ouyang Z, Zheng H, Xiao Y, et al., 2016. Improvements in Ecosystem Services from Investments in Natural Capital[J]. Science, 352: 1455-1459.

Pimentel D, Harvey C, Resosudarmo P, et al., 1995. Environmental and Economic Costs of Soil Erosion and Conservation Benefits[J]. Science, 267(5201): 1117-1123.

Renard K G, Foster G R, Weesies G A, et al., 1991. RUSLE: Revised Universal Soil Loss Equation[J]. Journal of Soil and Water Conservation, 46(1): 30-33.

Renard K G, Foster G, Weesies G, et al., 1997. Predicting Soil Erosion by Water: A Cuide to Conservation Planning with the Revised Universal Soil Loss Equation (RUSLE) (Vol. 703)[R]. United States Department of Agriculture Washington, DC.

Renard K, Ferreira V, 1993. RUSLEModel Description and Database Sensitivity[J]. Journal of Environmental Quality, 22(3): 458-466.

Visser S M, Sterk G, Ribolzi O, 2004. Techniques forSimultaneous Quantification of Wind and Water Erosion in Semi-arid Regions[J]. Journal of Arid Environments, 59(4): 699-717.

Vrieling A, 2006. SatelliteRemote Sensing for Water Erosion Assessment: A Review[J]. Catena, 65(1): 2-18.

Wischmeier W H, Smith D D, 1965. PredictingRainfall-erosion Losses from Cropland East of the Rocky Mountains[J]. Agricultural Handbook, 282.

Woodruff N P, Siddoway F H, 1965. A Wind Erosion Equation[J]. Proceedings of the Soil Science Society of America, 29(5): 602-608.

Wu G, Liu Y F, Cui Z, et al., 2020. Trade-off between Vegetation Type, Soil Erosion Control and Surface Water in Global Semi-arid Regions: A Meta-analysis[J]. Appl Ecol, 57 (5): 875-885.

Wischmeier W H, Johnson C B, Cross B V, 1971. A Soil Erodibility Nomograph for Farmland and Construction Sites[J]. Journal of Soil and Water Conservation, 26: 189–193.

Williams J, Jones C, Dyke P, 1984. ModelingApproach to Determining the Relationship between Erosion and Soil Productivity[J]. Transactions of the American Society of Agricultural Engineers, 27(1).

Wu J, Zhao L, Zheng Y, et al., 2012. Regional Differences in the Relationship between Climatic Factors, Vegetation, Land Surface Conditions, and Dust Weather in China's Beijing–Tianjin Sand Source Region[J]. Natural Hazards, 62(1): 31–44.

Wu Z, Wu J, Liu J, et al., 2013. Increasing Terrestrial Vegetation Activity of Ecological Restoration Program in the Beijing–Tianjin Sand Source Region of China[J]. Ecological Engineering, 52: 37–50.

Yang X, Xu B, Jin Y, et al., 2015. Remote Sensing Monitoring of Grassland Vegetation Growth in the Beijing–Tianjin Sandstorm Source Project Area from 2000 to 2010[J]. Ecological Indicators, 51: 244–251.

Youssef F, Visser S, Karssenberg D, et al., 2012. Calibration of RWEQ in a Patchy Landscape: A First Step Towards a Regional Scale Wind Erosion Model[J]. Aeolian Res, 3: 467–476.

Zhang H, Fan J, Cao W, et al., 2018. Response of Wind Erosion Dynamics to Climate Change and Human Activity in Inner Mongolia, China during 1990 to 2015[J]. Science of the Total Environment, 639: 1038–1050.

Zhao Y, Chi W, Kuang W, et al., 2020. Ecological and Environmental Consequences of Ecological Projects in the Beijing – Tianjin Sand Source Region [J]. Ecological Indicators, 112: 106111.

Zhao Y, Wu J, He C, et al., 2017. Linking Wind Erosion to Ecosystem Services in Drylands: A Landscape Ecological Approach[J]. Landscape Ecology, 32(12): 2399–2417.

Zhao Y, Xin Z, Ding G, 2018. SpatiotemporalVariation in the Occurrence of Sand – dust Events and Its Influencing Factors in the Beijing–Tianjin Sand Source Region, China, 1982–2013 [J]. Regional Environmental Change, 18(8): 2433–2444.

Zou X, Zhang C, Cheng H, et al., 2015. Cogitation on Developing a Dynamic Model of Soil Wind Erosion[J]. Sci China Earth Sci, 58: 462–473.

第6章

京津风沙源治理工程区沙尘
天气变化时空格局

沙尘天气是陆地干旱和半干旱地区较为常见的一种灾害性天气，给人们的生活和健康带来了严重影响，对国民经济建设和人民生命财产安全造成了严重威胁。沙尘天气的频繁发生也是京津风沙源治理工程实施的重要原因之一，工程启动后，国家和地方政府采取了一系列植被和工程措施来改善生态环境，防控土壤风蚀，降低沙尘天气发生频率。本章重点量化京津风沙源治理工程区沙尘天气日数的时空格局和主要驱动力，为区域高效开展植被建设和生态系统管理，进而降低沙尘天气危害和提升人类福祉提供理论支撑。

6.1 引 言

6.1.1 沙尘天气的定义

2006 年，沙尘暴天气等级（GB/T 20480—2006）发布并实施。该标准以能见度为依据将沙尘天气依次分为浮尘、扬沙、沙尘暴、强沙尘暴、特强沙尘暴等 5 个等级（表 6-1）。浮尘指当天气条件为无风或平均风速≤3.0m/s 时，尘沙浮游在空中，使水平能见度<10km 的天气现象；扬沙指风将地面尘沙吹起，使空气相当混浊，水平能见度在 1~10km 的天气现象；沙尘暴指强风将地面大量尘沙吹起，使空气很混浊，水平能见度<1km 的天气现象；强沙尘暴指大风将地面尘沙吹起，使空气非常混浊，水平能见度<500m 的天气现象；特强沙尘暴指狂风将地面尘沙吹起，使空气特别混浊，水平能见度<50m 的天气现象。《沙尘天气分级技术规定（试行）》中规定了沙尘天气分级颗粒物浓度限值（表 6-2）。

表6-1 沙尘天气分级标准

级　别	天气名称	水平能见度(m)	备　注
1	浮尘	<10000	无风或微风时,尘沙浮游在空中
2	扬沙	1000~10000	风将地面尘沙吹起,使空气相当混浊
3	沙尘暴	<1000	强风将地面尘沙吹起,空气很混浊
4	强沙尘暴	<500	大风将地面尘沙吹起,空气非常混浊
5	特强沙尘暴	<50	狂风将地面尘沙吹起,空气特别混浊

表6-2 沙尘天气分级颗粒物浓度限值

沙尘天气等级	总悬浮颗粒物小时浓度范围(mg/m³)	可吸入颗粒物小时浓度范围(mg/m³)	持续时间(h)
一级沙尘天气(浮尘)	1.0≤TSP<2.0	0.60≤PM10<1.00	>2
二级沙尘天气(扬沙)	2.0≤TSP<5.0	1.00≤PM10<2.00	
三级沙尘天气(沙尘暴)	5.0≤TSP<9.0	2.00≤PM10<4.00	>1
四级沙尘天气(强沙尘暴)	>9.0	PM10>4.00	

6.1.2 沙尘天气的危害

　　沙尘天气,尤其是大范围沙尘暴,会造成严重的灾害。沙尘气溶胶通过影响辐射收支(Mukherjee et al.,2020)、生物地球化学循环(Deng et al.,2020)和环境空气质量(Hu et al.,2016;Filonchyk and Peterson,2022)等在气候系统中发挥重要作用。而且,沙尘天气会威胁着农牧业生产和城镇地区的工业生产,恶化城镇地区的环境质量,对人类的健康和财产安全造成威胁(Mishra et al.,2015;Aili and Nguyen Thi Kim,2015)。2021年3月发生的特大沙尘暴在蒙古国西部产生,之后影响我国北方地区,影响范围超过380万km²,导致北方多地PM10峰值浓度超过5000μg/m³、内蒙古和宁夏等地农作物受灾严重(杨晓军等,2021)。

6.1.2.1 风蚀土壤,掩埋设施

　　沙尘暴是风沙活动的极端表现形式,也是造成土地沙漠化最重要的因素之一。每次沙尘暴发生时,沙尘源和影响区都会受到不同程度的风蚀危害,风蚀深度可达1~10cm。如1993年5月5日的特强沙尘暴,造成土壤风蚀10~30cm,甘肃景泰县新垦区沙质耕地的风蚀深度达15cm,若按10cm计算,风蚀量达1000m³/hm²(赵兴梁,1993)。沙尘暴还造成大面积的草场严重退化,土壤中大量的有机肥料被带走,沙丘活化,流沙向前移动1~8m。同时,

沙尘暴也会以风沙流的方式前移，造成农田、渠道、村舍、铁路、草场等被大量流沙掩埋，尤其是对交通运输构成严重的威胁。1993 年 5 月 5 日沙尘暴造成风沙埋压房屋 4412 间，沙埋水渠 2000 多 km，农田耕地的沙埋厚度可达 5~20cm，严重破坏了当地的植被和生态环境，这种年复一年，连续不断的沙尘暴侵蚀，大大加快了我国北方地区的土地沙漠化进程，所造成的间接损失难以估量。

6.1.2.2　强风破坏

沙尘暴发生时风力较大，携带细沙粉尘的强风会摧毁建筑物及公用设施，造成人畜伤亡。而且，强大的风力会吹起地面大量沙粒甚至砾石，造成设施毁坏，危及人身安全。2006 年 4 月 9 日晚 7 时许，从乌鲁木齐发往北京的 T70 次列车运行到小草湖至红层之间时，遭遇特大沙尘暴袭击，风力十二级以上，沙尘暴卷起的沙石将车体运行方向左侧窗户玻璃全部损坏，致使车内温度下降，设施受损，旅客人身安全受到威胁。2002 年 3 月 14 日，一场沙尘暴在阿拉善形成，3 月 20 日袭击北京，时间持续长达 51h，此次沙尘暴北京总降尘量高达 3 万 t，相当于人均 2kg。这是 20 世纪 90 年代以来范围最大、强度最强、影响最严重、持续时间最长的沙尘天气，袭击了我国北方 140 多万 km² 的大地，影响人口达 1.3 亿。

6.1.2.3　影响居民生产生活

沙尘暴以其特有的形式容易造成了严重灾害，影响居民正常的生产生活。沙尘暴天气携带的大量沙尘蔽日遮光，天气阴沉，造成太阳辐射减少，几小时到十几个小时恶劣的能见度，容易使人心情沉闷，工作学习效率降低。沙尘暴造成沙埋路面，危害交通畅通，且沙尘暴期间能见度差，影响视线，致使运营困难或停运，迫使机场关闭。发生在 2002 年 4 月初的沙尘暴非常严重，蒙古不得不关闭乌兰巴托国际机场达三天之久。此外，韩国也不得不关闭小学，取消首尔金浦机场的 40 多次航班。1993 年 5 月 5 日沙尘暴中，流沙掩埋铁路，造成客货车迟发、晚点和停运 42 列。另外，对有关城镇和乡村的长途和农用电话线路、广播、电视发射塔或发射天线也造成了不同程度的损坏，累计直接经济损失达 514 亿元人民币。

沙尘暴也会危害工农业生产。如沙尘暴会使农作物遭受沙打沙割，影响其正常生长，甚至受到毁灭性打击或沙埋，造成粮食减产甚至绝收。沙尘暴也易使植物叶片表面覆盖上厚厚的沙尘，影响植物正常的光合作用，造成生产力下降；牲畜吃了有沙的叶片，可使大量牲畜患呼吸道及肠胃疾病。沙尘物质一旦进入工厂、机房，就会大大增加仪表和零件的磨损，润滑不良，缩短使用寿命，甚至造成停机、停产，大则会引起重大事故。

6.1.2.4 污染大气与恶化环境

在沙尘暴源地和影响区，大气中总悬浮颗粒物 TSP 和可吸入颗粒物 PM10 增加，大气污染加剧（表6-3）。沙尘暴不仅会对源区产生污染，更会对其他地区造成影响。源于我国西北的沙尘，经长距离搬运，会对日本、韩国等周边国家甚至美国造成污染与危害。1998 年 9 月起源于哈萨克斯坦的一次沙尘暴，经过我国北部广大地区，并将大量沙尘通过高空输送到北美洲；2001 年 4 月起源于蒙古的强沙尘暴掠过了太平洋和美国大陆，最终消散在大西洋上空。撒哈拉及其周围干旱区是全球四大沙暴区之一，其沙尘可由热带东风气流的携带，越过大西洋，输送至北大西洋赤道上空，甚至可到达加勒比海地区、美洲大陆。Swap 的研究结果表明，撒哈拉的沙尘可输送到巴西亚马逊平原，一次撒哈拉的强沙尘暴过程可有约 4.8×10^5t 尘埃输送到亚马逊平原东北部，年输送沉降量达 1.3×10^7t，相当于每年每公顷沉降 19kg。

如此大范围的沙尘，在高空形成悬浮颗粒，足以影响天气和气候。悬浮颗粒能够反射太阳辐射从而降低大气温度，随着悬浮颗粒大幅度削弱太阳辐射（约 10%）地球水循环的速度可能会变慢，降水量减少；悬浮颗粒还可抑制云的形成，使云的降水率降低，减少地球的水资源。

表6-3　呼和浩特 2008 年典型沙尘天气中 TSP 和 PM10 的变化

时　间	沙尘天气类型	PM10（mg/m³）		TSP（mg/m³）		PM10/TSP	能见度
		浓　度	超标倍数	浓　度	超标倍数		
3 月 17 日		1.738	11.59	2.650	8.83	65.59	<1000
4 月 24 日	沙尘暴	1.550	10.33	2.110	7.03	73.48	<1000
5 月 26 日		1.280	8.53	2.046	6.82	62.58	<1000
5 月 27 日		1.152	7.68	1.336	4.45	86.20	<1000
5 月 28 日	强沙尘暴	2.069	13.79	2.893	9.64	71.52	300
5 月 20 日	扬沙	0.988	6.58	1.470	4.90	67.19	4000
4 月 29 日	浮尘	0.392	2.61	1.120	3.73	35.00	6000
5 月 21 日		0.378	2.52	0.634	2.11	59.62	3000

6.1.2.5　危害人体健康

风沙物质不仅妨碍人类的活动，同时沙尘中含有各种有毒化学物质、病菌、盐分、微量元素等，这些沙尘物质对人类身体健康产生直接损害。如沙尘物质进入人的口、眼、鼻、喉及食物中，经常引起精神不快，眼睛干涩；侵入人体呼吸道，诱发哮喘、肺气肿、气管炎、感冒等呼吸道疾病，给广大的区域带来严重的公共健康问题。尤其是老人、儿童及患有呼吸道过敏性疾病的人，是最易受沙尘天气影响的群体。

6.1.3　沙尘暴策源地与传输路径

沙尘暴策源地是指一次沙尘暴天气过程，第一天发生沙尘暴的所有地区中，处于最上风方向的地区。全球共有四大沙尘暴高发区，即中亚、北美、中非和澳大利亚。从若干沙尘暴天气过程的统计结果分析，我国发生的沙尘暴既有境外源地(外源型沙尘暴)，也有境内源地(内源型沙尘暴)，且影响范围较大的沙尘暴天气过程其源地多属外源型沙尘暴天气过程。统计表明，蒙古国即属于影响我国沙尘暴天气过程的主要境外源地，影响我国的沙尘暴天气有 2/3 左右的沙源是起源蒙古国南部的戈壁地区，在途经我国北方沙漠或沙地时得到加强或补充，另 1/3 左右的沙尘天气为境内沙源所致。

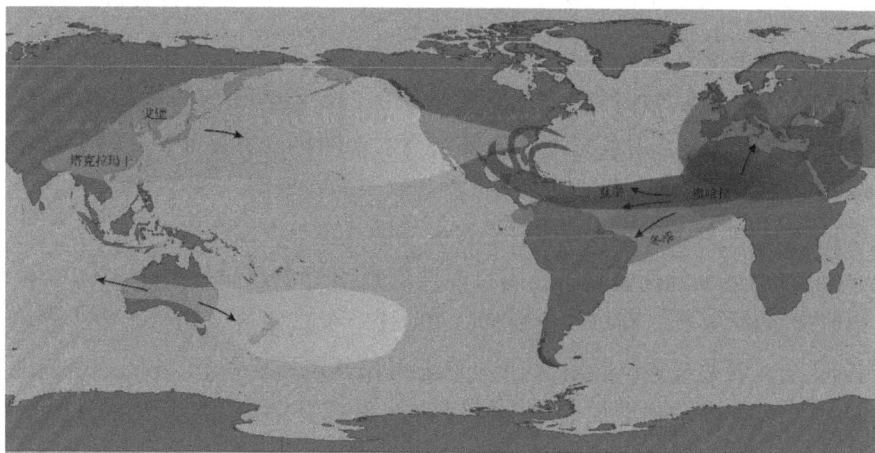

图 6-1　全球主要沙尘传输路径和范围

就境内源地而言，沙尘暴天气的策源地即为沙尘暴发生的中心区域。从 2014—2018 年中国西北地区春季沙尘天气发生的频数看，我国西北干旱区存在三大沙尘高频活动带，即塔克拉玛干沙漠东南边缘高频带、库姆塔格沙漠北缘高频带和巴丹吉林沙漠东北边缘高频带(张晔，2019)。在内蒙古西部，富含黏土粉沙组分的干盐湖及多盐湖分布的沙漠边缘和沙地周边，如额济纳、拐子湖区域、腾格里沙漠南缘以及毛乌素沙地的西北边缘区是沙尘暴、扬沙活动的频发区；沙尘暴在额济纳、拐子湖区域周边为 4.7d/a；腾格里沙漠南缘为 2.8d/a；毛乌素沙地的西北边缘区为 6.8d/a(李宽，2019)。黄土高原也是我国沙尘天气的频发区之一，黄土高原西北部是主要的沙尘源地，该区域内内蒙古的鄂托克前旗和鄂托克旗为沙尘暴多发区，宁夏中北部的盐池县、同心县一带是沙尘暴发生最频繁的地区(池梦雪，2019)。沙尘暴中心区域的地面物质在强劲偏北风作用下，影响我国北方地区甚至涉及长江流域，因此，这些区域是我国沙尘暴的策源地，也是沙尘暴监测、预测和重点防治区域，更是我国北方生态环境治理的重点地区。

根据对沙尘暴天气过程、天气形势特点、冷空气来源及云图特征等的综合分析，我国北方地区的沙尘暴发生路径主要有 3 条，即北路、西北路和西路路径。其中，西北路径类强沙尘暴天气最多(76.9%)，西路径类次之(15.4%)，北路径类最少(7.7%)。一般西路类沙尘暴天气持续时间较西北路径类长，但是，西北路径类强沙尘暴天气具有移动迅速、强度大、影响面积广且灾害重的特点。也有学者主张有四路，即东北路径、华北路径、西北路径和西部路径(史培军，2000)，这是将北路路径进一步划分为两支的结果。

6.1.3.1 沙尘暴的监测方法

我国沙尘暴地面观测业务主要在气象部门。随着遥感技术的不断发展，在沙尘监测方面的应用范围不断拓展，技术不断提高。目前，在沙尘暴多发区域和主要影响区域已具备以地面气象观测、高空探测、遥感探测(雷达、卫星等)、专业气象观测和大气特种观测为主的气象综合探测网。

(1)沙尘暴的地面监测。我国目前共有地面气象观测站点约 2500 个。太阳辐射观测站 98 个，高空气象探测站 120 个。大气本底监测站 4 个，酸雨观测点 82 个，农业气象试验站 70 个，农业气象基本站 672 个。402 个站的地面报和 90 个站的高空报参加全球(或区域)气象情报交换，每天发报量约达 12 万份，每月编制近万份各种气象观测记录月报表。

地面站距为 50~100km，高空站距 300km，观测时间间隔一般为 6~12h，地面气象观测项目包括温度、气压、湿度、风向、风速、降水、天气现象、云量、能见度、日照、蒸发、地温等常规气象要素；高空探测项目包括规定等压面温、压、湿和风；天气雷达主要以探测降水天气系统为主，气象卫星主要用于探测大范围高时空分辨率的云、地表和大气参数。专业观测主要以农作物长势、物候和土壤湿度等农业气象观测项目为主；大气特种观测主要以酸雨观测和大气本底环境观测（CO_2、CH_4、O_3、CO、黑碳气溶胶和大气浑浊度）为主。气象综合探测网是整个气象业务的基础，能够有效地监测大尺度天气系统的发生发展，也能初步对大范围沙尘暴进行定性的监测。

但不管怎样，目前气象综合探测网还不能定量地实施监测沙尘暴发生发展，主要表现在以下几个方面：首先是现有监测网对沙尘暴监测时空分辨率不够。沙尘暴形成天气是一种中尺度系统，生命只有几十分钟到几小时，其空间尺度为几十千米到几百千米。而现有监测网站距过大，观测时间间隔较长，这样的站网监测手段从时效和空间上对于沙尘暴这种中尺度天气系统而言，似若"大网捕小鱼"，不能有效监测沙尘暴发生发展的整个过程。其次，缺乏针对沙尘粒子特性的特种观测，如整层和地面气溶胶物理、化学特性，包括谱分布、质量浓度、化学组分和光学特性等。为此，中国气象局从 2001 年开始建设专业的沙尘暴监测站网系统，配备用于沙尘暴定量监测的各种仪器。

（2）沙尘暴遥感监测。

①气象卫星监测沙尘暴。FY 气象卫星是国内外较早成功用于气象监测的卫星，具有周期短、覆盖范围大的特点，是进行沙尘监测研究的理想工具；Himawari-8 是新一代地球静止轨道气象卫星，具有高时相的观测特点，可实现沙尘信的动态提取。马丽云（2016）利用 FY 系列气象数据，通过表征沙尘强度的指数 IDDI 提取沙尘信息，探讨黑风暴的判识阈值方法。利用 FY-2 数据提取沙尘暴信息并确定沙尘判识阈值，结合沙尘暴影响区域的气象站点监测数据，对新疆地区沙尘暴的起源、移动过程进行了分析。张海香（2018）利用 Himawari-8 数据，基于 11 μm 和 12 μm 通道亮温的变化特征，提出了一种动态的沙尘监测方法，该方法比固定阈值的沙尘提取方法更准确。蒋盈沙（2019）首先通过长时间序列的站点观测资料，分析了青藏高原及其周边区域沙尘天气的时空分布特征；其次利用 FY-3A 沙尘数据，采用其反演的沙尘强度指数 DSI 表征沙尘活动的强度，定性和定量分析了青藏高原以及塔里木盆地—河西走廊两个区域沙尘天气的时空分布特征以及变化趋势的异同。姜红（2021）以 2018—2019 年的 6 次沙尘天气为例，基于 FY-4A 中多通道扫描成像辐射计 AGRI（Advanced Geostationary Radiation Imager）数据，通过归一化差值沙尘指数 NDDI（Normalized Difference Dust Index）、随机森林 RF（Random Forests）和卷积神经网络 CNN（Convolutional Neural Networks）算法对沙尘天气

进行监测，发现 RF 和 CNN 相比传统的沙尘指数 NDDI 监测效果提高显著，但 CNN 在沙尘与非沙尘 的交界处识别效果比 RF 模型好。

②地球同步卫星监测沙尘暴。地球同步卫星（GMS-5）不但观测范围可涵盖地球表面的 1/4，且具有每小时的高时间解析观测能力等优点，非常适合于大范围地区沙尘暴的监测。由地表不同物种与沙尘在 GMS-5 卫星可见光频道（S-VISSR）反射特性的分析中，除了少部分的沙尘与低云或稀云的特性较为接近外，其余均可清楚地辨识，如能适时地建立沙尘暴发生前可见光频道的背景环境，即可侦测出沙尘暴所影响的区域或范围。利用 GMS-5 卫星可见光频道资料侦测沙尘暴具极高的可行性。因此，赵光平（2004）应用 GMS-或 YF-2 静止气象云图资料，依据不同目标物（如水体、地表、沙漠、地面积雪、中高云、低云、扬沙、沙尘暴）在红外通道、可见光通道、水汽通道的平均灰度及光谱响应曲线的差异，利用多参数条件下的分类合成处理与评估技术，确定了宁夏及周边地区沙生区（扬沙和沙尘暴）在静止卫星云图各通道中灰度阈值，建立了集信息综合分析和动态监测为一体的沙尘暴客观评估和实时监测系统。高庆先（2000）利用 GMS 卫星遥感资料，结合地面气象观测资料和中尺度每小时数值模拟对 1998 年 4 月和 2000 年 4 月发生的强沙尘暴天气演变过程进行了详细分析，逐步确定了影响我国的沙尘暴起始源地。胡文东（2003）利用日本 GMS-5 地球同步气象卫星资料，结合常规气象资料，对 2001 年 4 月 6 日发生于宁夏的一次沙尘暴天气过程的影响系统、物理机制、运动学特征、发展演变过程和地形作用等进行了分析。韩经纬（2005）对静止气象卫星监测沙尘天气的方法进行了研究，对其监测结果与极轨气象卫星的监测结果和地面观测结果做了对比分析。应用该方法研究了影响内蒙古的 9 次强沙尘暴天气的沙尘起源地和沙尘的扩散过程，并对近年来影响中国北方最强的一次沙尘暴天气的发生、发展过程进行了动态的监测和预警。

③陆地资源卫星监测沙尘暴。沙尘暴的发生，除受气候条件的影响外，下垫面状况也是主要因素之一。由美国发射的陆地资源卫星（Landsat-TM），在资源环境监测中应用日益广泛，因其对下垫面植被、水、土壤等方面的敏感反映，也成为沙尘暴监测研究的重要工具之一。沙尘暴是中国北方地区，特别是沙漠及其邻近地区特有的一种自然灾害。据研究，内蒙古地区多属干旱、半干旱气候，生态环境脆弱，由于长期不合理的生产和生活活动，生态环境迅速恶化，水土流失、风蚀沙漠化、盐渍化以及草场退化等问题日益严峻。加之全球气候变化的影响，近年来沙尘天气在该地区肆虐，受影响的地

区遭到不同程度的危害。白壮壮（2020）利用 1986—2015 年 Landsat 卫星影像，提取了鄂尔多斯高原沙漠化信息，对鄂尔多斯高原沙漠化演变过程进行分析，并探讨了影响沙漠化的主要驱动因素是年降水量和乡村人口数量。林龙圳（2021）利用 2000 年、2005 年、2015 年、2018 年 Landsat TM/ETM+/OLI 等遥感影像，解译并获取土地利用现状、景观格局指数等信息和数据，分析了作为内蒙古沙尘源之一的库布齐沙漠地区生态系统格局演变特征，并提出了整治对策。

④中分辨率成像光谱仪监测沙尘暴。沙尘暴的发生受大气环流、地表状况、降水的影响，还受到局部地区地形的影响。一次规模较大的沙尘暴过程，沙尘可以从蒙古国和我国西部沙源地输送到我国东部、韩国、日本乃至夏威夷、美国西海岸。中分辨率成像光谱仪（MODIS）是近年来新上天的卫星，比以往气象卫星功能更强大，不仅具有早期气象卫星的特点，而且精度更高，是沙尘暴监测的另一个十分理想的工具。中日亚洲沙尘暴 ADEC 项目对亚洲沙尘暴的起沙、传输和降落的运行机制已经做了深入的研究，并建立了亚洲沙尘暴的数值模拟系统。熊利亚（2002）运用新一代中分辨率成像光谱仪（MODIS）数据，进行沙尘信息的遥感定量化提取方法研究。郭铌（2006）利用 MODIS 资料对沙尘暴的范围和强度进行定量判识，应用多时次 MODIS 多波段资料，在对沙尘暴、云、雪和沙漠光谱特征进行较为细致分析的基础上，寻找出能区分沙尘、云和地表的波段，构建了 2 个定量判别沙尘暴范围和强度的沙尘指数，并利用沙尘指数对 2002—2005 年多次 MODIS 沙尘暴的范围和强度进行判识。海全胜（2009）以 MODIS 为数据源，根据热辐射理论，发展了一个稳定判识沙尘暴强度的指数 DSI。以 2006 年 4 月发生的沙尘暴为例，通过 DSI 指数对沙尘强度进行了划分，发现该指数反映沙尘暴发生范围和强度与目视结果一致，并得出此次沙尘暴发生地区主要位于内蒙古中部。Yue（2017）综合了 MODI 波段 20、31 和 32 提出了亮温调整沙尘指数 BADI（brightness temperature adjusted dust index），利用该指数成功监测到 2000—2011 年东亚地区 3 次具代表性的沙尘暴事件，并进行了定性定量的精度评估，研究指出使用该指数监测各次沙尘暴的准确率在 90% 以上。Liang（2021）通过 MODIS 影像和 HYSPLIT 后向轨迹发现 2021 年 3 月 15 日发生的特大沙尘暴事件是从蒙古国中南部向中国北方边境呈辐射状传播的。

⑤多普勒天气雷达监测沙尘暴。雷达比一般卫星探测器更具有抗气候干扰能力，便于不同气候环境下进行沙尘的监测。花丛（2019）利用风廓线雷达

数据、CALIPSO 卫星监测数据、常规气象观测资料以及大气成分资料，研究了 2015 年 3 月和 2017 年 5 月发生在北京的两场沙尘暴天气过程，发现两次沙尘暴事件均由蒙古气旋引起。王莉娜（2021）利用双通道偏振激光雷达、HYS-PLIT 轨迹模型以及 NCEP 全球再分析资料对 2019 年 3 月 26~28 日发生在甘肃省的一次强沙尘暴进行了分析，指出此次沙尘起源于塔克拉玛干沙漠，受高空横槽影响，自西向东传播至甘肃省引起空气污染。

6.1.3.2 研究目标

已有研究表明，京津风沙源治理工程实施后，区域植被总体改善（Wu et al.，2013；Yang et al.，2015）。1960—2007 年，区域东南部沙尘天气显著减少，降水、植被覆盖和沙尘天气之间的耦合关系和相关性具有空间异质性（Wu et al.，2012）。然而，气象因素和植被覆盖对沙尘天气频率的影响仍不明确，需要更深入地了解沙尘天气变化背后的驱动因素，以有效地防治区域性沙尘事件。因此，本章对基于遥感和气象数据，就以下两个问题进行了分析：①过去 30 年京津风沙源治理工程区沙尘天气变化具有何种特征；②气象因素和植被恢复对沙尘天气形成的贡献及其空间分布呈现何种特征。

6.2 研究方法

6.2.1 数据来源

本章主要使用了沙尘天气数据、气象数据和归一化植被指数的 NDVI 数据。沙尘天气包括 5 个等级，即浮尘、扬沙、沙尘暴、强沙尘暴和超强沙尘暴。1982—2013 年的月沙尘天气日数和气象数据（包括年平均温度、月降水量、月湿度和月平均风速）均来自中国国家气象中心（http：//cdc.cma.gov.cn/），包括京津风沙源治理工程区及其周围的 66 个气象站。

本研究使用的 NDVI 数据来源于两个数据集。1982 年 1 月至 2006 年 12 月期间的 NDVI 数据来源于全球植被指数变化研究（GIMMS）小组发布的 NOAA AVHRR 数据集，空间分辨率为 8km×8km，时间分辨率为 15d（Tucker et al.，2005）。2001 年 1 月至 2013 年 12 月的数据集为 MODIS NDVI 产品（MOD13Q1），空间分辨率为 250m，时间分辨率为 16d（Yang et al.，2015）。采用最大值合成方法对数据集进行处理和合成，以获得月度和年度的 NDVI 数据（Holben，1986）。进一步，将两个数据集均采用双线性方法进行空间分辨率为 1km×1km 的重采样；使用二分法进一步计算植被覆盖度，以消除传感器之间的绝对差异（Gutman and Ignatov, 1998）。分析两类数据共有年份（2001—2006）区域平均植被覆盖时间序列的回归关系，发现两类数据获取的植被盖度的一致性较好（$n=6$；slope=1.1，$R^2=0.96$，$P<0.01$）。

6.2.2　分析方法

本研究分析了沙尘天气发生的年际和年内变化。利用 1982—2013 年京津风沙源治理工程区内 44 个气象站的月平均沙尘日数来显示沙尘天气的年内变化，用线性回归方法来分析沙尘天气的年际变化，回归线的斜率代表年变化率。

本研究通过检验年沙尘天气日数与气象、植被因子年值之间的相关性，试图探索沙尘天气日数的主要影响因素。以植被覆盖度和影响显著的气象因子为自变量，采用多元线性回归方法量化不同因子对沙尘天气发生的相对贡献（Zhao et al., 2017）。因自变量的重要性随着标准化回归系数绝对值的增加而增加，每个因素的贡献由绝对标准化回归系数的百分比来表示。

气象因子和沙尘天气日数是位于相应区域或亚区的气象站数据的平均值。植被因子由相应区域的平均 NDVI 表示。所有统计分析基于 Windows 系统下的 SPSS 软件平台上操作，分析在研究区和亚区两个空间尺度上开展。

6.3　区域沙尘天气时空格局

1982—2013 年，研究区 44 个气象站的沙尘天数的平均数值有所波动，但整体呈现出显著的下降趋势（$R^2=0.42$，$P<0.01$），尤其是在 1982—1999 年和 2006—2013 年期间（图 6-2）。沙尘天数从 1982 年的 24d 减少到了 1999 年的 8d，平均每年减少 1d。2000—2006 年间的沙尘天数有剧烈波动，于 2001 年京津风沙源治理项目启动时达到高峰（25d）。沙尘天数从 2006 年的 20d 减少到 2013 年的 5d，平均每年减少约 1.55d。在一年内，沙尘天气多发生在春季；春季（3 月至 5 月）沙尘天数占全年沙尘天数的 60%~75%。4 月沙尘天数最多（1982—1999 年和 2006—2013 年 4 月沙尘天气日数分别占全年的 32% 和 28%），其次是 2 月（19% 和 23%），再其次是 3 月（13% 和 23%；图 6-3）。

沙尘天气日数空间格局表现为西高东低（彩图 13）。1982 年，区域沙尘天气日数的平均值是 32d，毛乌素沙地、典型草原西区和黄河灌溉区为区域峰值（50~100d），而燕山山地水源保护区日数最少（不到 5d）。2000—2006 年，沙尘天气频率最高的地区向北移动，覆盖了典型草原西区、典型草原中区和浑

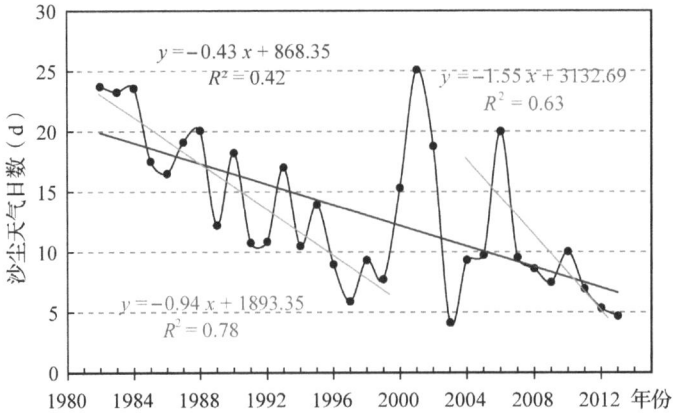

图 6-2　京津风沙源治理工程区年沙尘天气日数变化趋势(1982—2013 年)

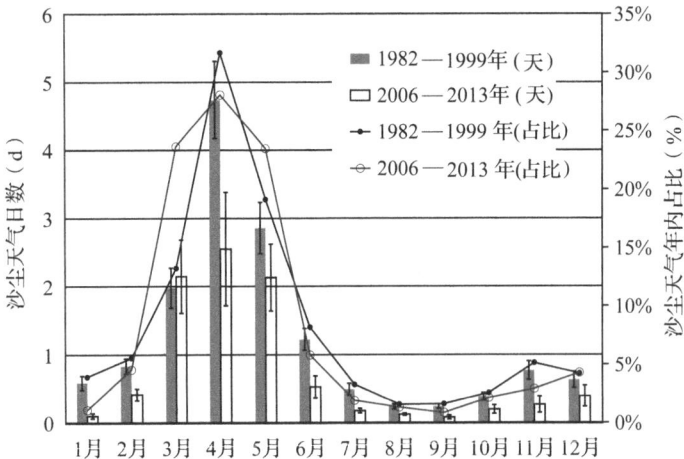

图 6-3　京津风沙源治理工程区沙尘天气的月变化

善达克沙地。2013 年沙尘天气日数大幅减少，但在典型草原西区出现的频率相对较高(彩图 13)。

　　沙尘天气日数的显著性下降趋势具有区域差异。在 44 个气象站中，有 25个站的沙尘天气日数在呈显著下降趋势，显著性水平为 0.05。毛乌素沙地沙尘天气日数和减少率相对较大(表 6-4)；32 年间沙尘天气日数减少超过了50d。在 1982—1999 年和 2006—2013 年两个阶段，沙尘天气变化的空间格局有所差异。1982—1999 年，毛乌素沙地、黄河灌溉区和典型草原西区的总减少量超过 30 天(年变化率，2.06～2.43d)；2006—2013 年，典型草原东区、典型草原中区和典型草原西区的总减少量超过 15d(年变化率，2.06～2.33d)，并且大于其他亚区(表6-4)。

表6-4　京津风沙源治理工程区各亚区的沙尘天气日数变化趋势

亚　区	1982—2013 年	1982—1999 年	2006—2013 年
典型草原东区	—	$y=-0.77x+538.67$ ($R^2=0.630,\ P<0.001$)	$y=-2.06x+4152.15$ ($R^2=0.622,\ P=0.020$)
大兴安岭南部区	$y=-2.24x+467.15$ ($R^2=0.224,\ P=0.006$)	$y=-0.70x+1408.29$ ($R^2=0.466,\ P=0.002$)	—
燕山丘陵山地 水源保护区	$y=-2.21x+421.74$ ($R^2=0.189,\ P=0.013$)	$y=-0.42x+842.07$ ($R^2=0.339,\ P=0.011$)	—
科尔沁沙地	$y=-2.20x+858.85$ ($R^2=0.326,\ P=0.001$)	$y=-0.59x+1184.57$ ($R^2=0.725,\ P<0.001$)	$y=-0.67x+1855.06$ ($R^2=0.646,\ P=0.016$)
浑善达克沙地	$y=-0.21x+440.75$ ($R^2=0.138,\ P=0.036$)	—	$y=-1.87x+3757.96$ ($R^2=0.753,\ P=0.005$)
典型草原中区	$y=-0.40x+803.77$ ($R^2=0.194,\ P=0.012$)	$y=-1.18x+2260.46$ ($R^2=0.610,\ P<0.001$)	$y=-2.88x+4682.86$ ($R^2=0.661,\ P=0.014$)
典型草原西区	$y=-0.69x+1403.41$ ($R^2=0.347,\ P<0.001$)	$y=-2.06x+4125.11$ ($R^2=0.787,\ P<0.001$)	$y=-2.31x+4671.75$ ($R^2=0.555,\ P=0.034$)
黄河灌溉区	$y=-0.72x+1457.81$ ($R^2=0.285,\ P=0.002$)	$y=-2.25x+4500.39$ ($R^2=0.671,\ P<0.001$)	—
农牧交错区	$y=-0.25x+512.98$ ($R^2=0.173,\ P=0.018$)	$y=-0.80x+1602.27$ ($R^2=0.548,\ P<0.001$)	$y=-1.84x+8706.26$ ($R^2=0.565,\ P=0.032$)
晋北山地丘陵	$y=-0.53x+1078.92$ ($R^2=0.442,\ P<0.001$)	$y=-1.38x+2753.13$ ($R^2=0.707,\ P<0.001$)	—
毛乌素沙地	$y=-1.41x+2846.29$ ($R^2=0.722,\ P<0.001$)	$y=-2.48x+4858.39$ ($R^2=0.745,\ P<0.001$)	—

6.4 沙尘天气和主要影响因素之间的关系

6.4.1 沙尘天气与气候因素的关系

为研究沙尘天气日数与气象因子之间的关系，本研究首先分析了京津风沙源治理工程区各气象因子的年内和年际变化特征(图6-4)。在区域尺度上，沙尘天气日数与年气温或相对湿度之间无显著相关性。因此，后面仅讨论了风速、降水和沙尘天气日数之间的关系。

(a) 平均风速

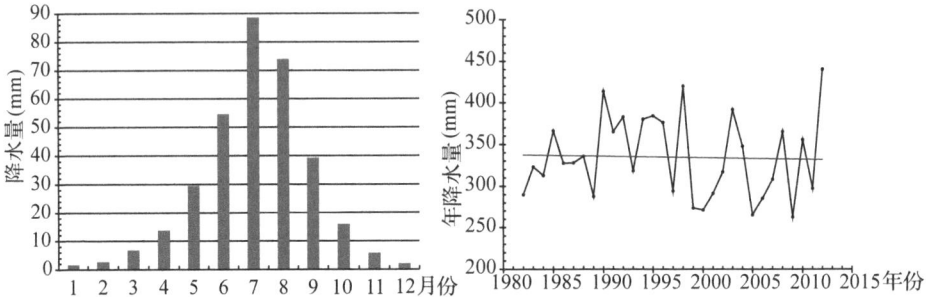

(b) 降水

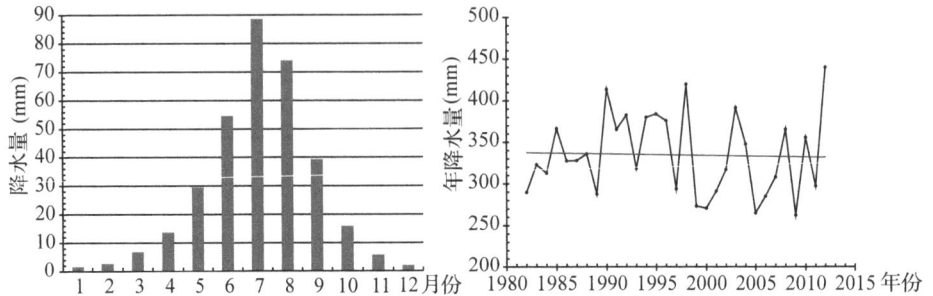

(c) 平均气温

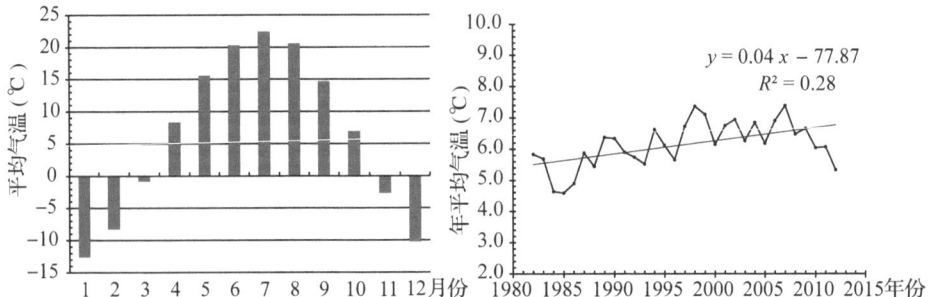

（d）相对湿度

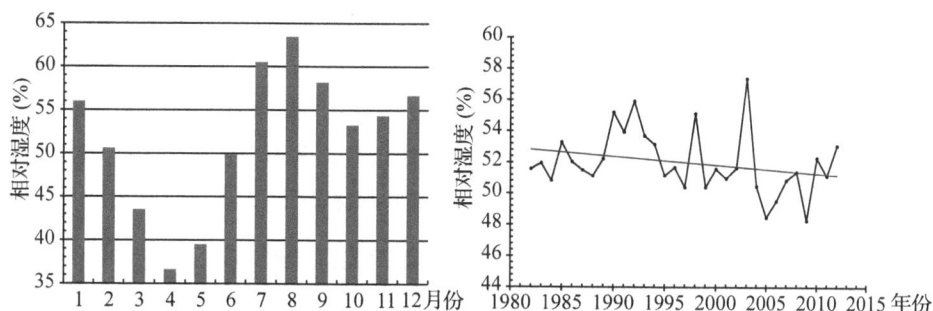

图 6-4　京津风沙源治理工程区主要气候因子的年内和年际变化（1982—2013 年）

表 6-5　区域范围内不同时期沙尘天气日数与影响因素之间的相关系数的绝对值

平均风速		降水量		植被盖度	
时　段	|R|	时　段	|R|	时　段	|R|
1 月	0.33*	当年 1~12 月	0.26	当年最大值	0.62***
2 月	0.09	当年 6 月	0.06	当年 6 月	0.37**
3 月	0.43**	当年 5 月	0.31*	当年 5 月	0.52***
4 月	0.63***	当年 4 月	0.00	当年 4 月	0.01
5 月	0.34*	当年 3~5 月	0.18	当年 3 月	0.00
3~5 月	0.74***	当年 3~6 月	0.16	当年 2 月	0.21
3~4 月	0.73***	当年 2~6 月	0.16	当年 1 月	0.01
		当年 1~6 月	0.15	前一年 12 月	0.25
		前一年 12 月到当年 6 月	0.17	前一年 11 月	0.30*
		前一年 11 月到当年 6 月	0.21	前一年 10 月	0.24
		前一年 10 月到当年 6 月	0.28	前一年 9 月	0.59***
		前一年 9 月到当年 6 月	0.35**	前一年 8 月	0.69***
		前一年 8 月到当年 6 月	0.17	前一年 7 月	0.61***
		前一年 7 月到当年 6 月	0.38**	前一年最大值	0.71***

注：$*P < 0.1$，$**P < 0.05$，$***P < 0.01$。

京津风沙源治理工程区平均风速表现出季节性和空间异质性。平均风速在春季达到峰值，且风速的变化总体上与全球趋势一致（Roderick et al.，2009；Sheffield et al.，2012）。1982—2013 年，研究区年平均风速和春季风速显著下降，年均下降 0.01m/s。典型草原中区、西区和农牧交错区的风速下降速度高于其他亚区（表 6-6）。从年沙尘天气日数与 1 月、2 月、3 月、4 月和 5 月的平均风速以及 3~5 月、3~4 月的平均风速之间的相关性来看，研究区尺度上，年沙尘天气数与 3 月、4 月、3~4 月和 3~5 月平均风速显著相关；3~5 月平均风速与年沙尘天气日数之间的相关系数最高，为 0.73（$P<0.01$）（表 6-5，表 6-7）。除了大兴安岭南部亚区和燕山山地水源保护区以外，风速在所有亚

表 6-6　京津风沙源治理工程区各亚区气象因子的变化趋势（1982—2013 年）

气象因子	亚　区	变化率	R^2
平均风速	典型草原东区	−0.0097	0.135 **
	燕山丘陵山地水源保护区	−0.014	0.454 ***
	科尔沁沙地	−0.017	0.506 ***
	浑善达克沙地	−0.016	0.418 ***
	典型草原中区	−0.031	0.750 ***
	典型草原西区	−0.025	0.736 ***
	农牧交错区	−0.031	0.7748 ***
	晋北山地丘陵	−0.009	0.1770 **
年降水量	大兴安岭南部区	−3.317	0.092 *
	科尔沁沙地	−3.290	0.118 *
年平均温度	典型草原东区	−0.037	0.174 **
	大兴安岭南部区	−0.035	0.225 ***
	燕山丘陵山地水源保护区	0.03	0.180 **
	浑善达克沙地	0.042	0.208 **
	典型草原中区	0.046	0.259 ***
	典型草原西区	0.043	0.294 ***
	黄河灌溉区	0.035	0.159 **
	农牧交错区	0.041	0.252 ***
	晋北山地丘陵	0.041	0.262 ***
	毛乌素沙地	0.051	0.355 ***
年平均相对湿度	典型草原东区	−0.161	0.256 ***
	大兴安岭南部区	−0.15	0.232 ***
	浑善达克沙地	−0.010	0.100 *
	典型草原中区	−0.098	0.132 **

注：* $P<0.1$，** $P<0.05$，*** $P<0.01$。

区中都发挥着重要作用，但年内影响时段有所差异（表 6-7）。在大多数亚区（典型草原亚区，毛乌素沙地，浑善达克沙地，科尔沁沙地，典型草原中区，农牧交错区，黄河灌溉区和晋北山地丘陵区），3~5 月平均风速在沙尘天数的变化中起最重要的作用，但在典型草原西区，1 月平均风速对于沙尘天气的变化起更重要的作用。本研究分析了典型草原西区每月的风速，发现其 1 月份的风速较高，并且在研究期内显示出明显的下降趋势。这可能与全球大气环流和当地冬季的土壤保护措施有关（张超等，2014）。

表 6-7　京津风沙源治理工程区各亚区沙尘天气日数与最显著的影响因子之间的相关性

亚　区	平均风速	|R|	降水量	|R|	植被盖度	|R|
黄河灌溉区		0.53 ***			前一年 7 月植被盖度	0.47 ***
晋北山地丘陵		0.65 ***				0.63 ***
农牧交错区		0.40 **	无显著因子		前一年 8 月植被盖度	0.69 ***
毛乌素沙地	3~5 月平均风速	0.67 ***				0.46 ***
科尔沁沙地		0.62 ***			当年最高植被盖度	0.49 ***
典型草原东区		0.62 ***	前一年 7 月至当年 6 月累积降水量	0.59 ***	当年 4 月植被盖度	0.49 ***
典型草原中区		0.59 ***	无显著影响因子			0.6 ***
浑善达克沙地		0.68 ***	前一年 7 月至当年 6 月累积降水量	0.39 **	前一年最高植被盖度	0.4 **
燕山丘陵山地水源保护区	无显著影响因子		无显著影响因子			0.48 ***
大兴安岭南部区			当年 3~5 月降水量	0.43 **	无显著影响因子	
典型草原西区	1 月平均风速	0.53 ***	前一年 7 月至当年 6 月累积降水量	0.48 ***		
京津风沙源治理工程区	3~5 月平均风速	0.73 ***		0.38 **	前一年最高植被盖度	0.71 ***

注：＊ P<0.1，＊＊ P<0.05，＊＊＊ P<0.01。

　　工程区的降水在 6~8 月最高，并且年降水量从 1982 年到 2013 年有波动（图 6-5）。本研究分析了年降水量、3 月降水量、3~5 月总降水量、前一年 12 月到次年 6 月的累积降水量等 14 个降水相关因子和沙尘天气日数之间的相关性。结果表明，在区域尺度上，每年沙尘天气日数与前一年 7 月到次年 6 月的累积降水显著相关，其相关系数为 0.38（P<0.05；表 5-5，表 5-7）。降水在减少沙尘天气方面发挥了重要作用，它决定了夏季当地的土壤水分状况，并且决定了第二年春天植被的活力，尤其在旱区，植被受降水影响更为显著（Liu et al. ，2004；Xu et al. ，2006）。这些结果也间接支持了降水在这些过程

中存在时滞的说法(Nandintsetseg et al., 2010; Xie et al., 2015)。在区域尺度上, 大兴安岭南部亚区, 典型草原亚区, 浑善达克沙地和典型草原西区中, 降水与沙尘天数呈显著相关; 大兴安岭南部亚区, 当年3~5月累积降水作用更显著, 在其他3个亚区, 前一年7月到次年6月的累积降水作用更大(表6-7)。

6.4.2 沙尘天气与植被恢复的关系

京津风沙源治理工程区北部和东部的植被覆盖度高, 而南部和西部植被覆盖度低。典型草原西区、中区和毛乌素沙地北部的植被覆盖率不到30%, 而大兴安岭南部, 燕山山地水源保护区和晋北山地丘陵区的植被覆盖率则超过80%(彩图14)。

植被覆盖率年内于7月和8月达到最大值, 而在4月沙尘天气事件的发生频率最大时, 植被覆盖率不到20%(图6-5)。1982—2013年, 研究区植被覆盖率呈显著增加趋势。毛乌素沙地的植被覆盖率得到最大改善, 其面积增加了94208 km²(占工程区总植被覆盖增长面积的26.53%; 表6-8)。

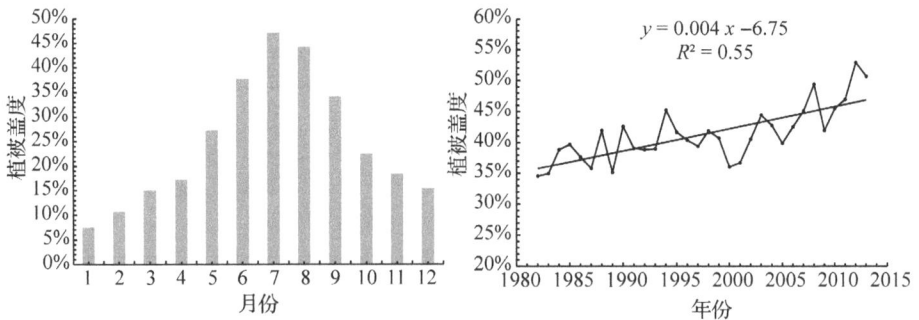

$$y = 0.004x - 6.75$$
$$R^2 = 0.55$$

图6-5 京津风沙源治理工程区植被覆盖度的年内和年际变化(1982—2013年)

表6-8 京津风沙源治理工程区植被盖度显著增加/降低的面积和占亚区比例(1982—2013年)

亚 区	显著降低		不显著变化($P > 0.05$)		显著增加	
	面积(km²)	比例(%)	面积(km²)	比例(%)	面积(km²)	比例(%)
典型草原东区	6144	6.59	71424	76.60	15680	16.82
大兴安岭南部区	3584	8.32	18112	42.05	21376	49.63
燕山丘陵山地水源保护区	3648	4.62	26240	33.20	49152	62.19
科尔沁沙地	256	0.69	13824	37.50	22784	61.81
浑善达克沙地	2752	3.74	51072	69.33	19840	26.93
典型草原中区	0	0	47552	73.78	16896	26.22
典型草原西区	2240	3.92	17856	31.28	36992	64.80

（续）

亚　区	显著降低		不显著变化（$P>0.05$）		显著增加	
	面积（km²）	比例（%）	面积（km²）	比例（%）	面积（km²）	比例（%）
黄河灌溉区	512	3.10	2816	17.05	13184	79.84
农牧交错区	1792	2.41	34880	46.94	37632	50.65
晋北山地丘陵	704	1.92	8640	23.52	27392	74.56
毛乌素沙地	0	0	22784	19.47	94208	80.53
全　区	21632	3.13	315200	45.55	355136	51.32

植被覆盖是直接控制沙尘排放的重要因子（Liu et al.，2004；Xu et al.，2006；Xu and Chen，2006）。春季植被刚开始生长，沙尘天气爆发频繁；前一年枯萎植被的根茎会增加地表粗糙度，并直接影响次年的沙尘天气。因此，本研究研究了沙尘天气天数与当年及前一年的月植被覆盖率的相关性，以研究植被对沙尘事件的影响。沙尘天气天数与前一年 7 月、8 月、9 月的植被覆盖率，同年 5 月、6 月的植被覆盖率，前一年最大植被覆盖率，同年最大植被覆盖率均呈显著相关。前一年植被覆盖因素的相关系数大于同年相应因素的相关系数（表 6-7）。沙尘天气天数与前一年最大植被覆盖率之间的相关系数最大，为 −0.71（$P<0.01$）。除大兴安岭南部亚区和典型草原西区外，所有亚区的植被都发挥了重要作用。在浑善达克沙地和典型草原中区中，前一年的最大植被覆盖率对沙尘大气的影响较人。在毛乌素沙地，农牧交错区，黄河灌溉区和晋北山地丘陵区中，前一年 7 月及 8 月的植被覆盖率与沙尘天数显著相关。同年 4 月植被覆盖率对典型草原亚区的沙尘天气影响较大（表 6-7）。

6.5　各类因素对沙尘天气的贡献

在整个研究区中，气象和植被因素可以解释 76.4%的沙尘天数变化（表 6-9）。在 11 个亚区中的 8 个亚区，气象因素和植被覆盖解释了超过 50%（$R^2>0.5$）的相应沙尘天气事件（表 6-7）。在位于山区且以森林为主的亚区（即大兴安岭南部亚区、燕山山地水源保护区和晋北山地丘陵区），沙尘天数很少，气象因素和植被覆盖对沙尘天气的发生无显著相关性。这些地区的沙尘主要来源于附近沙区（如科尔沁沙地、浑善达克沙地和毛乌素沙地）。

虽然气象因素的贡献较大，但植被恢复的贡献不容忽视。气象因素（包括 3~5 月平均风速和前一年 7 月至当年 6 月的累积降水）对沙尘天气发生有 57%

的贡献，比植被覆盖的贡献大（43%）。

每个影响因素的贡献量因区域而异。在典型草原西区，气象因素发挥了绝对重要的作用，1 月份平均风速的标准化回归系数为 0.509，前一年 7 月当次年 6 月累积降水量的标准化回归系数为-0.451。由于气候干旱（年降水量少于 200mm），典型草原西区的植被覆盖率通常小于 20%；这一百分比低于在几乎没有结皮的地区保护土壤表面免受风蚀所需的最小植被覆盖度（Munson et al.，2011；Zhao et al.，2017）。此外，这里的低植被覆盖率对风速影响很小，导致严重的风蚀，使该亚区成为沙尘天气的沙物质来源。降水可以增加土壤水分和土壤颗粒的凝聚力，有效避免沙尘在空气中的跃移和悬移。

表 6-9　京津风沙源治理工程区气象因子、植被覆盖和沙尘天气日数的标准化回归系数

区　域	降水量	平均风速	植被盖度	R^2
全　区	-0.167（P7_6）	0.476（W3_5）	-0.486（VCmax，a）	0.764
典型草原东区	-0.411（P7_6）	0.483（W3_5）	0.322（VC4，c）	0.663
典型草原西区	-0.451（P7_6）	0.509（W1）	—	0.653
毛乌素沙地	—	0.379（W3_5）	-0.498（VC8，a）	0.651
浑善达克沙地	-0.07（P7_6）	0.692（W3_5）	-0.3（VCmax，a）	0.645
科尔沁沙地	—	0.499（W3_5）	-0.287（VCmax，c）	0.616
典型草原中区	—	0.423（W3_5）	-0.449（VCmax，a）	0.542
农牧交错区	—	0.444（W3_5）	-0.402（VC8，a）	0.541
黄河灌溉区	—	0.525（W3_5）	-0.458（VC7，a）	0.500
晋北山地丘陵	—	0.212（W3_5）	-0.601（VC8，a）	0.486
燕山丘陵山地水源保护区	—	0.387（W4）	-0.63（VCmax，c）	0.34
大兴安岭南部区	-0.428（P3_5）	—	—	0.180

注：空值表示由于不显著相关，因此在未在回归中考虑该因素。P7_6 表示前一年七月至次年六月的累积降水量；P3_5 表示同年 3 至 5 月的累积降水量。W3_5 表示 3 至 5 月的平均风速；W1 和 W4 分别代表 1 月和 4 月的平均风速。VC7，a 和 VC8，a 分别代表前一年 7 月和 8 月的植被覆盖。VC4，c 表示同年 4 月的植被覆盖度；VCmax，a 表示前一年的最大植被覆盖率；VCmax，c 表示当年的最大植被覆盖率。

在植被覆盖率超过 20%的亚区中，气象因素起着相对重要的作用。尤其是典型草原亚区、科尔沁沙地、浑善达克沙地和毛乌素沙地，气象因子对沙尘天气日数变化的贡献率分别是植被盖度的 2.78 倍、2.54 倍、1.74 倍和 1.40 倍。3～5 月的平均风速主导着浑善达克沙地、农牧交错区、黄河灌溉区、科尔沁沙地和毛乌素沙地中沙尘天气的发生。这与其他研究中风速是大气尘埃浓度以及土壤风蚀损失的决定因素的结论非常吻合（Csavina et al.，2014；Zhao et al.，2017）。在典型草原亚区中，降水和风速起着同样重要的作用。典型草原亚区的年降水量为 200～300mm，草地覆盖率为 50% 或更少。水分有效性是典型草原亚区草地植物物候的重要控制因素（Yuan et al.，2007），且起动风速随该地区的土壤湿度变化而变化，这是沙尘天气发生的决定因素之一。以往研究表明，在半干旱草原和沙地上，防止风蚀并降低细土壤颗粒流失率的植被覆盖率上限约为 35%～61.7%（董治宝等，1996；黄富祥等，2001；Yan et al.，2013；Yue et al.，2015）。因此，当植被覆盖率超过该阈值时，土壤颗粒的跃移将停止，并堆积起来。当植被覆盖率从 20% 增加到阈值时，其防风蚀能力将增强。因此，尽管气象因素起着主要作用，但植被覆盖的贡献仍不可忽视（其范围从典型草原亚区的 26% 到农牧交错区的 48% 不等）。

6.6　小　结

本章分析了京津风沙源治理工程区沙尘天气日数的时空变化以及主要影响因素的贡献。结果表明，1982—2013 年，随着一系列生态建设项目的实施，尽管降水量不断变化，区域的平均植被覆盖率增加了近 15%。同期平均风速呈现显著下降趋势，沙尘天数减少了 80%。气象因素（包括降水和风速）对沙尘变化的影响贡献超过 50%，植被恢复的影响超过 25%。具体的影响因素及其贡献在各亚区之间有所不同，这表明应根据各亚区的自然条件及主要影响因素，采取不同措施来控制沙尘天气。

参考文献

白壮壮，崔建新，丁晓辉，2020. 1986—2015 年鄂尔多斯高原沙漠化及其驱动因素研究[J]. 干旱区研究，37(3)：749-756.

池梦雪，张宝林，王涛，等，2019. 2000—2018 年黄土高原沙尘天气遥感监测及尘源分析[J]. 科学技术与工程，19(18)：380-388.

董治宝，陈渭南，董光荣，等，1996. 植被对风沙土风蚀作用的影响[J]. 环境科学学报(4)：437-443.

高庆先，李令军，张运刚，等，2000. 我国春季沙尘暴研究[J]. 中国环境科学(6)：

495-500.

郭铌，梁芸，2006. 利用 MODIS 资料定量判识沙尘暴方法研究[J]. 干旱气象（1）：1-6.

海全胜，包玉海，阿拉腾图雅，等，2009. 利用遥感手段判识沙尘暴的一种新方法——以内蒙古地区为例[J]. 红外与毫米波学报，28(2)：129-132.

韩经纬，裴浩，宋桂英，2005. 静止气象卫星监测沙尘暴天气的方法与应用研究[J]. 干旱区资源与环境（2）：67-71.

胡文东，高晓清，2003. "2001. 4. 6"宁夏沙尘暴过程卫星图像分析[J]. 高原气象（6）：590-596.

花丛，刘超，张碧辉，2019. 影响北京的两次沙尘过程传输特征对比分析[J]. 中国沙漠，39(6)：99-107.

黄富祥，牛海山，王明星，等，2001. 毛乌素沙地植被覆盖率与风蚀输沙率定量关系[J]. 地理学报（6）：700-710.

姜红，何清，曾晓青，等，2021. 基于随机森林和卷积神经网络的 FY-4A 号卫星沙尘监测研究[J]. 高原气象，40(3)：680-689.

蒋盈沙，高艳红，潘永洁，等，2019. 青藏高原及其周边区域沙尘天气的时空分布特征[J]. 中国沙漠，39(4)：83-91.

李宽，贾晓鹏，熊鑫，等，2019. 额济纳旗典型地表沙尘释放潜力及沙尘天气频发成因[J]. 中国沙漠，39(3)：191-198.

林龙圳，陈远书，马玮哲，等，2021. 库布齐沙漠地区生态系统格局演变及其驱动力分析[J]. 北京林业大学学报，43(4)：108-123.

马丽云，李帅，2016. 基于 FY-2 气象卫星的塔克拉玛干沙漠黑风暴天气判识方法研究[J]. 干旱区研究，33(1)：59-66.

史培军，严平，高尚，等，2000. 我国沙尘暴灾害及其研究进展与展望[J]. 自然灾害学报，9(3)：71-77.

王莉娜，杨丽丽，杨燕萍，等，2021. 基于多源资料的西北地区一次沙尘暴天气过程综合分析[J]. 大气与环境光学学报，16(5)：392-403.

熊利亚，李海萍，庄大方，2002. 应用 MODIS 数据研究沙尘信息定量化方法探讨[J]. 地理科学进展（4）：327-332+406.

杨晓军，张强，叶培龙，等，2021. 中国北方 2021 年 3 月中旬持续性沙尘天气的特征及其成因[J]. 中国沙漠，41(3)：245-255.

张超，高晶，赵艳丽，2014. 基于 GIS 内蒙古荒漠草原气候变化分析[J]. 草业科学，31(12)：2212-2220.

张海香，徐辉，韩道军，等，2018. 基于静止气象卫星的动态沙尘检测方法[J]. 遥感信息，33(1)：36-44.

张晔，王海兵，左合君，等，2019. 中国西北春季沙尘高发区及沙尘源解析[J]. 中国环境科学，39(10)：4065-4073.

赵光平，杨有林，陈楠，等，2004. 宁夏区域性强沙尘暴卫星遥感监测系统[J]. 中国沙漠(6)：51-54.

赵兴梁，1993. 甘肃特大沙尘暴的危害与对策[J]. 中国沙漠，13(3)：1-7.

Aili A, Nguyen Thi Kim O, 2015. Effects ofDust Storm on Public Healthin Desert Fringe area：Case Study of Northeast Edge of Taklimakan Desert, China[J]. Atmospheric Pollution Research, 6(5)：805-814.

Csavina J, Field J, Felix O, et al., 2014. Effect of Wind Speed and Relative Humidity on Atmospheric Dust Concentrations in Semi-arid Climates[J]. Science of the Total Environment, 487：82-90.

Dai Z, 2010. IntensiveAgropastoralism：Dryland Degradation, the Grainto-Green Program and Islands of Sustainability in the Mu Us Sandy Land of China[J]. Agriculture, Ecosystems and Environment, 138：249-256.

Deng Y, Liu Y, Wang T, et al., 2020. Photochemical Reaction of CO_2 on Atmospheric Mineral Dusts[J]. Atmospheric Environment, 223(Feb.)：117222. 1-117222. 10.

Feng J, Li N, Zhang Z, et al., 2017. The Dual Effect of Vegetation Green-up Date and Strong Wind on the Return Period of Spring Dust Storms[J]. Science of the Total Environment, 592：729-737.

Filonchyk M, Peterson M, 2022. Development, Progression, and Impact on Urban Air Quality of the Dust Storm in Asia in March 15-18, 2021[J]. Urban Climate, 41.

Fu D, Liu Y, Lü Y, et al., 2011. Assessing the Soil Erosion Control Service of Ecosystems Change in the Loess Plateau of China[J]. Ecological Complexity, 8(4)：284-293.

Gutman G, Ignatov A, 1998. TheDerivation of the Green Vegetation Fraction from NOAA/AVHRR Data for Use in Numerical Weather Prediction Models[J]. International Journal of Remote Sensing, 19：1533-1543.

Holben B N, 1986. Characteristics ofMaximum Value Composite Images from Temporal AVHRR Data[J]. International Journal of Remote Sensing, 7：1417-1434.

Hu W, Niu H, Zhang D, et al., 2016. Insights into a Dust Event Transported Through Beijing in Spring 2012：Morphology, Chemical Composition and Impact on Surface Aerosols[J]. Science of the Total Environment, 565(sep. 15)：287-298.

Liang P, Chen B, Yang X P, et al., 2021. Revealing the Dust Transport Processes of the Mega Dust Storm Event in 2021, Northern China[J]. Science Bulletin, 66.

Liu X, Yin Z, Zhang X, et al., 2004. Analyses of the Spring Dust Storm Frequency of Northern China in Relation to Antecedent and Concurrent Wind, Precipitation, Vegetation, and Soil Moisture Conditions[J]. Journal of Geophysical Research Atmospheres, 109：D16. .

Mishra M K, Chauhan P, Sahay A, 2015. Detection of Asian Dust Storms from Geostationary

Satellite Observations of the INSAT-3D Imager[J]. International Journal of Remote Sensing, 36 (17-18): 4668-4682.

Munson S M, Belnap J, Okin G S, 2011. Responses ofWind Erosion to Climate-induced Vegetation changes on the Colorado Plateau[J]. Proceedings of the National Academy of Sciences of the United States of America, 108(10): 3854-3859.

Nandintsetseg B, Shinoda M, Kimura R, et al., 2010. Relationship between soil moisture and vegetation activity in the Mongolian steppe[J]. Scientific Online Letters on the Atmosphere Sola, 6: 29-32.

Pravalie R, 2016. DrylandsExtent and Environmental Issues. A global Approach[J]. Earth-Sci Rev, 161: 259-278.

Roderick M L, Hobbins M T, Farquhar G D, 2019. PanEvaporation Trends and the Terrestrial Water Balance. II. Energy Balance and Interpretation [J]. Geography Compass, 3 (2): 761-780.

Sheffield J, Wood E F, Roderick M L, 2019. LittleChange in Global Drought Over the Past 60 years[J]. Nature, 491: 435-438

Vinoj T, Midya V, Adhikary S K, 2020. Aerosol Radiative Impact on Surface Ozone during a Heavy Dust and Biomass burning Event Over South Asia[J]. Atmospheric Environment, 223.

Tao Y, An X, Sun Z, et al., 2012. Association between Dust Weather and Number of Admissions for Patients with Respiratory Diseases in Spring in Lanzhou[J]. Sci Total Enviroment, 423: 8-11.

Tucker C J, Pinzon J E, Brown M E, et al., 2005. An Extended AVHRR 8-km NDVI Dataset Compatible with MODIS and SPOT Vegetation NDVI Data[J]. International Journal of Remote Sensing, 26(20): 4485-4498.

Wu J, Lin Z, Zheng Y, et al., 2012. Regional Differences in the Relationship between Climatic Factors, Vegetation, Land Surface Conditions, and Dust Weather in China's Beijing-Tianjin Sand Source Region[J]. Natural Hazards, 62(1): 31-44.

Wu Z, Wu J, Liu J, et al., 2013. Increasing Terrestrial Vegetation Activity of Ecological Restoration Program in the Beijing-Tianjin Sand Source Region of China[J]. Ecological Engineering, 52: 37-50.

Xie B, Jia X, Qin Z, et al., 2015. Vegetation Dynamics and Climate Change on the Loess Plateau, China: 1982-2011[J]. Regional Environmental Change, 16(6): 1-12.

Xu X, Chen H, 2006. Influence ofVegetations and Snow Cover on Sanddust Events in the West of China[J]. Chin Sci Bull, 51(3): 331-340.

Xu X, Levy J K, Lin Z, et al., 2006. An Investigation of Sand-dust Storm Events and Land Surface Characteristics in China Using NOAA NDVI Data[J]. Global and Planetary Change, 52 (1/4): 182-196.

Yan Y, Xin X, Xu X, et al. , 2013. Quantitative Effects of Wind Erosion on the Soil Texture and Soil Nutrients under Different Vegetation Coverage in a Semiarid Steppe of Northern China[J]. Plant Soil, 369: 585-598.

Yang X, Xu B, Jin Y, et al. , 2015. Remote Sensing Monitoring of Grassland Vegetation Growth in the Beijing-Tianjin Sandstorm Source Project Area from 2000 to 2010[J]. Ecological Indicators, 51(51): 244-251.

Youlin Y, Squires V, Qi L, 2002. Global Alarm: Dust and Sandstorms from the World's Drylands[M].

Yuan W, Zhou G, Wang Y, et al. , 2007. Simulating Phenological Characteristics of Two Dominant Grass Species in a Semi-arid Steppe Ecosystem[J]. Ecological Research, 22(5): 784-791.

Yue H, He C, Zhao Y, et al. , 2017. The Brightness Temperature Adjusted Dust Index: An Improved Approach to Detect Dust Storms Using MODIS Imagery[J]. International Journal of Applied Earth Observation & Geoinformation, 57: 166-176.

Yue Y, Shi P, Zou X, et al. , 2015. The Measurement of Wind Erosion through Field Survey and Remote Sensing: A Case Study of the Mu Us Desert, China[J]. Natural Hazards, 76(3): 1497-1514.

Zhang G, Dong J, Xiao X, et al. , 2012. Effectiveness of Ecological Restoration Projects in Horqin Sandy Land, China Based on SPOT-VGT NDVI Data[J]. Ecological Engineering, 38(1): 20-29.

Zhang K, Chai F, Zhang R, et al. , 2010. Source, Route and Effect of Asian Sand Dust on Environment and the Oceans[J]. Particuology(4): 6.

Zhao Y, Wu J, He C, et al. , 2017. Linking Wind Erosion to Ecosystem Services in Drylands: A Landscape Ecological Approach[J]. Landscape Ecology, 32(12): 2399-2417.

第7章

京津风沙源治理工程区关键
生态系统服务时空格局

生态系统服务是人类从生态系统中获得的惠益，是连接自然资本和人类福祉的重要桥梁，也是生态效益评估的重要指标之一。以往对京津风沙源治理工程区的关注多集中在植被动态、工程实施的经济和社会效益等方面，而对于生态系统服务缺乏深入的理解。本章重点评估京津风沙源治理工程区关键生态系统服务，并讨论工程实施后给其带来的影响，以期客观理解工程建设的生态效益。

7.1 引 言

7.1.1 基本概念

生态系统是在一定的时间和空间范围内，由所有生物群落以及非生物环境共同构成的生态综合体，是生物圈最基本的组成和功能单元。生态系统通过内部各部分之间以及生态系统与周围环境之间的物质和能量交换，发挥着多种功能，并直接和间接地为人类提供各类服务，在维系生命、支持系统和环境动态平衡方面起着不可取代的重要作用。第一次提出生态系统为人类提供"服务"（service）概念的著作是"关键环境问题研究小组"（Study of Critical Environmental Problems）1970 年出版的《人类对全球环境的影响》（Man's Impact on the Global Environment）。该著作使用了"环境服务"这一术语（environmental service），并列出了一系列自然系统提供的"环境服务"，包括害虫控制、昆虫传粉、渔业、土壤形成、水土保持、气候调节、洪水控制、物质循环与大气组成等方面。1974 年，Holdren 和 Ehrlich 对这些"环境服务"进行了扩展，他们研究了生态系统在土壤肥力与基因库维持中的作用，并系统地分析了生物多样性的丧失将会怎样影响生态服务，以及能否用先进的科学技术来替代自然生态系统服务等问题。在接下来的一些文献中，这些"服务"被称为"全球生态系统的公共服务"和"自然的服务"（Westman，1977）。Ehrlich P 和 Ehrlich A 在 1981 年对"环境服务""自然服务"等相关概念进行了梳理和统一，提出了"生态系统服务（ecosystem service）"的术语（Ehrlich and Ehrlich，1981），并逐渐得到公众和学术界的接受，被广泛使用。

　　自 20 世纪 70 年代以来，生态系统服务研究有两个主要的高峰期（Wu，2013）：第一个高峰期出现在 90 年代后期，生态系统服务作为一个交叉学科概念开始广泛传播，而生态系统服务价值化的理念和方法更是引起了学界的高度关注（Costanza et al.，1997；Daily，1997）。尤其是 Costanza 等（1997）对全球主要生态系统服务的货币化评估，标新立异，令人瞩目，推动了不同时空尺度上生态系统服务价值的大量研究和实践（de Groot et al.，2002；Sutton and Costanza，2002；Hein et al.，2006；Jenkins et al.，2010）。虽然有诸多疏漏和争议（Silvertown，2015），这种货币化途径对生态系统服务研究的兴起功不可没，对我国早期甚至现在的生态系统服务研究影响深远（欧阳志云等，1999；谢高地等，2001；2007；2015）。第二个高峰期是从 2005 年千年生态系统评估（Millennium Ecosystem Assessment，MEA）报告的发表开始至今，生态系统服务研究在多个方面有广泛而深入的进展。这些进展包括：生态系统服务的定义和分类趋于统一和清晰化；研究方法的定量化和多样化；愈来愈多的科学家认识到，生态系统服务研究非但不等同于生态系统价值评估，而且无须一定要考虑后者（Wu，2013；Silvertown，2015）。生态系统服务的重要性并非取决于其是否可以或如何货币化，而坚持和提高生态系统服务研究的科学性和客观性更为重要。

　　目前，生态系统服务在研究和应用方面已经多有滥用和误用的现象。在如今数量巨大，类型庞杂的外文杂志中，这样的例子比比皆是。在中文文献中，"ecosystem services"一词在早期被误译为"生态系统服务功能"，将生态系统功能和其服务混为一谈。自生态系统服务概念出现以来，学者们根据对生态系统服务的理解阐述了生态系统功能和服务之间的关系，并对生态系统服务进行了分类。Daily（1997）提出生态系统服务是指自然生态系统及其物种所提供的能够满足和维持人类生存和生活需要、维持生物多样性和生产生态系统产品的条件和过程，并将其划分为 3 大类：提供生产和生活所需要的物质、维持生命的支持系统和提供精神文化生活的享受环境。Constanza 等（1997）指出生态系统服务是自然生态系统产品和自然生态系统功能的统一，同时将生态系统服务分为气体调节、气候调节、水调节、水供给、控制侵蚀、保持沉积物、土壤形成、养分循环、废物处理、生物传粉、生物控制、提供栖息地、食物生产、原材料生产、提供基因资源、休闲、文化等 17 个服务类型，并阐述了生态系统功能与生态系统服务功能之间的对应关系；生态系统服务可由一种或多种功能共同产生，而一种生态系统功能也可以提供两种或多种服务。De Groot(2000)认为生态系统功能被赋予人类价值的内涵便是生态系统产品和服务，生态系统产品和服务是以人类为中心的，人类作为评价者将生态系统的结构和功能看成负载价值的实体。MEA(2005)的报告综合了以上学者的定义，认为生态系统服务是人们从生态系统(既包括自然生态系统，也包括人类改造的生态系统)中获得的惠益，并在 Costanza 的 17 种服务分类的基础上，根据评价和管理的需要，将其分为供给、调节、文化和支持四大类服务，同时提出了生态系统和人类福祉的关系。生态系统与生物多样性经济组织(TEEB)在 MEA 的分类基础上提出了新的分类方法，包括供给、调节、栖息地和文化服务 4 大类 22 项子类 90 种更具体的次级服务。

　　由此可见，生态系统服务指人类从生态系统中获得的惠益，是连接生物多样性、生态系统结构与功能和人类福祉(即满足人类生存、生活和幸福的各种需求)的重要桥梁(MEA，2005；Wu，2013；邬建国等，2014)。基于社会、经济和政策方面的调控机制，如何维护和正确把握生态系统服务概念的"生态学"内涵，进而深入细致地探究其基于生物多样性和生态系统过程的运作机理，是充实和促进可持续科学的发展的重要方面。

7.1.2　生态系统服务的评估方法

　　研究者从不同的角度对生态系统服务研究进行了较全面的综述，比如，生态系统服务的概念、分类和评估等(谢高地等，2006；李文华等，2009)，人类活动对生态系统服务的影响(郑华等，2003)，生态系统服务权衡、供需和级联效应(李双成等，2013；郭朝琼等，2020；张城等，2021)，功能和服务之间的关系(文志等，2020)，以及不同生态系统或不同类型服务的评估(Zhao et al.，2020；王云飞等，2021)。基于当前生态系统服务的各类研究，其数据源大致有三种(表 7-1)：一是从政府部门统计数据中直接获取各行政单元内生态系统服务量(Smit et al.，2008；Pan et al.，2014)；二是通过地面观测，实地调查，野外实验或问卷座谈等方式来获取局地尺度生态系统服务的基础数据(Wen et al.，2013；Honigova et al.，2012)；三是基于遥感技术获取大尺度生态参数(Xia et al.，2014)。在许多研究中，这3种数据常被同时采用来测算实际的或不同情景下的生态系统服务时空格局。

　　生态系统服务的测算主要通过统计分析，模型模拟或两者结合的手段来实现。为了满足生态系统服务量化评估，一些综合集成模型应运而生。In-VEST(Integrated Valuation of Ecosystem Services and Tradeoffs)模型免费开源，由一系列模块和算法组成，可用于量化碳储量、产水量、水体净化、水土保持等多种生态系统服务(Tallis et al.，2013)。该模型因简单便捷、操作灵活，易于生态系统的空间表达和动态分析，在国内外生态系统服务评估中得到了广泛的应用(Nelson et al.，2009；Leh et al.，2013；潘韬等，2013)。此外，还有能够模拟生态系统服务流的 ARIES(Artificial Intelligence for Ecosystem Serv-ice)模型(Bagstad et al.，2011)，善于量化美学和休闲等生态系统服务社会价值的 SolVES(Social Value for Ecosystem Services)模型(Sherrouse and Semmens，2015)等。但各类模型的开发均具有其特征尺度和地域背景，为了操作简便而做了一些假定和算法简化，可测算的服务类型也各有侧重。还有很多研究重点集中于某一类生态系统服务的研究，本研究对各类生态系统服务的内容、研究进展和常用的测算方法进行了总结(表7-1)，为后续生态系统服务的评估奠定基础。

表 7-1　生态系统服务的主要类型、评价指标、数据源、测算方法和研究案例

服务类型	生态系统服务	评价指标	数据获取方法	测算方法	研究案例
供给	食物供给	粮食产量；牧草产量和等级；家畜数量或密度；牛奶产量；肉类产量；蜂蜜产量	统计数据；实地调查	数理统计；模型模拟(如，CENTURY)	刘纪远等，2009；Honigova et al.，2012；Martinez-Estevez et al.，2013；Pan et al.，2014；Su et al.，2022
	淡水供给	产水量；饮用水量；灌溉用水量	实地观测；统计数据	数理统计；模型模拟(如，InVEST)	Honigova et al.，2012；Tallis，2013
	基因资源	动植物种组成；遗传多样性	实地调查	数理统计	Sala and Paruelo，1997；Helm et al.，2009
	纤维供给	皮、毛产量	统计数据	数理统计	韩国栋等，2011
	药物资源	药物资源种类	实地调查	数理统计	Honigova et al.，2012
	生物栖息地	生物廊道面积	实地调查	数理统计	Honigova et al.，2012
	观赏资源	观赏植物种类	实地调查	数理统计	Honigova et al.，2012

（续）

服务类型	生态系统服务	评价指标	数据获取方法	测算方法	研究案例
调节	大气质量调节	拦截大气颗粒物；CO_2 吸收和 O_2 释放量	实地观测；野外实验	数理统计	韩国栋等，2011；肖玉等，2015
	气候调节	温度、降水量、风速；地表辐射强迫；地表反照率	实地观测；样方调查；遥感监测	数理统计；模型模拟（如，WRF）	Zhai et al.，2014；Cao et al.，2015
	碳固持	碳储量（生物碳储量，土壤碳储量等）	实地调查；遥感监测	数理统计；模型模拟（如 CENTURY）	Parton et al.，1995；Piao et al.，2007；Xia et al.，2014
	侵蚀控制	土壤保持量	野外实验；地面观测；遥感监测	数理统计；模型模拟（如，RUSLE）	Fu et al.，2011；Tallis，2013
		防风固沙；Cs-137 含量	野外实验；实地观测；遥感监测	数理统计；模型模拟（如，RWEQ）	Fryear et al.，2001；Liu et al.，2008
	水分调节	水源涵养量；养分保持	实地观测；遥感监测	数理统计；模型模拟（如，InVEST）	Egoh et al.，2008；Petz et al.，2014
	土壤养分维持	土壤有机质含量；土壤全氮全磷等含量	实地测量；土壤普查	数理统计；地统计分析	Egoh et al.，2008；van Eekeren et al.，2010
	入侵调节	入侵水平；可入侵性	实地观测；实地调查	数理统计	Honigova et al.，2012
	害虫控制	控制害虫种群的捕食者密度	实地调查	数理统计	Honigova et al.，2012
	废弃物分解	废弃物分解量	实地调查	经验模型	韩国栋等，2011
	传粉	开花植物的多样性	实地调查	数理统计	Honigova et al.，2012
文化	休憩和旅游	公园、历史古迹、生态园的数量；生态旅游适宜性；单位面积旅游人数	问卷调查；统计数据	模型预测；GIS 空间化	Raudsepp-Hearne et al.，2010；Lamarque et al.，2011；Lautenbach et al.，2011
	教育和科研	生态园区的数量；生态观测站；科研成果	统计数据	数理统计	陈佐忠，1999
	民族文化传承	草地面积比例	问卷调查	数理统计	Zhang et al.，2007
		森林生态系统容量	问卷调查	模型模拟	洪涛，2005；闫晨雨，2021

7.1.3 本章目标

在京津风沙源治理工程区，较多研究关注其土地利用/覆盖变化和植被改善情况，也有对工程实施后的社会和经济效益的研究，但对于系统分析其生态系统服务变化的研究鲜见报道。因此，本章基于 InVEST、RWEQ 等模型，系统模拟评估了区域供给(粮食产量、栖息地质量、产水量)、调节(防风固沙率、固碳量)和文化(绿地质量)服务等，并讨论其工程实施前后的变化。

7.2 研究方法

7.2.1 数据来源

本研究使用的数据包括土地利用/覆盖数据、气象观测数据、土壤数据、NDVI、基础地理信息和社会经济统计数据等。

土地利用/覆盖数据(1990 年、2000 年、2010 年、2018 年)来源于中国科学院资源环境科学与数据中心(http：//www. resdc. cn)开发的中国 1∶10 万比例尺土地利用/覆盖数据集，包括 6 个一级类(耕地、林地、草地、水域、建设用地和未利用地)和 25 个二级类。该数据集是以美国陆地卫星 Landsat 遥感影像数据作为主信息源，通过人工目视解译获取的，土地利用一级类型综合评价精度达到 94.3% 以上，二级类型分类综合精度达 91.2% 以上(匡文慧等，2022)。

气象数据包括 1990—2018 年降水、潜在蒸散发、气温、日照时数、风速和雪深等。降水和潜在蒸散发数据来源于国家科技基础条件平台——国家地球系统科学数据中心(http：//www. geodata. cn)。降水数据集是据 CRU(Climate Research Unit)发布全球 0.5°气候数据以及 WorldClim 发布的全球高分辨率气候数据，通过 Delta 空间降尺度方案在中国地区降尺度生成(Peng et al.，2019)；潜在蒸散发数据集是基于中国逐月均温、最低温、最高温数据集，采用 Hargreaves 潜在蒸散发计算式得到的(Peng et al.，2017；2019)。日均降水、气温、日照时数和风速数据来源于中国气象科学数据共享服务网(http://cdc. cma. gov. cn/home. do)提供的地面气象站点观测数据，包括全国 839 个气象站同期观测数据。雪深数据来源于中国西部环境与生态科学数据中心(http：//westdc. westgis. ac. cn)发布的中国雪深长时间序列数据集，该数据集通过使用 Che 等 (2008)的修正算法，对美国国家雪冰数据中 NSIDC 处理的 SMMR1、SSM/I2 和 AMSR-E3 逐日被动微波亮温数据进行反演得到。

土壤数据包括土壤深度、有机质含量、沙粒和黏粒含量、碳酸钙含量等。土壤深度数据来源于世界土壤数据库（Harmonized World Soil Database version1.2，HWSD），比例尺为 1∶100 万；土壤类型、有机质含量、砂粒和黏粒含量数据来源于中国西部环境与生态科学数据中心（http：//westdc. westgis. ac. cn）提供的 1∶100 万土壤图及所附土壤属性（Wei et al.，2012）；CaCO₃ 来自地球系统科学数据共享服务网（http：//www. geodata. cn）的 1∶400 万土壤碳酸钙含量数据。

1990 年的 NDVI（Normalized Difference Vegetation Index）数据来自全球库存监测与建模系统（Global Inventory Monitoring and Modeling System，GIMMS）；2000、2010 和 2018 年的 NDVI 数据来源于中国科学院资源环境科学与数据中心（https：//www. resdc. cn/data. aspx？DATAID=257）提供的中国年度植被指数（NDVI）空间分布数据集，该数据集是基于连续时间序列的 SPOT/VEGETA-TION NDVI 卫星遥感数据，在每年 1~12 月的月数据基础上采用最大值合成法生成。

研究区的行政边界、道路和河流等数据采用国家基础地理信息中心（http：//www. ngcc. cn/ngcc/）所提供的 1∶100 万比例尺数据；

社会经济数据来源于 1990—2020 年《内蒙古统计年鉴》《山西统计年鉴》《北京统计年鉴》《河北统计年鉴》《陕西统计年鉴》和《天津统计年鉴》等。

本研究将地理数据的空间分辨率统一为 250m。

7.2.2　生态系统服务评估

7.2.2.1　栖息地质量

本研究采用 InVEST 模型中 Habitat Quality 模块评估区域生境质量，其原理是通过不同景观类型的敏感性和外界威胁强度来计算生境质量指数。计算式如下：

$$Q_{xj} = H_j\left[1 - \left(\frac{D_{xj}^z}{D_{xj}^z + k^z}\right)\right] \tag{7-1}$$

$$D_{xj} = \sum_{r=1}^{R}\sum_{y=1}^{Y_r}\left(\frac{\omega_r}{\sum\limits_{r=1}^{R}\omega_r}\right)r_y i_{rxy}\beta_x S_{jr} \tag{7-2}$$

其中，Q_{xj} 为土地利用/覆盖类型 j 中栅格 x 的生境质量指数（无量纲，生境适宜性最高时得分为 1，最低时为 0）；H_j 为土地利用/覆盖类型 j 的生境适宜性；k 为半饱和常数；D_{xj} 为土地利用/覆盖类型 j 中栅格 x 受胁迫的程度；

R 为胁迫因子数量；r_y 表示栅格 y 的威胁因子值；ω_r 为胁迫因子的权重；Y_r 为栅格 y 中胁迫因子的数量；β_x 为栅格 x 的可达性水平；S_{jr} 为土地利用/覆盖类型 j 对胁迫因子 r 的敏感程度；i_{rxy} 为栅格 y 中的胁迫因子 r 对栅格 x 的影响程度，i_{rxy} 的计算方法分为线性衰退和指数衰退两类，计算公式分别如下：

$$i_{rxy} = -1\left(\frac{d_{xy}}{d_{rmax}}\right) \ (\text{linear}) \tag{7-3}$$

$$i_{rxy} = \exp\left[-\left(\frac{2.99}{d_{rmax}}\right) \times d_{xy}\right] \ (\text{exponential}) \tag{7-4}$$

其中，d_{xy} 和 d_{rmax} 分别为栅格 x 到 y 的线性距离和胁迫因子 r 影响的最大距离。

本节将旱地、建设用地、沙地设为威胁源，并在 InVEST 模型手册及相关研究（Dai et al., 2019, Yang., 2021）的基础上，结合区域实际情况来确定模型所需相关参数数值。

7.2.2.2　食物供给

农畜产品产量与 NDVI 之间存在显著线性关系（李军玲等，2012），因此，本研究对统计数据进行空间可视化处理，评估区域食物供给能力。具体方法是将粮食和肉类产量按 NDVI 值分别分配给耕地和草地（武文欢等，2017），以计算耕地和草地单位面积上的食物供给量，计算式如下：

$$F_i = \frac{\text{NDVI}_i}{\text{NDVI}_{\text{sum}}} \times F_{\text{sum}} \tag{7-5}$$

其中，F_i 为栅格 i 的食物供给量（粮食产量或肉类产量）；F_{sum} 为研究区粮食或牛羊的总产量；NDVI_i 为 i 的 NDVI 值；NDVI_{sum} 为耕地或草地的 NDVI 之和。

7.2.2.3　产水量

本文采用 InVEST 模型中 Water Yield 模块评估区域产水量，其原理是基于水量平衡法（Zhang et al., 2004），通过计算每个栅格内的降水量与实际蒸散量来得到区域产水量。产水量包括地表产流、土壤含水量、枯落物持水量和冠层截留等，不考虑地表水与地下水的交互作用，简化汇流过程，模拟区域产水量的空间分布情况。计算式为：

$$Y(\chi) = \left[1 - \frac{\text{AET}(\chi)}{P(\chi)}\right] \times P(\chi) \tag{7-6}$$

其中，$Y(\chi)$ 为栅格单元 x 的年产水量（mm）；$\text{AET}(\chi)$ 为栅格单元 x 的年

实际蒸发量(mm);$P(\mathcal{X})$为栅格单元 x 的年降水量(mm)。

$$\frac{\text{AET}(\mathcal{X})}{P(\mathcal{X})} = 1 + \frac{\text{PET}(\mathcal{X})}{P(\mathcal{X})} - \left[1 + \left(\frac{\text{PET}(\mathcal{X})}{P(\mathcal{X})} \right)^w \right]^{\frac{1}{w}} \qquad (7\text{-}7)$$

$$\text{PET}(\mathcal{X}) = K_c(\mathcal{X}) \times \text{ET}_0(\mathcal{X}) \qquad (7\text{-}8)$$

$$w(\mathcal{X}) = \frac{\text{AWC}(\mathcal{X}) \times Z}{P(\mathcal{X})} + 1.25 \qquad (7\text{-}9)$$

其中，$\text{PET}(\mathcal{X})$ 为栅格单元 x 的潜在蒸散量；$\text{ET}_0(\mathcal{X})$ 为参考植被蒸散量；$K_c(\mathcal{X})$ 为作物蒸散发系数；$\text{AWC}(\mathcal{X})$ 为植物可利用含水量；$w(\mathcal{X})$ 为经验参数；Z 为 Zhang 系数(Zhang et al.，2001；2004)。

7.2.2.4 碳储存

本文在基于降水量对碳库密度进行本土化修正的基础上，采用 InVEST 模型中 Carbon 模块来评估研究区生态系统碳储量及其空间分布。InVEST 模型通过四大碳库(地上生物碳、地下生物碳、土壤碳和死亡有机碳)的碳密度与不同评估单元面积的乘积来计算碳储量，计算式如下：

$$C_{\text{tot}} = C_{\text{above}} + C_{\text{below}} + C_{\text{soil}} + C_{\text{dead}} \qquad (7\text{-}10)$$

其中，C_{tot} 为总碳储量；C_{above} 为地上生物碳储量；C_{below} 为地下生物碳储量；C_{soil} 为土壤碳储量；C_{dead} 为死亡有机碳储量；单位均为 Mg/hm^2。

年降水量会对生物量碳密度和土壤碳密度产生明显影响，且呈正相关关系(Alam et al.，2013)，因此，基于降水数据对碳密度进行本土化修正，公式如下：

$$C_{\text{BP}} = 6.789 \times e^{0.0054 \times \text{MAP}} (R^2 = 0.70) \qquad (7\text{-}11)$$

$$C_{\text{SP}} = 3.3968 \times MAP + 3996.1 (R^2 = 0.11) \qquad (7\text{-}12)$$

$$K_{\text{BP}} = \frac{C_{\text{BP1}}}{C_{\text{BP2}}} \qquad (7\text{-}13)$$

$$K_{\text{SP}} = \frac{C_{\text{SP1}}}{C_{\text{SP2}}} \qquad (7\text{-}14)$$

其中，MAP 为年均水量(mm)；C_{BP} 和 C_{SP} 分别为基于降水量计算得到的地上生物量密度和土壤碳密度(kg/m^2)；C_{BP1} 和 C_{SP1} 分别为基于鄂尔多斯市降水量计算得到的鄂尔多斯市地上生物量密度和土壤碳密度；C_{BP2} 和 C_{SP2} 分别为基于中国降水量计算得到的中国地上生物量密度和土壤碳密度；K_{BP} 和 K_{SP} 分别为地上生物量碳密度和土壤碳密度的降水因子修正系数。

7.2.2.5 土壤风蚀控制

当风经过地表时，会受到来自植被的阻挡，使得风力削弱，风蚀量降低，由植被作用引起的风蚀减小量定义为固沙量。但由于受风场强度等气候因素的影响，单纯的固沙量并不能有效凸显生态系统本身对固沙的贡献作用大小，为消除气候因素的影响，进一步分析生态系统的固沙作用，将固沙量与裸土条件下潜在土壤风蚀量的比值定为土壤保有率，以此表征土壤风蚀控制服务。本研究采用 RWEQ 模型模拟风蚀强度，融合京津风沙源治理工程区多源数据估算生态系统潜在风蚀 SL_S 和实际土壤风蚀量 SL_V，以两者之差 SL_{SV} 代表固沙量。RWEQ 模型最初是基于美国西部的农田尺度的观测数据得到的经验模型，后来经过修正，被广泛应用在全球不同尺度的风蚀监测和预报领域。在充分考虑不同时间尺度下气候条件、植被、土壤特性、粗糙度等要素的状况下，结合地面验证数据，RWEQ 模型可较好地定量评估土壤侵蚀模数，模型基本形式为（巩国丽等，2014；江凌等，2016；Oro et al.，2016）：

$$F = \frac{SL_{SV}}{SL_S} \times 100\% \qquad (7\text{-}15)$$

$$SL_{SV} = SL_S - SL_V \qquad (7\text{-}16)$$

$$Q_{max-Q} = 109.8 WF \cdot EF \cdot SCF \cdot K' \qquad (7\text{-}17)$$

$$S_Q = 150.71 (WF \cdot EF \cdot SCF \cdot K')^{-0.3711} \qquad (7\text{-}18)$$

$$SL_S = \frac{2Z}{S_Q^2} Q_{max-Q} \cdot e^{-\left(\frac{z}{s_Q}\right)^2} \qquad (7\text{-}19)$$

$$Q_{max} = 109.8 WF \cdot EF \cdot SCF \cdot K' \cdot COG \qquad (7\text{-}20)$$

$$S = 150.71 (WF \cdot EF \cdot SCF \cdot K' \cdot COG)^{-0.3711} \qquad (7\text{-}21)$$

$$SL_V = \frac{2Z}{S^2} Q_{max} \cdot e^{-\left(\frac{z}{s}\right)^2} \qquad (7\text{-}22)$$

其中，F 表示土壤保有率；SL_{SV} 表示固沙量 $[t/(hm^2 \cdot a)]$；SL_S 表示裸土条件下的潜在土壤风蚀量 $[t/(hm^2 \cdot a)]$；SL_V 为植被覆盖条件下的实际土壤风蚀量 $[t/(hm^2 \cdot a)]$；Q_{max-Q} 为潜在转运量（kg/m）；Q_{max} 为风力最大转运量（kg/m）；S_Q 为潜在关键地块长度（m）；S 为关键地块长度（m）；Z 为下风向最大风蚀出现距离（m；Gong et al.，2014；江凌等，2015）；WF 为气候因子（kg/m）；EF 为土壤可蚀性因子；SCF 为土壤结皮因子；K' 地表粗糙度因子；COG 为植被因子（生长植被、枯萎植被、农作物及其他植被残茬）。

7.2.2.6 生态休闲

绿地可以为人们提供娱乐机会，从而促进身心健康。绿地面积已被广泛用作区域范围内户外休闲的代表（González-García et al.，2020）。因此，本研究以每个城镇的绿地面积来表示绿地休闲能力。绿地面积包括林地、草地和湿地（排除了娱乐能力较低的稀疏林地和草地）。

7.3 区域主要生态系统服务时空格局

7.3.1 栖息地质量

1990—2018年，京津风沙源治理工程区栖息地质量均值为0.4141，属于中等偏下水平，其中，1990年栖息地质量最高，为0.4196，2018年栖息地质量最差，为0.4079，总体呈现持续下降趋势，但变化幅度不大（图7-1）。

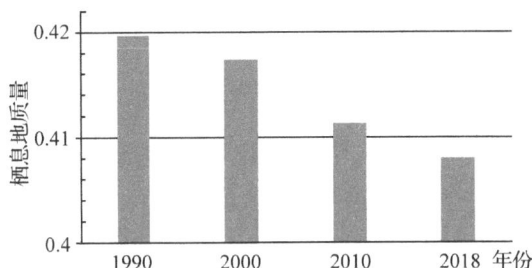

图7-1 京津风沙源治理工程区栖息地质量变化（1990—2018年）

栖息地质量总体呈现东部高西部低的格局，高质量区域面积相对较大，但呈减小趋势，低质量区域面积在增加（彩图15，表7-2）。2018年，栖息地质量在0.5~0.7的区域最广泛，面积为30.08×10⁴km²，占比42.44%，京津风沙源治理工程区北部大部分区域都属该等级，1990—2018年该等级分布区域持续减小，面积降低了1.35×10⁴km²，占比降低1.91%；其次为0.3~0.5范围的区域，面积为17.70×10⁴km²，占比24.97%，主要分布于区域南部，在栖息地质量0.1~0.3区域的外围形成一个过渡带，1990—2018年该等级分布区域以2000年为转折点先增加后减少，与1990年相比，2018年面积增加了0.05×10⁴km²，占比增加0.06%；不足0.1的地区面积为12.46×10⁴km²，占比17.58%，主要分布在荒漠草原西区西部、毛乌素沙地北部及中部和燕山丘陵南部地区，其他地区亦有零散分布，1990—2018年该等级分布区域持续增加，面积增加了1.12×10⁴km²，占比增加1.58%；栖息地质量在0.1~0.3范围内的区域面积为 7.25×10⁴km²，占比 10.23%，集中于农牧交错区、毛乌素沙地东南部、晋北山地丘陵区和科尔沁沙地内，1990—2018 年该等级分布区域以 2000 年为转折点先减少后增加，与 1990 年相比，2018 年面积增加了 0.27×10⁴km²，占比增加 0.38%；栖息地质量在 0.7~0.9 的地区范围最小，面积为 3.38×10⁴km²，占比 4.77%，主要分布在大兴安岭南部区、燕山丘陵山地水源保护区及晋北山地丘陵区东南部等地，1990—2018 年该等级分布区域呈现先减少后增加再减少的跳跃变化趋势，与 1990 年相比，2018 年面积减少了 0.08×10⁴km²，占比降低了 0.12%。

表 7-2　京津风沙源治理工程区各等级栖息地质量面积及占比（1990—2018 年）

栖息地质量		1990 年	2000 年	2010 年	2018 年
0~0.1	面积（×10⁴km²）	11.34	11.54	12.20	12.46
	占比（%）	16.00	16.28	17.22	17.58
0.1~0.3	面积（×10⁴km²）	6.98	6.85	6.87	7.25
	占比（%）	9.85	9.66	9.69	10.23
0.3~0.5	面积（×10⁴km²）	17.65	18.07	18.04	17.70
	占比（%）	24.91	25.50	25.45	24.97
0.5~0.7	面积（×10⁴km²）	31.43	30.99	30.33	30.08
	占比（%）	44.35	43.73	42.79	42.44
0.7~0.9	面积（×10⁴km²）	3.46	3.42	3.44	3.38
	占比（%）	4.89	4.83	4.85	4.77

从各亚区来看，栖息地质量最好的是典型草原区和荒漠草原中区，2018 年区域平均栖息地质量分别为 0.5381 和 0.5365，栖息地质量最差的是河套灌溉区，2018 年平均栖息地质量为 0.2129。1990—2018 年，燕山丘陵区、晋北山地丘陵区和农牧交错区与京津风沙源治理工程区变化趋势一致，呈现缓慢下降；典型草原区、荒漠草原西区和毛乌素沙地平均栖息地质量呈现先增加后降低的趋势，在 2000 年达到峰值，分别为 0.5438、0.3722 和 0.3383；大兴安岭南部区、河套灌溉区和科尔沁沙地表现为先降低后升高再降低的波动变化趋势，前两个亚区的峰值出现在 2010 年，分别为 0.4979 和 0.2177，后者的峰值出现在 1990 年，平均栖息地质量为 0.3295；浑善达克沙地在 1990—2010 年间栖息地质量逐渐下降，2010—2018 年缓慢升高，但 2018 年的栖息地质量未达到 2000 年的水平；荒漠草原中区在 1990—2000 年栖息地质量表现为下降趋势，在 2000—2018 年逐渐上升，在 2010 年栖息地质量已经回到 1990

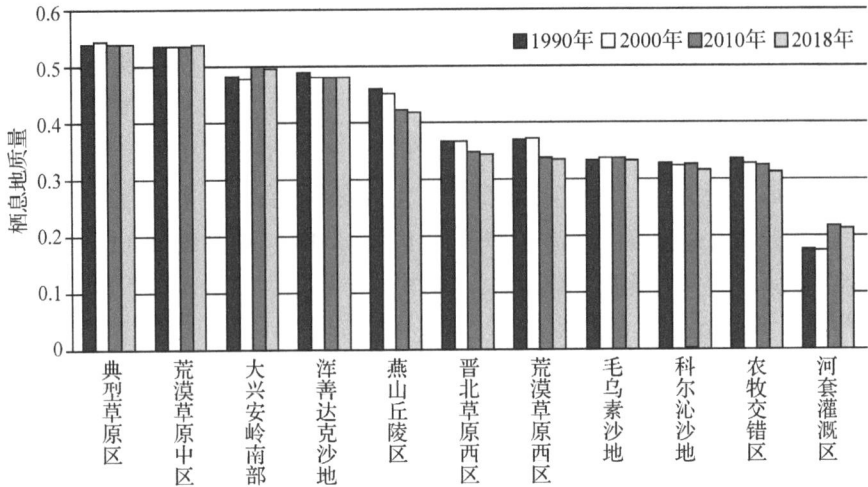

图 7-2　京津风沙源治理工程区各亚区栖息地质量变化(1990—2018 年)

年的水平,峰值出现在 2018 年,区域平均栖息地质量为 0.5365(图 7-2)。

7.3.2　食物供给

1990—2018 年,研究区食物供给量均值为 $178.91 \times 10^8 \mathrm{kg}$,食物供给密度均值为 $253.41 \mathrm{kg/hm^2}$。1990—2018 年食物供给量总体呈现持续上升趋势,由 1990 年的 $110.85 \times 10^8 \mathrm{kg}$ 和 $157.01 \mathrm{kg/hm^2}$,分别增加为 $262.62 \times 10^8 \mathrm{kg}$ 和 $371.98 \mathrm{kg/hm^2}$(图 7-3)。

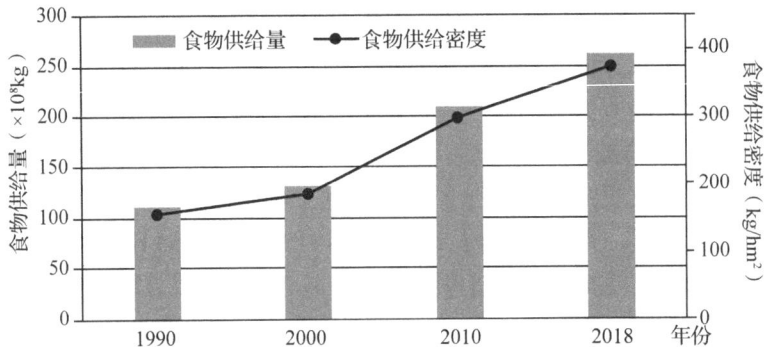

图 7-3　京津风沙源治理工程区食物供给量及食物供给密度变化(1990—2018 年)

食物供给量总体呈现东部高西部低、南部高北部低的格局,低密度食物供给区域面积较大,高密度食物供给区域面积较小,但在逐渐增大(彩图 16,表 7-3)。2018 年,食物供给密度在 $0 \sim 500 \mathrm{kg/hm^2}$ 范围的地区最大,面积为

$39.11×10^4km^2$，占比 55.38%，主要集中于典型草原区、荒漠草原中区、荒漠草原西区东部、浑善达克沙地和毛乌素沙地西部等地，1990—2018 年该等级分布区域以 2010 年为转折点先减小后增多，与 1990 年相比，2018 年面积降低了 $1.53×10^4km^2$，占比降低 2.16%；其次为无食物供给区域，面积为 $19.07×10^4km^2$，占比 27.01%，主要集中于荒漠草原西区西部、毛乌素沙地中北部、以及燕山丘陵区和大兴安岭南部区等地的中部区域，1990—2018 年该等级分布区域以 2000 年为转折点先增多后减小，与 1990 年相比，2018 年面积增加了 $0.92×10^4km^2$，占比增加 1.30%；食物供给密度>2000kg/hm² 的区域面积为 $6.68×10^4km^2$，占比 9.46%，主要分布于燕山丘陵区、晋北山地丘陵区南部、农牧交错区东部和河套灌溉区等地，1990 年与 2000 年研究区内无食物供给密度>2000kg/hm² 的区域，2000—2018 年该等级分布区域呈增加趋势；食物供给密度在 1500~2000kg/hm² 范围的区域面积为 $4.45×10^4km^2$，占比 6.31%，主要分布于毛乌素沙地东南部、农牧交错区、晋北山地丘陵区西北部、及科尔沁沙地和大兴安岭南部区交界地带，1990—2018 年该等级分布区域以 2010 年为转折点先增加后减少，与 1990 年相比，2018 年面积增加了 $4.43×10^4km^2$，占比增加 6.27%；食物供给密度在 1000~1500kg/hm² 范围的区域面积为 $1.21×10^4km^2$，占比 1.72%，主要集中于农牧交错区北部和荒漠草原西区

表 7-3　京津风沙源治理工程区各等级食物供给密度面积及占比（1990—2018 年）

食物供给密度（kg/hm²）		1990 年	2000 年	2010 年	2018 年
0	面积（×10⁴km²）	18.16	20.12	19.97	19.07
	占比（%）	25.71	28.49	28.27	27.01
0~500	面积（×10⁴km²）	40.63	38.36	38.12	39.11
	占比（%）	57.54	54.33	53.99	55.38
500~1000	面积（×10⁴km²）	8.26	5.60	1.12	0.09
	占比（%）	11.70	7.93	1.58	0.12
1000~1500	面积（×10⁴km²）	3.54	6.40	4.01	1.21
	占比（%）	5.02	9.06	5.68	1.72
1500~2000	面积（×10⁴km²）	0.02	0.13	5.27	4.45
	占比（%）	0.03	0.19	7.46	6.31
>2000	面积（×10⁴km²）	0.00	0.00	2.13	6.68
	占比（%）	0.00	0.00	3.02	9.46

东部，1990—2018 年该等级分布区域以 2000 年为转折点先增加后减少，与1990 年相比，2018 年面积减少了 $2.33×10^4km^2$，占比减少 3.30%；食物供给密度在 $500～1000kg/hm^2$ 范围的区域面积为 $0.09×10^4km^2$，占比 0.12%，主要在毛乌素沙地、荒漠草原西区和农牧交错区等地零散分布，1990—2018 年该等级分布区域持续减小，与 1990 年相比，2018 年面积减少了 $8.17×10^4km^2$，占比减小 11.57%。

从各亚区来看，食物供给能力最强和最弱的分别为是河套灌溉区和荒漠草原中区，2018 年平均食物供给密度分别为 $1201.35kg/hm^2$ 和 $31.22 kg/hm^2$。对整个研究区食物供给贡献最大的是农牧交错区，2018 年食物供给量为 $60.62×10^8kg$，贡献最小的是荒漠草原中区，同期供给量为 $2.06 ×10^8kg$。1990—2018 年，所有亚区食物供给量均呈现持续上升趋势，区域食物供给服务总体向好发展（图 7-4）。

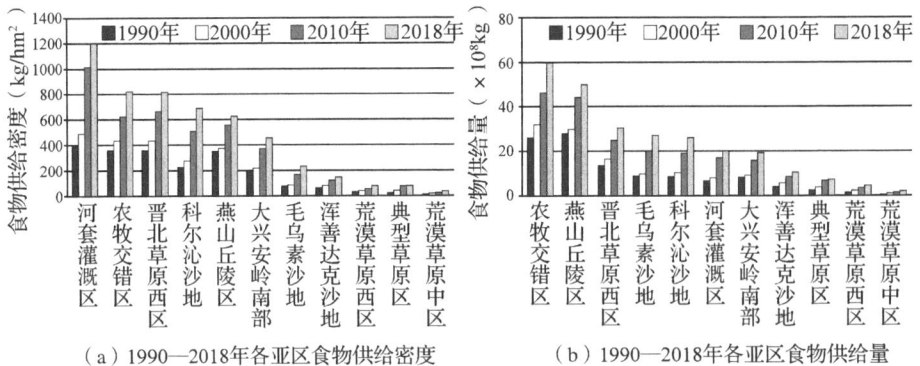

（a）1990—2018年各亚区食物供给密度　　（b）1990—2018年各亚区食物供给量

图 7-4　京津风沙源治理工程区各亚区食物供给密度及食物供给量变化（1990—2018 年）

7.3.3　产水量

研究区 1990—2018 年产水总量均值为 $50.26×10^9m^3$，产水深度均值为 69.90mm。1990 年产水量最多，产水总量为 $66.51 ×10^9m^3$，平均产水深度为 92.50mm，2000 年产水量最少，产水总量为 $31.11 ×10^9m^3$，平均产水深度为 43.27mm。1990—2000 年，产水量大幅减少，2000—2018 年产水量逐渐增加，2010—2018 年与 2000—2010 年相比增长幅度较小，至 2018 年，产水总量达到 $54.60 ×10^9m^3$，平均产水深度达到 75.94mm，但仍未达到 1990 年的产水水平（图 7-5）。

产水深度总体呈现东高西低、南高北低的分布格局，低产水深度区域面积较大，但呈减小趋势，高产水深度区域面积在增加（彩图 17，表 7-4）。

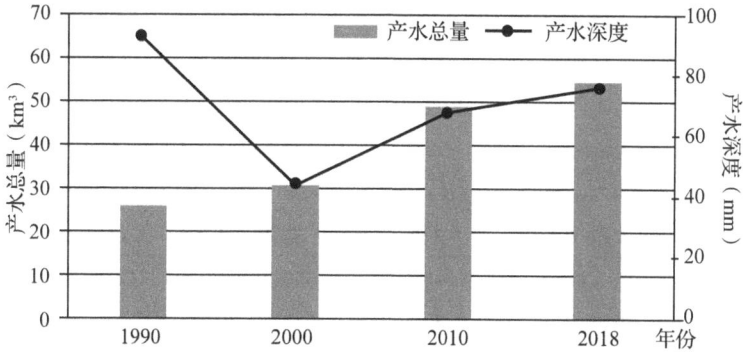

图 7-5 京津风沙源治理工程区产水总量及产水深度变化（1990—2018 年）

2018 年，区域产水深度不足 50 mm 的地区范围最大，面积为 476203.19km²，占比 66.47%，主要分布在典型草原区、浑善达克沙地、河套灌溉区西部和毛乌素沙地西部等地区，1990—2018 年该等级分布区域以 2000 年为转折点先增加后减少，与 1990 年相比，2018 年面积增加了 44338.56km²，占比增加 6.18%；其次是 100 ~ 200mm 的产水深度，面积为 86953.44km²，占比 12.14%，多分布于农牧交错区、晋北山地丘陵区、燕山丘陵西部和毛乌素沙地北部，1990—2018 年该等级分布区域以 2000 年为转折点先增加后减少，与 1990 年相比，2018 年面积增加了 18539.25km²，占比增加 2.59%；200 ~ 300mm 产水深度面积为 77234.94km²，占比 10.78%，主要分布在农牧交错区东部、毛乌素沙地北部、晋北山地丘陵区西南部、燕山丘陵区南部及科尔沁沙地南部等地，1990—2018 年该等级分布区域呈现先减少后增加再减少的跳跃变化趋势，与 1990 年相比，2018 年面积减少了 5160.19km²，占比减少 0.72%；产水深度在 50 ~ 100mm 范围的区域面积为 35884.63km²，占比 5.01%，集中于荒漠草原西区西部和河套灌溉区中东部等地，1990—2018 年该等级分布区域持续减少，面积减少了 30457.62 km²，占比减少 4.25%；产水深度在 300 ~ 400mm 范围的面积为 35978.94km²，占比 5.02%，集中于毛乌素沙地和科尔沁沙地中部及农牧交错区和典型草原区东部，1990—2018 年该等级分布区域以 2000 年为转折点先减少后增加，与 1990 年相比，2018 年面积减少了 14236.37km²，占比减少 1.99%；极小部分区域产水深度高于 400mm，面积为 4114.56km²，占比 0.57%，主要为南部燕山丘陵山地水源保护区和东部科尔沁沙地，1990—2018 年该等级分布区域以 2000 年为转折点先减少后增加，与 1990 年相比，2018 年面积减少了 13000.5km²，占比减少 1.82%。

表 7-4 京津风沙源治理工程区各等级产水深度面积及占比(1990—2018 年)

产水深度(mm)		1990 年	2000 年	2010 年	2018 年
<50	面积(km²)	431864.63	519238.00	481962.69	476203.19
	占比(%)	60.29	72.54	67.30	66.47
50~100	面积(km²)	66342.25	48505.75	36938.50	35884.63
	占比(%)	9.26	6.78	5.16	5.01
100~200	面积(km²)	68414.19	111947.44	87883.25	86953.44
	占比(%)	9.55	15.64	12.27	12.14
200~300	面积(km²)	82395.13	35425.75	85319.63	77234.94
	占比(%)	11.50	4.95	11.91	10.78
300~400	面积(km²)	50214.50	710.31	23383.75	35978.13
	占比(%)	7.01	0.10	3.27	5.02
>400	面积(km²)	17115.06	1.63	637.56	4114.56
	占比(%)	2.39	0.00	0.09	0.57

从各亚区来看，产水能力最强的是科尔沁沙地区，2018 年平均产水深度为 149.78mm，产水能力最弱的是荒漠草原中区，2018 年平均产水深度为 20.79mm；对京津风沙源治理工程区产水贡献最大的是毛乌素沙地，2018 年产水总量为 12.21km³，贡献最小的是河套灌溉区和荒漠草原中区，2018 年产水总量分别为 1.34km³ 和 1.38 km³。1990—2018 年，科尔沁沙地、大兴安岭南部区、浑善达克沙地、典型草原区和荒漠草原中区变化趋势与京津风沙源治理工程区变化情况一致，即以 2000 年为转折点，先降低后升高，但未回升至 1990 年的水平；毛乌素沙地、河套灌溉区和荒漠草原西区同样以 2000 年为转折点，先降低后升高，但经过 2000—2018 年的持续增长，至 2018 年平均产水深度和产水总量已超越 1990 年的水平；而燕山丘陵区、农牧交错区和晋北山地丘陵区则表现为先降后增再降，峰值出现在 1990 年，2018 年平均产水深度和产水总量低于 2010 年，产水能力有所下降(图 7-6)。

7.3.4 固碳量

1990—2018 年，京津风沙源治理工程区碳储量均值为 106.38×10⁸t，碳密度均值为 150.89t/hm²。1990 年碳储量最多，为 108.85×10⁸t，碳密度为 154.46t/hm²，2000 年碳储量最少，为 103.99×10⁸t，碳密度为 147.50t/hm²。1990—2000 年碳储量大幅减少，2000—2018 年碳储量逐渐增加，2010—2018年增长幅度与 2000—2010 年相比有所增长，至 2018 年，碳储量达到 107.44×

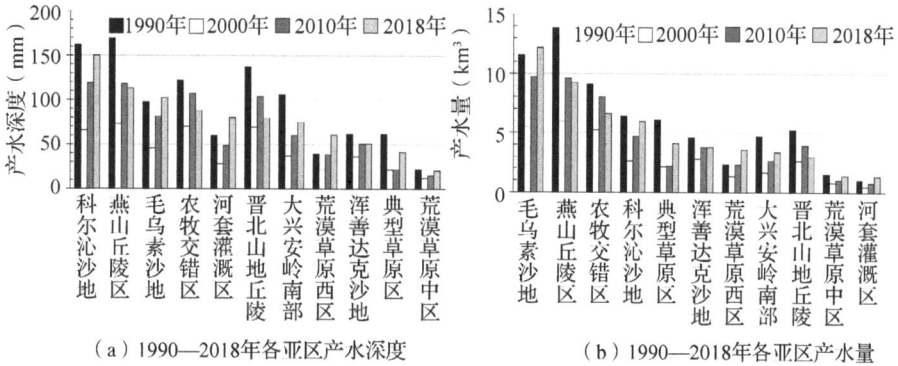

（a）1990—2018年各亚区产水深度　　　　（b）1990—2018年各亚区产水量

图 7-6　京津风沙源治理工程区各亚区产水深度及产水量变化（1990—2018 年）

10^8t，碳密度达到 152.34 t/hm²，但仍未达到 1990 年的固碳水平（图 7-7）。

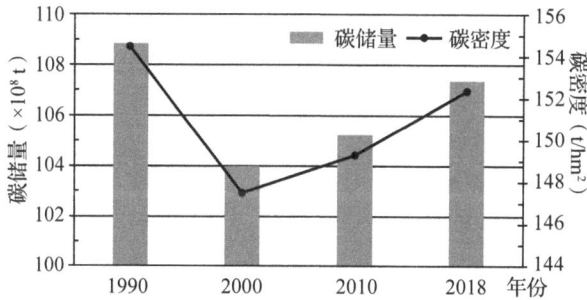

图 7-7　京津风沙源治理工程区碳储量及碳密度变化（1990—2018 年）

　　碳密度与土地利用/覆盖情况具有相关性，总体呈现东高西低、南高北低的分布格局（彩图 18，表 7-5）。2018 年，碳密度在 160~200 t/hm² 范围的地区最大，面积为 39.14×10⁴km²，占比 55.24%，主要分布在京津风沙源治理工程区北部和毛乌素沙地亚区，1990—2018 年该等级分布区域持续缩小，与 1990 年相比，2018 年面积减少了 1.78×10⁴km²，占比减少 2.51%；其次为碳密度在 120~160 t/hm² 范围的地区，面积为 12.45×10⁴km²，占比 17.57%，多分布于河套灌溉区、农牧交错区、晋北山地丘陵区与燕山丘陵区交界处、燕山丘陵区和科尔沁沙地南部，1990—2018 年该等级分布区域以 2010 年为转折点先增加后减少，与 1990 年相比，2018 年面积增加了 0.13×10⁴km²，占比增加 0.19%；碳密度不足 40 t/hm² 的地区面积为 9.47×10⁴km²，占比 13.36%，主要分布在荒漠草原西区和毛乌素沙地中部及北部地带，其他地区亦有零散分布，1990—2018 年该等级分布区域持续缩小，与 1990 年相比，2018 年面积

减少了 $0.29×10^4km^2$，占比减少 0.41%；碳密度大于 $200\ t/hm^2$ 的地区面积为 $7.64×10^4km^2$，占比 10.78%，主要分布在燕山丘陵山地水源保护区、大兴安岭南部区和晋北山地丘陵区，1990—2018 年该等级分布区域持续增加，与 1990 年相比，2018 年面积增加了 $0.97×10^4km^2$，占比增加 1.37%；碳密度在 $40\sim80\ t/hm^2$ 范围的地区最少，面积为 $2.16×10^4km^2$，占比 3.05%，集中分布于燕山丘陵区南部，1990—2018 年该等级分布区域持续增加，与 1990 年相比，2018 年面积增加了 $0.96×10^4km^2$，占比增加 1.35%。

表 7-5　京津风沙源治理工程区各等级碳密度面积及占比（1990—2018 年）

碳密度(t/hm^2)		1990 年	2000 年	2010 年	2018 年
<40	面积($×10^4km^2$)	9.76	9.68	9.62	9.47
	占比(%)	13.77	13.65	13.58	13.36
40~80	面积($×10^4km^2$)	1.20	1.31	1.81	2.16
	占比(%)	1.70	1.85	2.55	3.05
80~120	面积($×10^4km^2$)	/	/	/	/
	占比(%)	/	/	/	/
120~160	面积($×10^4km^2$)	12.32	12.52	12.54	12.45
	占比(%)	17.38	17.66	17.70	17.57
160~200	面积($×10^4km^2$)	40.92	40.67	39.32	39.14
	占比(%)	57.75	57.40	55.51	55.24
>200	面积($×10^4km^2$)	6.67	6.69	7.55	7.64
	占比(%)	9.41	9.43	10.66	10.78

　　从各亚区来看，固碳能力最强的是大兴安岭南部区和燕山丘陵区，2018 年平均碳密度分别为 $178.46\ t/hm^2$ 和 $177.65\ t/hm^2$，固碳能力最弱的是荒漠草原西区，2018 年平均碳密度为 $114.32\ t/hm^2$；对京津风沙源治理工程区固碳贡献最大的是毛乌素沙地和典型草原区，2018 年碳储量分别为 $15.98×10^8\ t$ 和 $15.37×10^8t$，贡献最小的是河套灌溉区，2018 年碳储量为 $2.23×10^8t$。1990—2018 年，燕山丘陵区、晋北山地丘陵区、典型草原区、荒漠草原中区、农牧交错区、浑善达克沙地和科尔沁沙地变化趋势与京津风沙源治理工程区变化趋势一致，即以 2000 年为转折点，先降低后升高，但未回升至 1990 年的水平；大兴安岭南部区、毛乌素沙地和河套灌溉区同样以 2000 年为转折点，先降低后升高，但经过 2000—2018 年的持续增长，至 2018 年平均碳密度和碳储量已超越 1990 年的水平；而荒漠草原西区以 2010 年为转折点，1990—

2010 年碳密度和碳储量持续下降，2018 年平均碳密度和碳储量有所升高，但固碳能力仍不及 2000 年(图 7-8)。

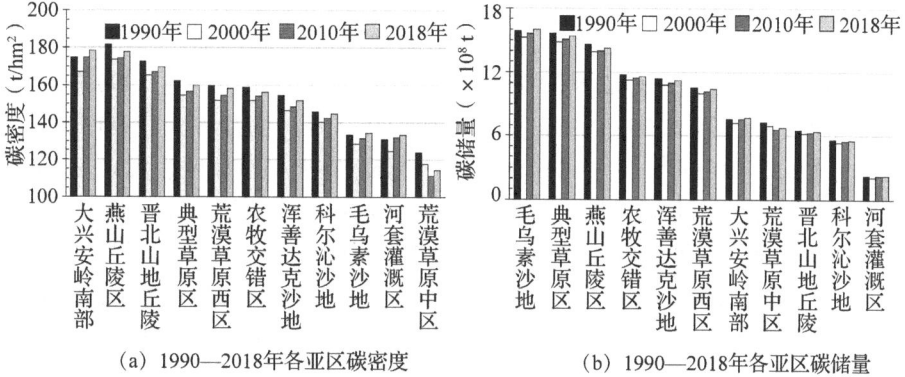

(a) 1990—2018年各亚区碳密度　　　　(b) 1990—2018年各亚区碳储量

图 7-8　京津风沙源治理工程区各亚区碳密度及碳储量变化(1990—2018 年)

7.3.5　固沙率

1990—2018 年，京津风沙源治理工程区固沙量均值为 48.11×10^8t，固沙率均值为 81.20%。1990—2018 年固沙量总体呈下降趋势，1990 年固沙量最多，为 59.13×10^8t，2018 年固沙量最少，为 36.85×10^8t；固沙率呈现先降低后升高再降低的变化，1990—2010 年变化较大，2010—2018 年仅有微小降低，其中 1990 年固沙率最大，为 83.64%，2000 年固沙率最小，为 77.82%(图 7-9)。

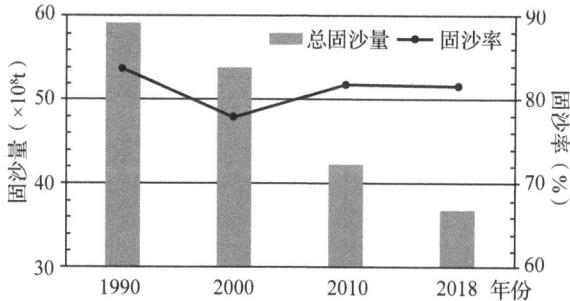

图 7-9　京津风沙源治理工程区固沙量及固沙率变化(1990—2018 年)

固沙率总体呈现东高西低、北高南低的分布格局，高固沙率区域面积较大，1990—2010 年呈现先减小后增加的趋势，2010—2018 年趋于稳定，低固沙率区域面积较小，且呈减小趋势(彩图 19，表 7-6)。2018 年，固沙率在 80%~90% 范围的地区最大，面积为 23.45×10^4km²，占比 34.12%，主要分布在浑善达克沙地、农牧交错区、荒漠草原中区南部和科尔沁沙地东部区域等地，1990—2018 年该等级分布区域以 2000 年为转折点先减少后增加，与 1990 年相比，2018 年面积增加了 2.16×10⁴km²，占比增加 3.15%；其次是固沙率在 70%~80% 范围的地区，面积为 18.70×10⁴km²，占比 27.20%，主要分布在毛乌素沙地、晋北山地丘陵区、荒漠草原中区和河套灌溉区等地，1990—2018 年该等级分布区域以 2000 年为转折点先增加后减少，与 1990 年相比，2018 年面积增加了 6.25×10⁴km²，占比增加 9.09%；固沙率大于 90% 的地区面积为 18.22×10⁴km²，占比 26.51%，主要分布在典型草原区、大兴安岭南部区和燕山丘陵山地水源保护区等地，1990—2018 年该等级分布区域呈现先减少后增加再减少的波动变化趋势，与 1990 年相比，2018 年面积减少了 7.99×10⁴km²，占比减少 11.63%；固沙率在 60%~70% 范围的地区面积为 5.26×10⁴km²，占比 7.65%，主要分布在毛乌素沙地北部和荒漠草原西区南部，1990—2018 年该等级分布区域呈现先增加后减少再增加的波动变化趋势，与 1990 年相比，2018 年面积减少了 0.35×10⁴km²，占比减少 0.52%；固沙率在 40%~60% 范围的地区面积为 2.87×10⁴km²，占比 4.18%，主要分布在毛乌素沙地北部和荒漠草原西区西部，1990—2018 年该等级分布区域以 2000 年为转折点先增加后减少，与 1990 年相比，2018 年面积增加了 0.22×10⁴km²，占比增加 0.32%；固沙率不足 40% 的地区最少，面积为 0.23×10⁴km²，占比 0.34%，主要是荒漠草原西区和河套灌溉区内部分区域，1990—2018 年该等级分布区域持续缩小，与 1990 年相比，2018 年面积减少了 0.28×10⁴km²，占比减少 0.41%。

表 7-6　京津风沙源治理工程区各等级固沙率面积及占比（1990—2018 年）

固沙率(%)		1990 年	2000 年	2010 年	2018 年
<40	面积(×10⁴km²)	0.52	0.31	0.25	0.23
	占比(%)	0.75	0.45	0.36	0.34
40~60	面积(×10⁴km²)	2.65	5.51	2.88	2.87
	占比(%)	3.86	8.02	4.19	4.18
60~70	面积(×10⁴km²)	5.61	10.43	5.11	5.26
	占比(%)	8.17	15.17	7.44	7.65
70~80	面积(×10⁴km²)	12.44	20.43	18.71	18.70
	占比(%)	18.11	29.74	27.23	27.20
80~90	面积(×10⁴km²)	21.28	17.41	23.39	23.45
	占比(%)	30.97	25.33	34.03	34.12
>90	面积(×10⁴km²)	26.21	14.63	18.38	18.22
	占比(%)	38.13	21.29	26.75	26.51

从各亚区来看，固沙量最多的是荒漠草原西区和浑善达克沙地，2018 年固沙量分别为 $6.65×10^8$ t 和 $6.43×10^8$ t，固沙量最少的是晋北山地丘陵区，2018 年固沙量为 $0.34×10^8$ t。1990—2018 年，浑善达克沙地、荒漠草原中区和科尔沁沙地固沙量与京津风沙源治理工程区变化趋势一致，总体呈降低趋势。荒漠草原西区、毛乌素沙地和河套灌溉区均呈现先升高后降低趋势，峰值均出现在 2000 年，分别为 $12.11×10^8$ t、$6.87×10^8$ t 和 $3.12×10^8$ t；农牧交错区、燕山丘陵山地水源保护区、大兴安岭南部区和晋北山地丘陵区呈现先降低后升高再降低的趋势，峰值均出现在 1990 年，分别为 $5.04×10^8$ t、$3.10×10^8$ t、$2.57×10^8$ t 和 $0.61×10^8$ t；典型草原区以 2010 年为转折点先降低后升高，峰值在 1990 年，为 $7.23×10^8$ t（图 7-10）。

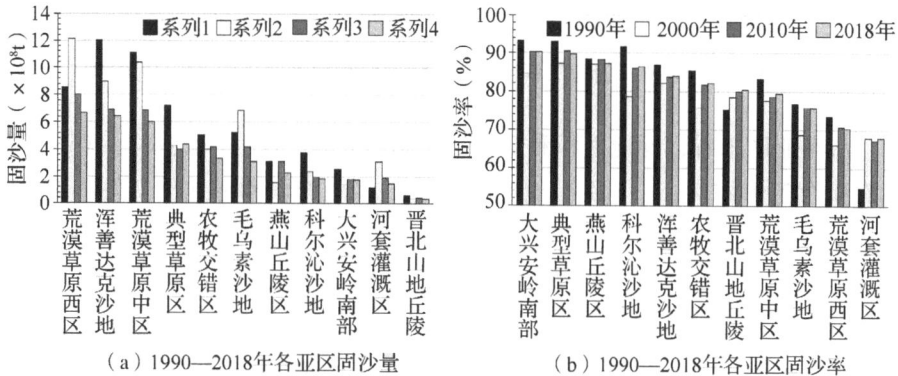

（a）1990—2018 年各亚区固沙量　　（b）1990—2018 年各亚区固沙率

图 7-10　京津风沙源治理工程区各亚区固沙量及固沙率变化（1990—2018 年）

固沙率最高的是大兴安岭南部区和典型草原区，2018 年平均固沙率分别为 90.21 和 89.68%，固沙率最低的是河套灌溉区和荒漠草原西区，2018 年平均固沙率分别为 67.92 和 70.30%。1990—2018 年，典型草原区、燕山丘陵山地水源保护区、毛乌素沙地和荒漠草原西区与京津风沙源治理工程区变化趋势一致，呈现先降低后升高再降低的变化，2010—2018 年趋于稳定；大兴安岭南部区、科尔沁沙地、浑善达克沙地、农牧交错区和荒漠草原中区均以 2000 年为转折点，先降低后升高，但均未超过 1990 年的水平；晋北山地丘陵区平均固沙率持续升高；河套灌溉区平均固沙率先降低后升高再降低，2018 年与 2000 年平均固沙率相等（图 7-10）。

7.3.6　生态休闲

1990—2018 年，京津风沙源治理工程区绿地面积均值为 $39.27×10^4$ km²，平均占比 55.42%。1990 年绿地比例最高，面积为 $39.99 \times 10^4 km^2$，占比 56.44%，2018 年绿地比例最低，面积为 $38.78 \times 10^4 km^2$，占比 54.72%，1990—2018 年绿地比例总体呈降低趋势。区域绿地空间分布呈现东多西少，北多南少的格局(图 7-11，彩图 20)。

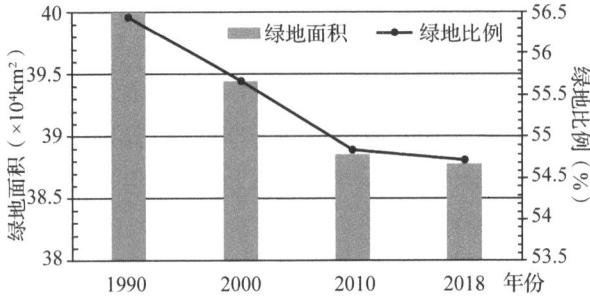

图 7-11　京津风沙源治理工程区绿地面积及绿地比例变化(1990—2018 年)

从各亚区来看，绿地面积和绿地比例最大的均为典型草原区，2018 年绿地面积为 $7.91 \times 10^4 km^2$，绿地比例 82.33%，绿地面积和绿地比例最小的均为河套灌溉区，2018 年绿地面积为 $0.32 \times 10^4 km^2$，绿地比例 19.34%。1990—2018 年，荒漠草原中区、农牧交错区和荒漠草原西区变化趋势与京津风沙源治理工程区变化趋势一致，即总体呈降低趋势；典型草原区和燕山丘陵区绿地比例先增大后减小，在 2000 年达到峰值，分别为 83.62% 和 65.61%；大兴安岭南部区和浑善达克沙地区绿地比例先减小后增大，前者以 2000 年为转折点，在 2018 年达到峰值，绿地比例为 70.88%，后者以 2010 年为转折点，峰值出现在 1990 年，绿地比例为 65.30%；科尔沁沙地区、毛乌素沙地和晋北山地丘陵区表现为先减小后增大再减小的跳跃变化趋势，前两个亚区的峰值出现在 1990 年，绿地比例分别为 49.23% 和 41.25%，后者峰值出现在 2010 年，绿地比例为 39.66%；河套灌溉区表现为先增大后减小再增大的跳跃变化趋势，峰值出现在 2000 年，绿地比例为 25.76%(图 7-12)。

7.4　讨　论

土地利用/覆盖变化是生态系统服务变化的重要驱动因子，其通过改变生态系统空间格局、影响生物过程来影响生态系统提供服务的种类和强度(Daily et al.，2009；于开芹等，2009)。第三章的研究结果表明，工程实施后，区域土地利

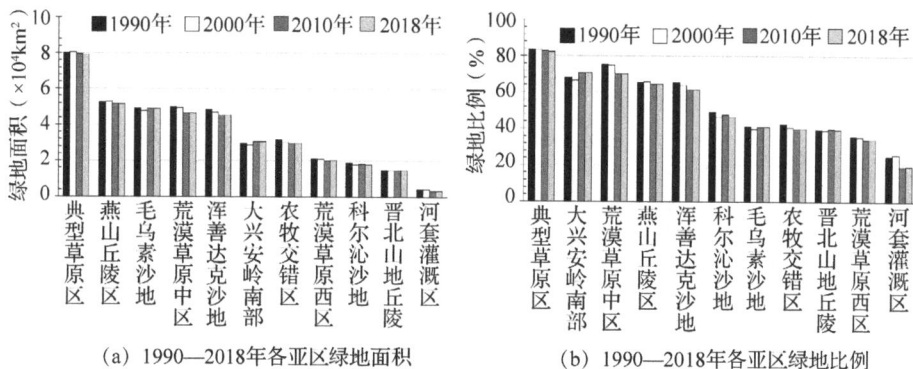

(a) 1990—2018各亚区绿地面积　　　　(b) 1990—2018年各亚区绿地比例

图 7-12　京津风沙源治理工程区各亚区绿地面积及绿地比例变化（1990—2018 年）

用/覆盖类型转换以草地和耕地互转、沙地和草地互转以及草耕地向建设用地转变为主，以退耕还林（草）和荒地造林种草形式造成的林草地扩张主要发生在农牧交错区、毛乌素沙地、晋北山地丘陵区等地；区域土地覆盖渐变表现为总体改善、局部退化的特征，全区以沙地植被改善最为显著，各亚区中毛乌素沙地改善最为明显，耕地、林地、草地和沙地植被盖度均显著提升，沙尘的主要源区科尔沁沙地、浑善达克沙地、荒漠草原中区和西区沙地的植被变化以波动为主，改善趋势不显著。

从生态系统服务来看，京津风沙源治理工程的实施对区域局部生态系统服务有一定改善，从图 7-13a 可以发现，仅大兴安岭南部和河套灌溉区的栖息地质量有所提升，大兴安岭南部区域的改善主要得益于地类间的转移，而河套灌溉区则更可能是由于草耕地植被盖度的改善，燕山丘陵区栖息地质量下降最大，与区域城市化进程关系密切（夏楚瑜等，2023）。区域食物供给密度总体提高，各亚区中河套灌溉区食物供给服务改善最多，尽管该区面积较小，但由于区域草耕地植被盖度的显著提升，区域单位面积肉类和粮食产量较工程实施前提高的最多（图 7-13b）。工程实施后荒漠草原西区、河套灌溉区和毛乌素沙地产水深度有所提高，从植被覆盖变化来看，此三个亚区植被覆盖总体升高，对区域产水产生了积极的影响（图 7-13c）。

大型安岭南部、河套灌溉区、毛乌素沙地碳密度有一定程度增加（图 7-13d），前述研究结果表明大型安岭南部亚区植被覆盖度总体下降，其碳密度的增加应与退耕还林（草）工程更加密切。固沙率可表征区域生态系统本身对固沙的作用（巩国丽等，2020）。图 7-13e 表明工程实施后，河套灌溉区、晋北山地丘陵区和毛乌素沙地固沙率有所提高，其中毛乌素沙地作为退耕还林（草）和荒地造林种草的重点区域，不仅有大面积的新增林草地，且是唯一一个区域沙地植被覆盖度显著提升的亚区。

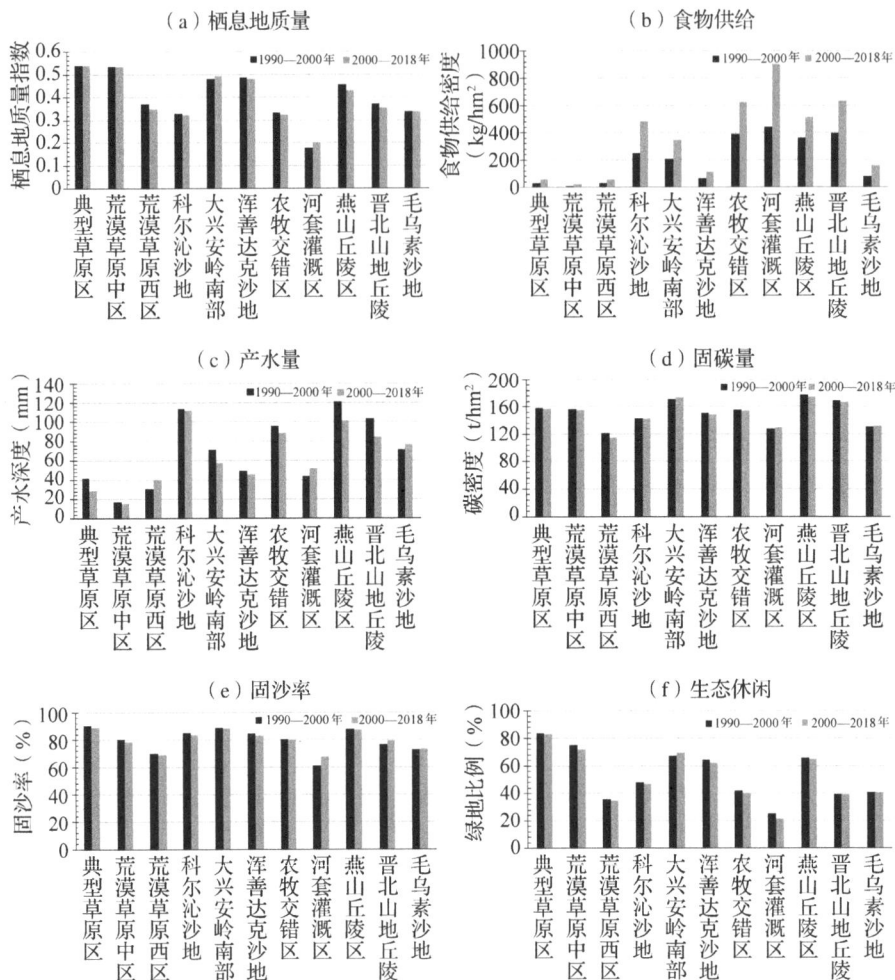

图 7-13 京津风沙源治理工程区各亚区工程实施前后生态系统服务变化

综合来看，毛乌素沙地治理成效最为显著，区域各项生态系统服务均有不同程度改善，结合第三章可知，2000—2010 年 26.67% 的退耕还林和 22.19% 的退耕还草发生在毛乌素沙地，2010—2018 年则有 93.24% 的荒地造林和 70.81% 的荒地种草发生在此区域，该亚区同时也是唯一一个各类型植被覆盖度均显著提高的亚区，从土地利用/覆盖类型转换结果和植被覆盖渐变结果来看，该亚区是京津风沙源治理工程重点治理区域，也是成效最显著的区域。毛乌素沙地植被的改善对该区域生态系统服务的改善产生了极大的贡献。此外，河套灌溉区治理成效也较为显著，工程实施后除绿地比例外各生态系统服务均有不同程度提高，作为一个典型农业区域，由于该亚区面积较小，土地利用/覆盖变化相对其他亚区并不明显，但植被覆盖度除林地下降以外，其他均升高，故虽亚区绿地比例有所下降，但其他各项生态系统服务得到改善。

7.5 小 结

生态系统服务是连接生物多样性、生态系统结构与功能和人类福祉的重要桥梁。本章以模型手段为主，系统评估了区域供给（食物供给、栖息地质量、产水量）、调节（防风固沙率、固碳量）和文化（生态休闲）服务等，并讨论其工程实施前后的变化。研究结果表明，区域生态系统服务空间差异明显，东部地区总体表现强于西部地区；食物供给以农牧交错区和燕山丘陵山地水源保护区等中南部区域为主，栖息地质量为荒漠草原中区和东区表现最佳，产水贡献最大的是毛乌素沙地和燕山丘陵山地水源保护区等南部区域，固碳贡献以毛乌素沙地、典型草原区和燕山丘陵山地水源保护区为主，植被固沙能力和绿地质量最强的为大型安岭南部和典型草原区等东部区域。1990—2018年，区域食物供给量持续上升，但栖息地质量和绿地比例总体持续下降，2000年后随着京津风沙源治理工程的实施，区域产水量、固碳量和固沙率由下降趋势转为上升；京津风沙源治理工程的实施一定程度上对区域生态系统服务的提升产生了积极影响，但区域某些生态系统服务仍有很大提升空间，且空间上具有很大的不平衡性，今后的治理应当针对某些薄弱服务采取相应措施，并着重关注弱生态系统服务亚区的区域治理。

参考文献

陈佐忠，1999. 草原生态系统20年定位研究进展与展望[J]. 中国草地 (3)：1-10+27.
郭朝琼，徐昔保，舒强，2020. 生态系统服务供需评估方法研究进展[J]. 生态学杂志，39(6)：2086-2096.
巩国丽，刘纪远，邵全琴，2014. 基于RWEQ的20世纪90年代以来内蒙古锡林郭勒盟土壤风蚀研究[J]. 地理科学进展，33(6)：825-834.
巩国丽，要玲，任丽霞，等，2020. 工程区生态保护与建设工程对防风固沙服务功能的影响[J]. 水土保持通报，40(5)：181-188+2.

　　韩国栋，2011. 草地生态系统健康与服务及其适应性管理[M]//邬建国，李凤民主编. 现代生态学讲座（V）：宏观生态学与可持续性科学. 北京：高等教育出版社：218-244.

　　洪滔，2005. 福州三叠井森林公园生态旅游环境容量的探讨[J]. 福建林学院学报(4)：356-359.

　　江凌，肖燚，欧阳志云，等，2015. 基于 RWEQ 模型的青海省土壤风蚀模数估算[J]. 水土保持研究，22(1)：6.

　　江凌，肖燚，饶恩明，等，2016. 内蒙古土地利用变化对生态系统防风固沙功能的影响[J]. 生态学报，36(12)：3734-3747.

　　李双成，张才玉，刘金龙，等，2013. 生态系统服务权衡与协同研究进展及地理学研究议题[J]. 地理研究，32(8)：1379-1390.

　　李军玲，郭其乐，彭记永，2012. 基于 MODIS 数据的河南省冬小麦产量遥感估算模型[J]. 生态环境学报，21(10)：1665-1669.

　　李文华，张彪，谢高地，2009. 中国生态系统服务研究的回顾与展望[J]. 自然资源学报，24(1)：1-10.

　　刘纪远，邵全琴，樊江文，2009. 三江源区草地生态系统综合评估指标体系[J]. 地理研究，28(2)：273-283.

　　欧阳志云，王效科，苗鸿，1999. 中国陆地生态系统服务功能及其生态经济价值的初步研究[J]. 生态学报，19(5)：607-613.

　　潘韬，吴绍洪，戴尔阜，等，2013. 基于 InVEST 模型的三江源区生态系统水源供给服务时空变化[J]. 应用生态学报，24(1)：183-189.

　　邬建国，郭晓川，杨劼，等，2014. 什么是可持续性科学？[J]. 应用生态学报，25(1)：1-11.

　　王云飞，叶爱中，乔飞，等，2021. 水源涵养内涵及估算方法综述[J]. 南水北调与水利科技(中英文)，19(6)，1041-1071.

　　武文欢，彭建，刘焱序，等，2017. 鄂尔多斯市生态系统服务权衡与协同分析[J]. 地理科学进展，36(12)：1571-1581.

　　文志，郑华，欧阳志云，2020. 生物多样性与生态系统服务关系研究进展[J]. 应用生态学报，31(1)：340-348.

　　夏楚瑜，国淏，赵晶，等，2023. 京津冀地区生态系统服务对城镇化的多空间尺度动态响应[J]. 生态学报(7)：1-14.

　　肖玉，王硕，李娜，等，2015. 北京城市绿地对大气 PM2.5 的削减作用[J]. 资源科学，37(6)：1149-1155.

　　谢高地，肖玉，鲁春霞，2006. 生态系统服务研究：进展、局限和基本范式[J]. 植物生态学报，30(2)：191-199.

　　谢高地，肖玉，鲁春霞，2007. 生态系统服务研究现状及发展趋势[M]//邬建国主编.

现代生态学讲座(Ⅲ)：学科进展与热点论题. 北京：高等教育出版社：344-361.

谢高地, 张钇锂, 鲁春霞, 等, 2001. 中国自然草地生态系统服务价值[J]. 自然资源学报, 16(1)：47-53.

谢高地, 张彩霞, 张雷明, 等, 2015. 基于单位面积价值当量因子的生态系统服务价值化方法改进[J]. 自然资源学报, 30(8)：1243-1254.

闫晨雨, 张妍妍, 王耀铭, 等, 2021. 森林生态系统文化服务功能评价与发展对策——以老君山自然保护区为例[J]. 中南林业科技大学学报(社会科学版), 15(1)：110-116.

于开芹, 冯永军, 郑九华, 等, 2009. 城乡交错带土地利用变化及其生态效应[J]. 农业工程学报, 25(3)：213-218.

张城, 李晶, 周自翔, 等, 2021. 生态系统服务级联效应研究进展[J]. 应用生态学报, 32(5)：1633-1642.

郑华, 欧阳志云, 赵同谦, 等, 2003. 人类活动对生态系统服务功能的影响[J]. 自然资源学报, 18(1)：118-126.

匡文慧, 张树文, 杜国明, 等, 2022. 2015—2020 年中国土地利用变化遥感制图及时空特征分析[J]. 地理学报(5)：1056-1071.

Alam S A, Starr M, Clark B J F, 2013. TreeBiomass and Soil Organic Carbon Densities Across the Sudanese Woodland Savannah：A Regional Carbon Sequestration Study[J]. Journal of Arid Environments, 89：67-76.

Bagstad K, Villa F, Johnson G, et al., 2011. ARIES-ARtificial Intelligence for Ecosystem Services：A Guide to Models and Data, Version 1. 0[R]. ARIES report series, n. 1.

Cao Q, Yu D Y, Georgescu M, et al., 2015. Impacts of Land Use and Land Cover Change on Regional Climate：A Case Study in the Agro-pastoral Transitional Zone of China[J]. Environmental Research Letters, 10(12)：124025.

Che T, Li X, Jin R, et al., 2008. Snow Depth Derived from Passive Microwave Remote-sensing Data in China[J]. Annals of Glaciology, 49：145-154.

Constanza R, D'arge R, De Groot R, et al., 1997. The Value of the World's Ecosystem Services and Natural Capital[J]. Nature, (387)：253-260.

Daily G C, Polasky S, Goldstein J, et al., 2009. Ecosystem services in decision making：Time to deliver[J]. Frontiers in Ecology and the Environment, 7：21-28.

Dai L, Li S, Lewis B J, et al., 2019. The Influence of Land Use Change on the Spatial-Temporal Variability of Habitat Quality between 1990 and 2010 in Northeast China[J]. Journal of Forestry Research, 30：2227-2236.

Daily G, 1997. Nature'sServices：Societal Dependence on Natural Ecosystems[M]. Island Press.

De Groot R, Wilson M A, Boumansr R M J, 2002. ATypology for the Classification, Description and Valuation of Ecosystem Functions, Goods and Services[J]. Ecological Economics, 41

(3): 393-408.

Egoh B, Reyers B, Rouget M, et al., 2008. Mapping Ecosystem Services for Planning and Management[J]. Agriculture, Ecosystems & Environment, 127(1-2): 135-140.

Ehrlich P, Ehrlich A, 1981. Extinction: The Causes and Consequences of the Disappearance of Species[M]. New York: Random House.

Fryrear D W, Chen W N, Lester C, 2001. Revised Wind Erosion Equation[J]. Annals of Arid Zone, 40(3): 265-279.

Fu B, Liu Y, Lü Y, et al., 2011. Assessing the Soil Erosion Control Service of Ecosystems Change in the Loess Plateau of China[J]. Ecological Complexity, 8(4): 284-293.

Gong G, Liu J, Shao Q, et al., 2014. Sand-Fixing Function under the Change of Vegetation Coverage in a Wind Erosion Area in Northern China[J]. Journal of Resources and Ecology, 5(2): 105-114.

González-García A, Palomo I, González J A, et al., 2020. Quantifying Spatial Supply-demand Mismatches in Ecosystem Services Provides Insights for Land-use Planning[J]. Land Use Policy, 94: 104493.

Helm A, Oja T, Saar L, et al., 2009. Human Influence Lowers Plant Genetic Diversity in Communities with Extinction Debt[J]. Journal of Ecology, 97(6): 1329-1336.

Hein L, Koppen K V, Groot R S D, et al., 2006. Spatial Scales, Stakeholders and the Valuation of Ecosystem Services[J]. Ecological Economics, 57(2): 209-228.

Holdren J, Ehrlich P, 1974. Human Population and the Global Environment[J]. American Science, 62: 282-292.

Honigova I, Vackar D, Lorencova E, et al., 2012. Survey on Grassland Ecosystem Services [R]. Report to the EEA-European Topic Centre on Biological Diversity. Prague: Nature Conservation Agency of the Czech Republic.

Jenkins W A, Murray B C, Kramer R A, et al., 2010. Valuing Ecosystem Services from Wetlands Restoration in the Mississippi Alluvial Valley[J]. Ecological Economics, 69(5): 1051-1061.

Lamarque P, Tappeiner U, Turner C, et al., 2011. Stakeholder Perceptions of Grassland Ecosystem Services in Relation to Knowledge on Soil Fertility and Biodiversity[J]. Regional Environmental Change, 11(4): 791-804.

Lautenbach S, Kugel C, Lausch A, et al., 2011. Analysis of Historic Changes in Regional Ecosystem Service Provisioning Using Land Use Data [J]. Ecological Indicators, 11 (2): 676-687.

Leh M D K, Matlock M D, Cummings E C, et al., 2013. Quantifying and Mapping Multiple Ecosystem Services Change in West Africa[J]. Agriculture, Ecosystems & Environment, 165: 6-18.

Liu J, Qi Y, Shi H, et al. , 2008. Estimation of Wind Erosion Rates by Using Cs-137 Tracing Technique: A Case Study in Tariat-Xilin Gol Transect, Mongolian Plateau[J]. Chinese Science Bulletin, 53(5): 751-758.

Martinez-Estevez L, Balvanera P, Pacheco J, et al. , 2013. Prairie Dog Decline Reduces the Supply of Ecosystem Services and Leads to Desertification of Semiarid Grasslands. PLoS ONE, 8(10): e75229.

MEA (Millennium Ecosystem Assessment), 2001. MillenniumEcosystem Assessment: Frameworks[M]. Washington D C: World Resources Institute.

MEA, 2005. Ecosystems and Human Well-being: Current State and Trends[M]. Washington, DC: Island Press.

Nelson E, Mendoza G, Regetz J, et al. , 2009. Modeling Multiple Ecosystem Services, Biodiversity Conservation, Commodity Production, and Tradeoffs at Landscape Scales[J]. Frontiers in Ecology and the Environment, 7(1): 4-11.

Oro L A D, Colazo J C, Buschiazzo D E, 2016. RWEQ-WindErosion Predictions for Variable Soil Roughness Conditions[J]. Aeolian Research, 20: 139-146.

Pan Y, Wu J, Xu Z, 2014. Analysis of theTradeoffs between Provisioning and Regulating Services from the Perspective of Varied Share of Net Primary Production in an Alpine Grassland Ecosystem[J]. Ecological Complexity, 17: 79-86.

Parton W J, Scurlock J M O, Ojima D S, et al. , 1995. Impact of Climate Change on Grassland Production and Soil Carbon Worldwide[J]. Global Change Biology, 1(1): 13-22.

Peng S, Ding Y, Liu W, et al. , 2019. 1 km Monthly Temperature and Precipitation Dataset for China from 1901 to 2017[J]. Earth System Science Data, 11: 1931-1946.

Peng S, Ding Y, Wen Z, et al. , 2017. Spatiotemporal Change and Trend Analysis of Potential Evapotranspiration Over the Loess Plateau of China during 2011—2100[J]. Agricultural and Forest Meteorology, 233: 183-194.

Petz K, Glenday J, Alkemade R, 2014. LandManagement Implications for Ecosystem Services in a South African Rangeland[J]. Ecological Indicators, 45: 692-703.

Piao S, Fang J, Zhou L, et al. , 2007. Changes in Biomass Carbon Stocks in China's Grasslands between 1982 and 1999[J]. Global Biogeochemical Cycles: 21.

Raudsepp-Hearne C, Peterson G D, Bennett E M, 2010. EcosystemService Bundles for Analyzing Tradeoffs in Diverse Landscapes[J]. Proceedings of the National Academy of Sciences of the United States of America, 107: 5242-5247.

Sala O E, Paruelo J M, 1997. Ecosystem services in grasslands. In: G. C. Daily (ed.), Nature"s Services: Societal Dependence on Natural Ecosystems [M]. Washington, DC: Island Press: 237-251.

Sherrouse B C, Semmens D J, 2015. Social Values for Ecosystem Services, version 3. 0 (SolVES 3. 0): Documentation and User Manual: U. S. [R] Geological Survey Open-File Report.

Silvertown J, 2015. HaveEcosystem Services been Oversold? [J] Trends in Ecology & Evolution, 30: 641-648.

Smit H J, Metzger M J, Ewert F, 2008. SpatialDistribution of Grassland Productivity and Land Use in Europe[J]. Agricultural Systems, 98(3): 208-219.

Study of Critical Environmental Problems, 1970. Man's Impact on the Global Environment [M]. Cambridge MA: MIT Press.

Su N, Zhao Y, Ding G, et al., 2022. Relationships between Key Dryland Ecosystem Services: A Case Study in Ordos, China[J]. Frontiers in Earth Science, 10: 937491.

Sutton P C, Costanza R, 2002. Global Estimates of Market and Non-market Values Derived from Nighttime Satellite Imagery, Land Cover, and Ecosystem Service Valuation[J]. Ecological Economics, 41(3): 509-527.

Tallis H, Ricketts T, Guerry A, et al.. 2013. InVEST 2. 5. 6 User's Guide[M]. Stanford: The Natural Capital Project.

Wen L, Dong S, Li Y, et al., 2013. Effect of Degradation Intensity on Grassland Ecosystem Services in the Alpine Region of Qinghai - Tibetan Plateau, China [J]. PLoS ONE, 8 (3): e58432.

Westman W E, 1977. How much are Nature's Service Worth? [J]. Science, 197: 960-964.

Wu J, 2013. LandscapeSustainability Science: Ecosystem Services and Human Well-being in Changing Landscapes[J]. Landscape Ecology, 28(6): 999-1023.

Xia J, Liu S, Liang S, et al., 2014. Spatio-temporal Patterns and Climate Variables Controlling of Biomass Carbon Stock of Global Grassland Ecosystems from 1982 to 2006[J]. Remote Sensing, 6(3): 1783-1802.

Zhai J, Liu R, Liu J, et al., 2014. Radiative Forcing over China Due to Albedo Change Caused by Land Cover Change during 1990—2010. Journal of Geographical Sciences, 24(5): 789-801.

Zhang L, Dawes W R, Walker G, 2001. R. Response of Mean Annual Evapotranspiration to Vegetation Changes at Catch-ment Scale[J]. Water Resource Research, 37(3): 701-708.

Zhang L, Hickel K, Dawes W, et al., 2004. A Rational Function Approach for Estimating Mean Annual Evapotranspiration[J]. Water Resources Research, 40(2).

Zhang M A, Borjigin E, Zhang H P, 2007. MongolianNomadic Culture and Ecological Culture: on the Ecological Reconstruction in the Agro-pastoral Mosaic Zone in Northern China[J]. Ecological Economics, 62(1): 19-26.

Zhao Y, Liu Z, Wu J, 2020. GrasslandEcosystem Services: A Systematic Review of Research Advances and Future Directions[J]. Landscape Ecology, 35(4): 793-814.

第8章

京津风沙源治理工程区生态系统服务价值变化

生态系统服务价值是生态系统对人类价值的直接体现。尽管货币化方式受到许多生态学家和相关学者的质疑，但是，该类研究有利于提升人们对生态系统服务的认识程度，为生态建设效益评估与规划提供科学依据，仍具有重要的理论和实践意义。本章对传统价值系数法进行改进，在全区和典型区两个尺度上，评估了京津风沙源治理工程区生态系统服务价值动态。

8.1 引 言

8.1.1 生态系统服务价值的概念

生态系统服务价值是量化生态系统服务的最常用指标，是生态系统对人类价值的直接表现。水资源委员会（Committee on Water Resources）于 1951 年发表的报告《流域经济分析的实践建议》（Proposed Practices for Economic Analysis of River Basin Projects）第一次讨论了生态系统服务经济价值（Bingham et al.，1995）。生态系统服务价值评估的研究在接下来的几十年里一直不断地继续着（De Groot et al.，2002）。

20 世纪 90 年代初期，McNeely（1990）、Pearce（1995）等学者及 UNEP（1993）、OECD（1995）等组织机构对生态系统服务价值的分类进行了研究，奠定了生态系统服务价值分类的理论基础。Mc-Neely（1990）在《全球生态多样性保护》中将生态系统服务价值分为消耗性使用价值、生产性使用价值、非消耗性使用价值、选择价值和存在价值 5 类。UNEP（1993）在《生物多样性国情研究指南》中，从是否具有显著实物形式的角度将生物多样性的价值分为具有显著实物形式的直接价值和无显著实物形式的直接价值、间接价值、选择价值和消极价值。Pearce(1995)将环境价值分为使用价值和非使用价值两部分。其中，使用价值包括直接使用价值、间接使用价值和选择价值；非使用价值包括遗产价值和存在价值。OECD(1995)认为自然资本的总价值由直接使用价值(可直接消费的产品，如食物、生物质、娱乐、健康等)、间接使用价值(功能效益，如生态功能、防洪等)、选择价值(将来的直接或间接使用价值，如生物多样性)、遗传价值(为后代保留使用价值和准使用价值的价值，如生境)和存在价值(认识到继续存在的价值，如生境、濒危物种等)构成，基本沿用了 Pearce 的分类方法，但其认为选择价值既可以划分在使用价值中，也可以划分在非使用价值中。

1997 年，Costanza 等人在研究和整合国际上已经发表的关于生态系统服务价值评估的方法、文献、公开研究和一些原始计算结果的基础上，在 Nature 上发表题为《The value of the world's ecosystem services and natural capital》的文章，将全球生物圈划分为生物群落和气体调节、气候调节、水调节、水供给、控制侵蚀和土壤保持、土壤形成、养分循环、废物处理、生物传粉、生物控制、提供栖息地、食物生产、原料生产、基因资源供给、休闲和文化等16 项生态系统服务，并估算出了全球生态系统服务的经济价值。自此之后，大量围绕生态系统服务价值评估的研究得到开展。

2005 年，联合国发布千年生态系统评估(Millennium Ecosystem Assessment, MEA)项目报告，全面系统地从多个尺度对全球生态系统服务及其对人类福祉的影响进行了评估，把生态系统服务研究推向高潮。生态系统服务价值评估通过对区域生态系统服务的定量研究，将生态系统服务价值化、市场化，尽管该货币化方式受到许多生态学家和相关学者的质疑(Silvertown, 2015)，但该类研究有利于提升人们对生态系统服务的认识程度，为生态功能区的划分和生态建设效益评估与规划提供科学依据，仍具有重要的理论和实践意义。

8.1.2 生态系统服务价值评估方法和主要进展

随着对生态系统服务及其价值认识的不断深入，很多学者对生态系统服务价值的评估进行了系统的研究和综述(李文华，2008；殷楠等，2021；Jiang W et al.，2021)。与一般商品价值评估不同，自然生态系统的生态服务价值不能简单地只通过商品市场进行货币化，对其定价需视情况而定且方法多样。食品、原材料供应等生态系统服务的价值可通过市场交易来确定，即根据市场价格来计算其价值，货币化计量方法较容易，但大部分的自然生态系统的生态服务功能由于不能在市场上进行交易，没有相应的市场价格，进行货币化计量较困难，如生态系统的固碳释氧价值、生物多样性维持价值等，对这类生态系统服务价值的评估需要其他的方法。

　　生态系统服务价值的评估方法及应用一直以来都是研究的热点。国内外相关评估方法有很多，可以概括为价值量评估法、能值分析法和动态建模评估法等。价值量评估法主要基于经济学和计量学方法，将生态系统提供的服务或产品转化成可以直接进行对比的货币价值，从而实现不同生态系统之间或者同一生态系统的不同服务之间的对比，常用方法主要包括直接市场法、替代市场法和模拟市场法（殷楠等，2021）。在价值评估中往往不会采用单一的评估方法，而是综合采用多种方法对生态系统的不同生态服务价值进行评价（图 8-1），这也会导致评价结果可比性大大下降。能值分析法以能量系统学为理论基础，通过能值转化率将生态系统中各种形式的能量或物质转化成可以进行统一比较的能值，避免了其他转换方法存在标准不一致的问题，但是计算过程较为复杂，加之与人类经济过程相关性较弱，推广和应用受到一定的限制（李凯等，2016）。随着生态系统服务价值评估研究的深入，很多针对动态评估的综合模型得到开发与应用，常用评估模型主要有 InVEST（Integrated Valuation of Ecosystem Services and Tradeoffs）模型（Tallis et al.，2013）、SolVES（Social Values for Ecosystem Services）模型（Sherrouse and Semmens，2015）、ARIES（Artificial Intelligence for Ecosystem Services）模型（Bagstad et al.，2011）等。这些模型能够兼顾生态系统服务内在机制，同时还能相对准确地评估生态系统的服务水平，但是可能对区域经济发展水平、生态资源稀缺性等因素考虑不足，且模型的运行需要大量的参数，导致评估结果也存在一定的不确定性（赵鸿雁等，2020）。

　　Costanza 等（1997）对全球生态系统服务价值进行了全面初步评估研究，首次得出全球生态系统服务价值平均每年约为 33 亿美元，这一研究拉开了生态系统服务价值研究的序幕。之后，生态系统服务价值评估在中国得到了广泛的研究，学者们在不同尺度上，针对不同的生态系统类型开始了对生态系统服务价值的探讨。欧阳志云等（1999a；b；2000）在中国首次采用价值系数法，从有机物质的生产、维持大气 CO_2 和 O_2 的平衡、营养物质的循环和储存、水土保持、涵养水源、生态系统对环境污染的净化作用六个方面对中国陆地生态系统服务功能的价值进行了估算，得出其总经济价值为 30.488 万亿元/a，并对相关研究的方法进行了系统的介绍。随后，学者们针对森林、草

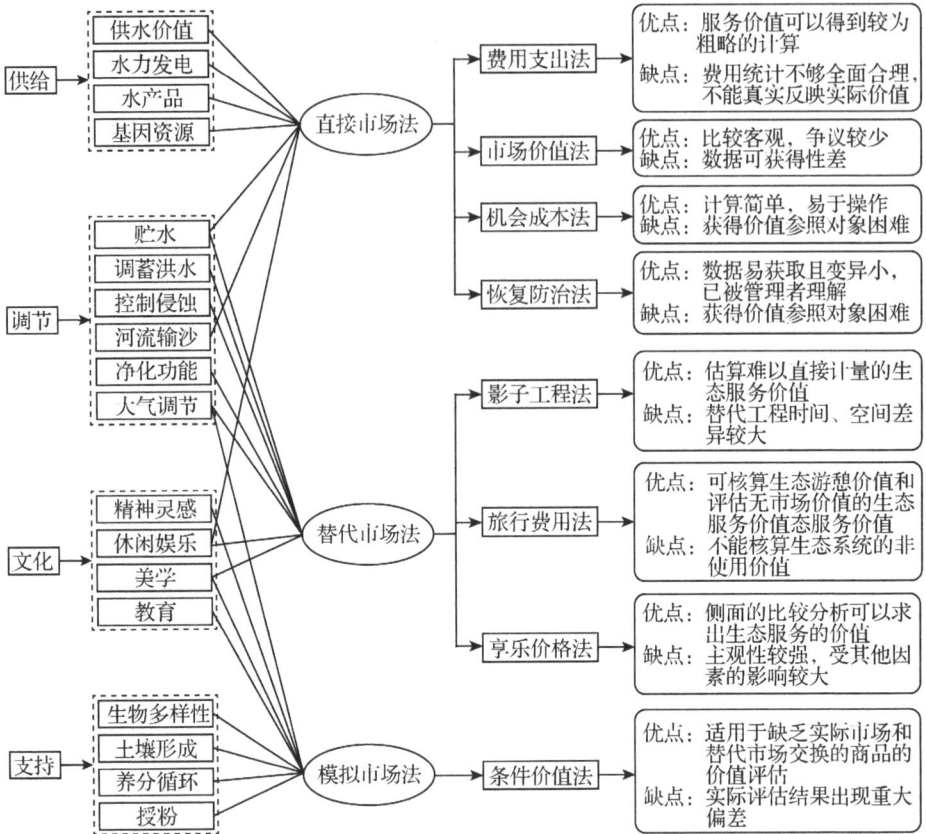

图 8-1 直接市场法评估生态系统服务价值

地和海洋等生态系统进行了进一步的探索(丁易,2003;谢高地等,2001;徐丛春和韩增林,2003)。谢高地等(2003)又不断对该方法进行了修订,通过对200 名生态学家进行调查,对 Costanza 等人的研究成果进行修正,结合中国的生态系统实际情况,构建了中国生态系统服务当量因子表,并估算了青藏高原的生态系统服务价值。之后,谢高地等(2008)对 700 位具有生态学背景的专业人员进行问卷调查,得出了新的生态系统服务评估单价体系,使生态系统服务单价体系与基于物质量估算的生态系统服务价值之间具有较好的可比性。谢高地等(2015)又发表了文章《基于单位面积价值当量因子的生态系统服务价值化方法改进》,对 1 个标准当量因子的计算方法进行了改进,改进方法是对粮食数据进行了细化(将平均粮食单产细化为稻谷、小麦、玉米的播种面积),并将基于粮食数据计算得到的 1 个标准当量因子应用于各土地利用/覆盖类型生态系统服务价值的计算。此后，王丰岐等（2021）又在借鉴国内外先进学术理论和方法的基础上，建立了适用中国区域的自然资源价值评估方法，包括总体收益、经济收益、生态收益计算方法和 15 个生态服务价值量的核算模型。这些成果得到学者的广泛应用，如赵景柱等（2003）对包括中国在内的 13 个国家进行了生态系统服务价值测算；王宗明等（2004）估算了三江平原土地利用变化对生态系统服务价值的影响。此外，改进的当量因子在森林、草地、湿地、农田和海洋等生态系统也得到了广泛应用（池永宽等，2015；刘旭等，2015；殷莎等，2016；游惠明等，2019）。

综合现有方法发现，在区域范围内进行价值评估时，学者们大多只基于粮食数据对价值当量进行简单修正，对于植被覆盖度的差异未予以考虑，这会使生态系统服务价值无法反映真实情况，影响评估的客观性。

8.1.3　工程区生态系统服务价值

京津风沙源治理工程区生态系统服务价值也不断得到关注，但研究仍主要在亚区尺度上开展。例如，高新中等（2010）结合生物量因子等校正，对京津风沙源治理工程草地建设项目所涉及的山西省草地生态系统的服务价值进行评估，结果发现治理工程中建植或恢复的草地植被，能够为 13 个县区每年带来（0.75~2.49）×10^8 元的生态系统服务价值，其中，废物处理和土壤形成与保护的价值贡献最大，占比均在 22% 以上，食物生产、气候调节和生物多样性保护次之，占比在 10% 以上，而水源涵养和气体调节等价值占比不足 10%。康瑞斌（2014）评估了山西省大同县京津风沙源治理一期工程带来的生态系统服务价值，结果表明治理工程对区域生态改善发挥了重要作用，调节服务价值占比高达 60%，其次为支持服务（34.2%），供给服务价值占比最低（5.5%）。

综上可以看出，区域尺度的生态系统服务价值评估的相关研究鲜有报道。不同亚区生态系统本身的多样性决定了生态系统服务的类型和强度的空间差异性，从而使各个亚区生态系统服务价值特征呈现空间异质性，而现有的相关研究多为零散的局部研究，无法从宏观角度上体现出京津风沙源治理工程区生态系统服务价值变化的空间异质性。

8.1.4　研究目标

本章在京津风沙源治理工程区和典型区鄂尔多斯市两个尺度上开展生态系统服务价值评估与动态分析研究（图 8-1）。针对当前价值系数法在评估草地和沙地等生态系统服务价值中存在的不足，提出了基于植被盖度的价值系数调整方法；分析了 1990—2018 年全区和鄂尔多斯市生态系统服务价值的时空格局特征，并讨论了系数调整的影响和过去土地利用/覆盖变化对生态系统服务价值的影响。

8.2 研究方法

8.2.1 研究区

京津风沙源治理工程区概况详见第二章。典型区选择鄂尔多斯市，该市地处内蒙古自治区西南部（37°35′~40°51′N、106°42′~111°27′E），总面积 8.67 万 km²。区域西北高、东南低，北部为黄河冲积平原区，东部为丘陵沟壑区，西部为波状高原区，中部为库布齐沙漠，南部为毛乌素沙地（彩图 21）。区域属温带大陆性气候，气候干旱，东部地区降水量平均在 300~400mm，西部地区降水量在 190~300mm，年蒸发量高达 2000~3000mm，年平均气温在 5.3~8.7℃，风速为 2.7~3.7m/s，年大风日数约 40d。该区所处位置既是半干旱向干旱过渡区、风沙高原向黄土高原过渡区，也是农牧交错区，库布齐沙漠和毛乌素沙地占总面积的 49%，这导致该区受风蚀影响非常严重，加之资源开采破坏地表覆盖，使得风蚀导致的土地荒漠化加剧。土地荒漠化、沙尘暴、水土流失、草场退化、资源开发等问题让该区生态系统非常脆弱。

鄂尔多斯市 70% 地表下埋藏着煤炭资源，其 80% 的 GDP 来源于煤炭开采，是典型的资源型城市（董天等，2019）。2018 年，鄂尔多斯市 GDP 为 3763.2 亿元，占内蒙古自治区 GDP 的 1/5；人均 GDP 为 18.19 万元，位于内蒙古自治区第一。区域进行煤炭资源开发的同时，也注重生态环境的保护。同时实施"两个双百万"、"五区"绿化、禁牧、天然林保护工程、三北防护林工程、建立生态自然恢复区等生态建设保护措施。目前，已形成了较为成熟的沙地和沙漠治理模式，荒漠化实现了由严重恶化到整体遏制的历史性转变。

8.2.2 数据来源

本研究使用的数据包括京津风沙源治理工程区和鄂尔多斯市两个尺度上的 1990 年、2000 年、2010 年、2018 年土地利用/覆盖、植被 NDVI 和社会经济统计数据等。

土地利用/覆盖数据来源于中国科学院资源环境科学与数据中心（http://www.resdc.cn），比例尺为 1∶100000，包括 6 个一级类和 25 个二级类，一级类型综合评价精度达到 94.3% 以上，二级类型分类综合精度达 91.2% 以上（刘纪远等，2018）。为了更准确地反映草地所提供的生态系统服务价值，故在进行生态系统服务价值计算时，将草地细分为高覆盖度草地、中覆盖度草地、低覆盖度草地 3 类，进行价值系数的调整。

NDVI 数据来源于美国国家航空航天局网站（https：//ecocast. arc. nasa. gov）提供的 1990—2018 年时间序列数据，其中 1990 年 1 月至 2000 年 12 月的数据来自全球库存监测与建模系统（Global Inventory Monitoring and Modeling System，GIMMS），空间分辨率为 8km，时间分辨率为 15 天；2001 年 1 月至 2018 年 12 月的数据为中分辨率成像光谱仪产品（Moderate-resolution Imaging Spectroradiometer，MODIS），空间分辨率为 250m，时间分辨率为 16 天。将 NDVI 数据采用最大值合成方法进行处理和合成，得到年度 NDVI 数据（Holben，1986）。为了消除传感器和波距之间的绝对差异，利用像元二分模型进一步计算植被覆盖度（Gutman and Ignatov，1998）。

社会经济统计数据包括稻谷、小麦、玉米的播种面积、单产及单位面积净利润，数据来源为《国家统计局关于粮食产量的公告》及《全国农产品成本收益资料汇编》；鄂尔多斯市粮食产量数据来自政府网站文件《鄂尔多斯市国民经济和社会发展统计公报》；行政区划数据采用国家基础地理信息中心所提供的 1：100 万比例尺数据。

8.2.3　生态系统服务价值评估

参考 Costanza 等（1997）和谢高地等（2003）的研究，生态系统服务价值计算公式如下：

$$\mathrm{ESV} = \sum_{j=1}^{n} (\mathrm{VC}_j \times A_j) \tag{8-1}$$

$$\mathrm{ESV}_S = \mathrm{VC}_{js} \times A_j \tag{8-2}$$

其中，ESV 为研究区自然生态系统所能提供的服务价值（元）；VC_j 为第 j 类土地利用类型或不同亚类草地单位面积生态服务价值系数（元/ hm^2）；A_j 为不同土地利用/覆盖类型或不同亚类草地的面积。ESV_S 为单项生态系统服务价值（元），VC_{js} 为单项生态系统服务价值系数（元/ hm^2）。1 个标准当量因子的生态系统服务价值量（元/hm^2）参考谢高地等（2015）确定，为 3406.5 元/hm^2。

京津风沙源治理工程区区域跨度大，生态系统类型多样。因此，在表 8-1 的基础上，本研究在区域尺度和鄂尔多斯尺度上分别对单位面积生态系统服务价值当量进行修正。研究表明，生态系统服务价值与该生态系统的生物量有密切关系，生物量越大，生态系统服务价值越高，同时生物量和植被盖度

表 8-1　中国陆地生态系统单位面积生态系统服务价值当量表

	森　林	草　地	农　田	湿　地	水　体	荒　漠
气体调节	3.5	0.8	0.5	1.8	0	0
气候调节	2.7	0.9	0.89	17.1	0.46	0
水源涵养	3.2	0.8	0.6	15.5	20.38	0.03
土壤形成与保护	3.9	1.95	1.46	1.71	0.01	0.02
废物处理	1.31	1.31	1.64	18.18	18.18	0.01
生物多样性保护	3.26	1.09	0.71	2.5	2.49	0.34
食物生产	0.1	0.3	1	0.3	0.1	0.01
原材料	2.6	0.05	0.1	0.07	0.01	0
娱乐文化	1.28	0.04	0.01	5.55	4.34	0.01

密切相关（谢高地等，2003；王希义等，2019）。在区域尺度上，本研究依据植被盖度对草地和沙地的价值当量进行了修正，将草地分为低覆盖度草地（覆盖度<20%的天然草地）、中覆盖度草地（覆盖度在 20%~50% 的天然草地和改良草地）和高覆盖度草地（覆盖度>50% 的天然草地、改良草地和割草地）；对于沙地，由于植被盖度阈值 20% 对于局地土壤侵蚀和生态系统功能具有重要意义（董治宝，1996），因此，沙地按植被覆盖情况分为两类，包括高流动性沙地（>20%）和低流动性沙地（<20%）。在典型区域尺度上，根据鄂尔多斯地表覆盖特征，本研究一方面，对草地按上述标准进行了细分；同时，将林地分为有林地（郁闭度>30% 的天然林和人工林）、灌木林（郁闭度>40%、高度在 2m 以下的矮林地和灌丛林地）、疏林地（郁闭度为 10%~30% 的林地）和其他林地（未成林造林地、迹地、苗圃及各类园地），结合中国不同亚类草地、林地类型上植被平均覆盖度与草地、林地总体平均植被覆盖度的比值，来计算修正因子。计算方法如下。

$$E_{ni}=E_i \times C_i \tag{8-3}$$

$$C_i=N_i/\overline{N} \tag{8-4}$$

其中，E_{ni} 表示草地/林地/沙地生态系统第 i 个亚类的生态系统服务 n（气候调节、水源涵养、土壤形成与保护等 9 项服务功能）的单位面积价值当量因子；E_i 表示"中国生态系统单位面积生态系统服务价值当量表"中生态系统服务 n 的当量因子；C_i 为草地/林地/沙地第 i 个亚类的修正系数；N_i 为各生态系统亚类 i 在中国范围内的平均植被覆盖度；$\overline{N}$ 为中国该类生态系统的平均植被覆盖度。基于此，京津风沙源治理工程区各土地利用/覆盖类型的单位面积生态系统服务价值表如表 8-2。

表 8-2　京津风沙源治理工程区各土地利用/覆盖类型单位面积生态系统服务价值表（元/hm²）

生态系统服务	森林	草地			农田	水域	沙地	
		高覆盖	中覆盖	低覆盖			高流动性	低流动性
气体调节	14716	8142	5110	2112	2453	1737	238	102
气候调节	13864	8448	5314	2180	3304	7017	545	238
水源涵养	13933	8244	5178	2112	2623	63940	307	136
土壤保持	13694	12127	7631	3134	5008	1397	715	307
废物处理	5859	7154	4497	1840	4735	50587	1090	477
生物多样性保护	15363	10117	6370	2623	3475	11684	1669	749
食物生产	1124	2316	1465	613	3407	1805	68	34
原材料生产	10151	1942	1226	511	1329	1192	170	68
娱乐文化	7086	4701	2964	1226	579	15125	1022	443

在典型区尺度上，本研究进一步对 1 个标准当量因子的生态系统服务价值 D_0 进行修订，修订公式为：

$$D_0 = \varphi \times D \tag{8-5}$$

其中，D_0 为鄂尔多斯市 1 个当量因子的生态系统服务价值量（元/hm²），D 表示 1 个标准当量因子的生态系统服务价值量（元/hm²），φ 为鄂尔多斯市修订系数，计算方法为，

$$\varphi = \frac{Q}{Q_0} \tag{8-6}$$

其中，φ 为鄂尔多斯市修订系数，Q 为 1990—2018 年鄂尔多斯市平均粮食单产，Q_0 为 1990—2018 年全国平均粮食单产。最终计算得到鄂尔多斯市一个当量因子的价值为 4172.76 元/hm²。

在修正的当量因子基础上，计算得到鄂尔多斯市各土地利用/覆盖类型的单位面积生态系统服务价值（表 8-3）。

表 8-3　鄂尔多斯市各土地利用/覆盖类型单位面积生态系统服务价值表（元/hm²）

生态系统服务	耕地	草地			林地				水域	未利用土地
		低覆盖	中覆盖	高覆盖	有林地	灌木林	疏林地	其他林地		
气体调节	2086	2267	3500	4149	16404	13934	13405	12700	0	0
气候调节	3714	2550	3938	4668	12654	10749	10341	9797	1919	0
水源涵养	2504	2267	3500	4149	14998	12740	12256	11611	85041	125
土壤保持	6092	5526	8532	10114	18279	15527	14937	14151	42	83
废物处理	6843	3712	5732	6794	6140	5215	5017	4753	75861	42
生物多样性保护	2963	3089	4769	5653	15279	12979	12486	11829	10390	1419
食物生产	4173	850	1313	1556	469	398	383	363	417	42
原材料生产	417	142	219	259	12186	10351	9958	9434	42	0
娱乐文化	42	113	175	207	5999	5096	4902	4644	18110	42

8.2.4　数据分析

　　基于修正的价值系数，本研究计算了全区和鄂尔多斯市的生态系统服务价值。在两个尺度上，本研究分别将区域划分为 10km×10km 和 5km×5km 的网格单元，进行生态系统服务价值的空间分布制图和生态系统服务价值变化的热点分析，以了解区域生态系统服务价值格局特征。具体地，运用空间自相关 Moran I 指数来分析生态系统服务价值的聚类情况，Moran $I>0$ 说明数据呈现了空间正相关的表征（Kelejian and Prucha，2001）。Z 得分表示标准差的倍数，P 值表示概率，一般情况下 $P<0.1$ 认为结果可靠。进一步，采用热点分析 Getis-Ord G_i 描绘网格单元的 ESV 值在空间上的聚集程度，采用热点分析的方法得到热点图来直观地反映高值（热点）和低值（冷点）的聚集情况（Getis and Ord，1992）。本研究空间分析均在 ArcGIS 10.3 平台进行。

8.3　区域生态系统服务价值

8.3.1　区域生态系统服务价值变化

　　区域草地对生态系统服务价值的贡献最大。2018 年，京津风沙源治理工程区生态系统服务总价值为 34973.66 亿元，其中，草地生态系统服务总价值为 22458.71 亿元，占 2018 年区域总价值的 64.22%；其次是森林和农田生态系统，其服务价值分别为 7315.39 亿元、3349.75 亿元，占 2018 年区域服务总价值的 20.92%、9.58%（表 8-4）。

表 8-4　京津风沙源治理工程区各类土地利用/覆盖生态系统服务价值变化

| 生态系统服务价值 | 年 份 | 森 林 | 草 地 | | | 农田 | 水域 | 沙 地 | | 总计 |
			高覆盖	中覆盖	低覆盖			高流动性	低流动性	
ESV（亿元）	1990	6387.25	8449.63	10390.41	827.84	3315.51	1714.54	185.40	47.87	31318.45
	2000	6405.30	5644.79	11729.61	946.75	3368.87	1789.86	163.73	48.40	30097.31
	2010	7235.87	5540.25	10176.80	1335.99	3374.98	1600.82	190.61	42.77	29498.09
	2018	7315.39	20438.16	1540.79	479.76	3349.75	1667.06	127.18	55.57	34973.66
贡献率（%）	1990	20.39	26.98	33.18	2.64	10.59	5.47	0.59	0.15	100.00
	2000	21.28	18.76	38.97	3.15	11.19	5.95	0.54	0.16	100.00
	2010	24.53	18.78	34.50	4.53	11.44	5.43	0.65	0.14	100.00
	2018	20.92	58.44	4.41	1.37	9.58	4.77	0.36	0.16	100.00
变化量（亿元）	1990—2000	18.05	−2804.84	1339.20	118.91	53.36	75.32	−21.67	0.53	−1221.14
	2000—2010	830.57	−104.54	−1552.81	389.24	6.11	−189.04	26.88	−5.63	−599.22
	2010—2018	79.52	14897.91	−8636.01	−856.23	−25.23	66.24	−63.43	12.80	5475.57
	1990—2018	928.14	11988.53	−8849.62	−348.08	34.24	−47.48	−58.22	7.70	3655.21
变化率（%）	1990—2000	0.28	−33.19	12.89	14.36	1.61	4.39	−11.69	1.11	−3.90
	2000—2010	12.97	−1.85	−13.24	41.11	0.18	−10.56	16.42	−11.63	−1.99
	2010—2018	1.10	268.90	−84.86	−64.09	−0.75	4.14	−33.28	29.93	18.56
	1990—2018	14.53	141.88	−85.17	−42.05	1.03	−2.77	−31.40	16.09	11.67

1990—2018 年，区域生态系统服务价值总体呈先减少后增加的趋势，各个时段和不同地类之间存在差异。1990—2000 年，区域生态系统服务价值减少了 1221.14 亿元，是 1990 年区域生态系统服务总价值的 3.90%；在八类生态系统服务价值量中，高覆盖度草地生态系统服务价值减少量最大，为2804.84 亿元，占 1990 年区域生态系统服务总价值的 8.96%；其次为高流动性沙地，减少了 21.67 亿元，占 1990 年区域生态系统服务总价值的 0.07%；与此同时，其他生态系统服务价值均呈增加状态，其中，中覆盖度草地增加量最大，为 1339.20 亿元，占 1990 年区域生态系统服务总价值的 4.28%；其次是低覆盖度草地，为 118.91 亿元，占 1990 年区域生态系统服务总价值

的 0.38%。

2000—2010 年，区域生态系统服务价值减少了 599.22 亿元，占 2000 年区域生态系统服务总价值的 1.99%。在八类生态系统服务价值量中，中覆盖度草地生态系统服务价值减少量最大，为 1552.81 亿元，占 2000 年区域生态系统服务总价值的 5.16%；其次为水域和高覆盖度草地，其服务价值共计减少了 293.58 亿元，占 2000 年区域生态系统服务总价值的 0.98%；而森林、低覆盖度草地、高流动性沙地和农田生态系统服务价值呈增加状态，其中，森林生态系统服务价值的增加量最大，为 830.57 亿元，占 2000 年区域生态系统服务总价值的 2.76%；其次是低覆盖度草地和高流动性沙地，其服务价值共计增加了 416.12 亿元，占 2000 年区域生态系统服务总价值的 1.38%。

2010—2018 年，区域生态系统服务价值增加了 5475.57 亿元，占 2010 年区域生态系统服务总价值的 18.56%。在八类生态系统服务价值量中，高覆盖度草地生态系统服务价值增加量最大，为 14897.91 亿元，占 2010 年区域生态系统服务总价值的 50.5%；其次为森林、水域和低流动性沙地，其服务价值共计增加了 158.56 亿元，占 2010 年区域生态系统服务总价值的 0.54%；其余各项生态系统服务价值均呈减少状态，其中，中覆盖度草地减少量最大，为 8636.01 亿元，占 2010 年区域生态系统服务总价值的 29.28%；其次是低覆盖度草地和高流动性沙地，其服务价值共计减少了 919.66 亿元，占 2010 年区域生态系统服务总价值的 3.12%。

8.3.2　区域生态系统服务价值空间分布

京津风沙源治理工程区生态系统服务价值总体上呈现东北高西南低的空间格局。2018 年，生态系统服务价值大于 720 万元/km² 的区域主要分布在燕山丘陵山地水源保护亚区和大兴安岭南部亚区；生态系统服务价值介于 600 万~720 万元/km² 的区域主要分布于典型草原中区和典型草原东区；生态系统服务价值介于 480 万~600 万元/km² 的主要分布在区域中部的浑善达克沙地；而区域生态系统服务价值不足 120 万元/km² 的主要位于区域西南部的黄河灌溉区、鄂尔多斯高原和巴彦淖尔市北部(彩图 22)。

区域生态系统服务价值变化的冷热点分布在不同时段内具有一定的差异。1990—2000 年，生态系统服务价值减少较为显著的区域(冷点)主要分布在农牧交错带西北部和科尔沁沙地南部(彩图 23)；生态系统服务价值显著增加的区域(热点)主要分布在鄂尔多斯高原东部及典型草原东区。2000—2010 年，生态系统服务价值减少较为显著的区域(冷点)主要分布在鄂尔多斯高原、浑善达克沙地、典型草原东区及燕山丘陵山地水源保护区南部；生态系统服务价值显著增加的区域（热点）主要分布在晋北山地丘陵区及典型草原中区。2010—2018 年，生态系统服务价值减少较为显著的区域（冷点）主要分布在典型草原西区及科尔沁沙地；生态系统服务价值显著增加的区域（热点）主要分布在大兴安岭南部区及鄂尔多斯高原。

8.4　典型区生态系统服务价值

8.4.1　鄂尔多斯市生态系统服务价值变化

鄂尔多斯市 2018 年生态系统服务价值为 2421.38 亿元，草地贡献了 65% 以上（表 8-5）。1990—2018 年，区域生态系统服务价值先下降后上升，整体呈上升趋势。从 1990 年的 2312.24 亿元上升至 2018 年的 2421.38 亿元，上升了 109.14 亿元（4.72%）。各地类生态系统服务价值在不同时期也表现出一定差异，林地服务价值持续上升，29 年上升了 22.21 亿元（15.09%）；未利用土地服务价值先上升后下降，总体下降了 3.47 亿元（8.15%）；耕地服务价值持续下降了 6.03 亿元（4.52%）；草地服务价值先下降后上升，总体上升了 66.90 亿元（4.22%）。

表 8-5　鄂尔多斯市各土地利用/覆盖类型生态系统服务价值

土地利用类型	1990 年		2000 年		2010 年		2018 年	
	ESV（×10^8 元）	占比（%）	ESV（×10^8 元）	占比（%）	ESV（×10^8 元）	占比（%）	ESV（×10^8 元）	占比（%）
耕　　地	133.39	5.77	130.82	5.71	130.76	5.63	127.36	5.26
有林地	73.32	3.17	78.24	3.42	91.96	3.96	96.57	3.99
灌木林	41.93	1.81	44.10	1.93	44.37	1.91	39.75	1.64
疏林地	28.37	1.23	28.87	1.26	26.11	1.12	31.72	1.31
其他林地	3.49	0.15	3.88	0.17	3.49	0.15	1.27	0.05
水　　域	404.17	17.48	409.73	17.88	397.45	17.11	433.71	17.91
未利用地	42.57	1.84	43.22	1.89	41.38	1.78	39.10	1.61
低覆盖度草地	341.76	14.78	366.27	15.99	342.02	14.72	339.72	14.03
中覆盖度草地	721.69	31.21	718.24	31.35	862.81	37.14	860.85	35.55
高覆盖度草地	521.55	22.56	467.58	20.41	382.53	16.47	451.33	18.64
合　　计	2312.24	100.00	2290.96	100.00	2322.87	100.00	2421.38	100.00

8.4.2 鄂尔多斯市生态系统服务价值空间分布

区域生态系统服务价值低值区集中分布在库布齐沙漠和毛乌素沙地,其他区域相对较高(彩图 24)。东北部达拉特旗—东胜区—伊金霍洛旗—准格尔旗一带生态系统服务价值主要集中在 360 万~480 万元/km²,西南部鄂托克旗-鄂托克前旗一带生态系统服务价值以 240 万~360 万元/km² 为主。位于鄂尔多斯市西北和东南部的杭锦旗和乌审旗生态系统服务价值基本小于 240 万元/km²。

区域生态系统服务价值具有较强的空间相关性,1990、2000、2010 和 2018 年的 Moran I 指数分别为 0.486、0.489、0.513 和 0.469($Z > 2.58$,$P<0.01$)。1990—2000 年,生态系统服务价值减少较为显著的区域(冷点)主要分布在乌审旗、鄂托克前旗和杭锦旗中部(彩图 25);生态系统服务价值显著增加的区域(热点)主要分布在杭锦旗西北部、东胜区及周边区域。2000—2010 年,生态系统服务价值减少较为显著的区域(冷点)主要分布在杭锦旗北部及乌审旗;生态系统服务价值显著增加的区域(热点)主要分布在伊金霍洛旗和杭锦旗南部。2010—2018 年,生态系统服务价值减少较为显著的区域(冷点)主要分布在达拉特旗—东胜区—伊金霍洛旗一带;生态系统服务价值显著增加的区域(热点)主要分布在杭锦旗—鄂托克旗—鄂托克前旗一带。

8.5 讨 论

8.5.1 单位面积生态系统服务价值当量系数调整的必要性

生态系统服务价值的评估方法主要分为两类,一类是基于单位服务功能价格法,另一类是基于单位面积的价值当量法(郭椿阳等,2019)。价格法所需参数较多、计算相对复杂;而价值当量法更为直观,数据需求相对较小,适用于区域及全球尺度的生态系统服务价值评估(谢高地等,2015)。在使用价值当量法进行价值评估的研究中,学者主要基于粮食数据对 1 个标准当量因子的生态系统服务价值量进行本土化修正,并未考虑草地、林地植被覆盖度的渐变特征(高星等,2021;张杰等,2021)。为提高评估的准确性,本研究在对 1 个标准当量因子的价值量进行本土化修正的同时,基于植被覆盖度对"中国生态系统单位面积生态服务价值当量表"中草地、林地和沙地的当量系数进行本土化修正。

在两个尺度上分别对比系数修订前后的评估结果。在区域尺度上,两组系数的计算结果存在明显差异。依据（原系数）计算（谢高地等，2003），1990—2018 年，草地、沙地生态系统服务价值减少了 703.08 亿元、17.36 亿元，而修订后的结果表明同期草地生态系统服务价值增加了 2790.83 亿元、沙地生态系统服务价值减少了 50.52 亿元（表 8-6）。其主要原因是原系数对于区域土地覆盖不区分盖度差异。具体来看，1990—2018 年，草地总面积减少了 $2.24×10^4km^2$；若从内部覆盖度亚类来看，高覆盖度草地面积增加了 $18.97×10^4km^2$，中覆盖度草地和低覆盖度草地分别减少了 $22.26×10^4km^2$、$2.13×10^4km^2$。同期，沙地总面积减少了 $0.7×10^4km^2$；若从内部亚类来看，高流动性沙地面积减少了 $1×10^4 km^2$，而低流动性沙地增加了 $0.31×10^4km^2$。因此，造成了两种方法价值评估的差异，而系数修订前，忽略了这种地类内部渐变的情况。

系数调整也会明显影响鄂尔多斯市草地和林地生态系统服务价值评估结果（表 8-7）。系数调整后，林地服务价值在 1990 年、2000 年、2010 年和 2018 年较调整前分别增加了 4.42 亿元、3.56 亿元、7.64 亿元和 5.74 亿元；草地服务价值在同期较调整前分别减少了 26.08 亿元、47.91 亿元、46.86 亿元和 32.41 亿元。对林、草地进一步分析发现，29 年间灌木林和其他林地价值减少，有林地和疏林地价值增加；低、高覆盖度草地价值总体减少，中覆盖度草地价值增加。本研究在一定程度上提高了生态系统服务价值评估的客观性，并为草地、林地当量系数的修正提供了参考。但系数调整基于植被覆盖度的渐变特征进行，对于耕地、水域、未利用土地等植被覆盖度渐变特征不明显或无植被覆盖的土地利用/覆盖类型不适用，具有一定的局限性。

表 8-6　系数修订前后京津风沙源治理工程区草地和沙地生态系统服务价值对比

生态系统服务价值	年 份	草 地		沙 地	
		原系数	系数修订后	原系数	系数修订后
ESV	1990	16265.98	19667.88	223.72	233.27
	2000	16167.62	18321.15	219.12	212.13
	2010	15631.10	17053.04	212.78	233.38
	2018	15562.90	22458.71	206.36	182.75
变化量	1990—2000	−98.36	−1346.73	−4.6	−21.14
	2000—2010	−536.52	−1268.11	−6.34	21.25
	2010—2018	−68.20	5405.67	−6.42	−50.63
	1990—2018	−703.08	2790.83	−17.36	−50.52

表 8-7　系数修订前后鄂尔多斯市林地和草地生态系统服务价值对比

生态系统服务价值	年　份	草　地		林　地	
		原系数	系数修订后	原系数	系数修订后
ESV	1990	1611.08	1585	142.69	147.11
	2000	1600.48	1552.09	151.53	155.09
	2010	1634.22	1587.36	158.28	165.92
	2018	1684.31	1651.9	163.57	169.31
变化量	1990—2000	−10.6	−32.91	8.84	7.98
	2000—2010	33.74	35.27	6.75	10.83
	2010—2018	50.09	64.54	5.29	3.39
	1990—2018	73.23	66.9	20.88	22.2

8.5.2　区域人类活动对生态系统服务价值的影响

　　土地利用/覆盖类型变化和林草地盖度变化均会使得生态系统服务发生变化，进而影响生态系统服务价值。土地利用/覆盖类型的变化影响生态系统的能量交换、物质循环、土壤侵蚀与堆积等主要生态过程，从而改变生态系统服务的供给（傅伯杰和张立伟，2014）。例如，森林的调节与支持服务较高，而食物供给服务相对较低；农田的农产品供给服务较高，而调节、支持与文化服务相对较低（邹欣怡等，2021）。

　　在第三章土地利用/覆盖变化分析的基础上，本章进一步统计了其对生态系统服务价值的影响，结果发现（表 8-8），1990—2018 年，区域生态系统服务价值总体增加了 3655.21 亿元，其中，由土地利用/覆盖类型变化导致生态系统服务价值增加了 914.90 亿元，主要由草地恢复为森林贡献；同时，草地和沙地上植被盖度渐变导致的生态系统服务价值增加了 2740.31 亿元，主要是高覆盖度草地面积增加导致。总体来看，土地覆盖渐变导致的生态系统服务价值变化量更大。各个时间段也表现出类似的特征。1990—2000 年，生态系统服务价值总体减少了 221.14 亿元，其中，由土地利用/覆盖类型变化导致生态系统服务价值增加了 146.73 亿元；同时，土地覆盖渐变导致的生态系统服务价值减少了 1367.87 亿元，主要是高覆盖度草地退化使其服务价值减少了 2804.84 亿元，而中覆盖度和低覆盖度草地服务价值分别增加了 1339.20、118.91 亿元。2000—2010 年，生态系统服务价值总体减少了 599.22 亿元，其中，由土地利用/覆盖类型变化导致生态系统服务价值增加了

647.64 亿元；同时，土地覆盖渐变导致的生态系统服务价值减少了 1246.86
亿元。2010—2018 年，生态系统服务价值总体增加了 5475.57 亿元，其中，
由土地利用/覆盖类型变化导致生态系统服务价值增加了 120.53 亿元；而土
地覆盖渐变导致生态系统服务价值增加了 5355.04 亿元。

表 8-8　土地利用/覆盖变化导致的生态系统服务价值变化（亿元）

年　份	类型变化	土地覆盖渐变	净变化
1990—2000	146.73	−1367.87	−221.14
2000—2010	647.64	−1246.86	−599.22
2010—2018	120.53	5355.04	5475.57
1990—2018	914.90	2740.31	3655.21

鄂尔多斯市属于典型的资源型城市，自 2001 年撤盟改市以来，经济迅速
发展，大量的企业和个人向城市集中，涌入城市的人口直接推动了城镇和基
础设施的建设，加之国家西部大开发战略及 2014 年之后国家新型城镇规划的
不断推进，鄂尔多斯市城镇建设用地面积在 1990—2000 年、2000—2010 年、
2010—2018 年分别增加了 28km²、347km²、942km²，城镇化速度不断加快，
区域资源优势得到逐步释放。但与此同时，城镇建设用地的不断增加会使自
然植被遭到破坏、减少生物多样性、破坏土地结构稳定性（Jia et al.，2014），
并占用大量生态用地，导致土地沙化扩展速度加快，生态系统服务水平降低
（王莉雁等，2016）。1990—2018 年，鄂尔多斯市各土地利用/覆盖类型均有
被城镇建设用地占用的现象，其中草地、耕地和未利用土地是被占用的主要
类型。由此导致生态系统服务价值在 1990—2000 年、2000—2010 年和 2010—
2018 年分别丧失了 1.21 亿元、34.06 亿元和 57.30 亿元（表 8-9）。生态系统
服务的丧失会对人类福祉产生消极影响，并对区域生态安全构成直接威胁（傅
伯杰和张立伟，2014）。

生态恢复被认为是改善生态系统服务，应对环境退化的有效手段。为改
善区域生态环境，鄂尔多斯市相继实施了天然林保护工程（2001 年）、"三北"
防护林体系建设第四期工程（2001 年）、天然草原植被恢复和建设（2001 年）、
日元贷款项目（2001 年）、退耕还林工程（2001 年）和野生动植物保护及自然保
护区建设工程（2004 年）等国家重点生态建设工程。相关研究表明，生态工程
的实施使区域生态系统服务得到明显改善（Jia et al.，2014）。进一步研究发
现，鄂尔多斯市 2000 年以来退耕还林还草（耕地转为林地、草地）、草原植被

恢复(未利用地等其他地类转为草地)和造林工程(未利用地等其他地类转为林地)分别贡献了 17.3 亿元、77.86 亿元和 18.35 亿元,生态系统服务增量约为 113.53 亿元(表 8-10),大于同期城镇建设用地扩展带来的损失。

区域人类活动对生态系统服务的影响存在明显的空间异质性,冷热点分布广泛。1990—2000 年,生态系统服务价值区域显著变化的主要原因是草地与未利用土地之间的相互转化,如杭锦旗内的热点区即为未利用土地转化为草地(草原植被恢复)的区域,冷点区则是草地转化为未利用土地(草场退化)的区域。这与张彦儒等(2009)对鄂尔多斯市 1988—2000 年景观结构分析中的结论相吻合。2000—2010 年,生态系统服务价值变化显著的热点区主要为耕地转化为林地(退耕还林)、耕地转化为草地(退耕还草)和未利用土地转化为草地(草原植被恢复)的区域,冷点区主要分布在杭锦旗的库布齐沙漠和东部城区,主要原因是区域草地转化为未利用土地和城镇建设用地扩展占用其他地类。2010—2018 年,热点区主要为未利用土地转化为草地(草原植被恢复)的区域,冷点区则主要分布在作为市政府驻地的东胜区以及大型煤矿所在的东部区旗,原因是城镇建设用地扩展占用其他地类。

表 8-9　城镇建设用地扩展占用其他土地导致的生态系统服务价值变化

城镇扩展占用的土地类型	生态系统服务价值变化值(×10^8 元)		
	1990—2000 年	2000—2010 年	2010—2018 年
耕　地	−0.14	−6.14	−9.16
有林地	−0.09	−1.92	−4.68
灌木林	−0.05	−1.43	−2.26
疏林地	−0.04	−1.09	−1.33
其他林地	−0.01	−0.17	−0.18
水　域	−0.38	−7.92	−14.17
未利用土地	0.00	−0.26	−0.30
低覆盖度草地	−0.14	−4.01	−6.67
中覆盖度草地	−0.06	−6.77	−14.31
高覆盖度草地	−0.30	−4.35	−4.25
合　计	−1.21	−34.06	−57.30

表 8-10　生态建设过程中的生态系统服务价值变化

生态建设	生态系统服务价值变化值（×10^8 元）	
	2000—2010 年	2010—2018 年
退耕还林（耕地转为林地）	1.49	1.13
退耕还草（耕地转为草地）	5.27	9.41
草原植被恢复（其他地类转为草地）	30.80	47.08
造林工程（其他地类转为林地）	8.54	9.81
合　计	46.10	67.43

8.6　小　结

评估生态系统服务价值变化是量化生态工程效益最直接有效的方式之一。本章在京津风沙源治理工程区和鄂尔多斯市两个尺度上，通过改进生态系统服务价值当量因子，评估了 1990—2018 年区域生态系统服务价值的变化。研究结果表明，对生态系统服务价值当量系数进行调整，细化草地、林地和沙地等地类内部因生态系统质量造成的服务价值差异，对于客观评估区域生态系统服务价值是十分必要的；对于京津风沙源治理工程区，1990—2018 年，区域生态系统服务价值总体增加了 3655.21 亿元，增加主要发生在 2000—2018 年，工程实施后沙地面积缩减、林草地面积增加使得生态系统服务价值增加了 120.53 亿元，而土地覆盖渐变产生的增加值为 5355.04 亿元；对于鄂尔多斯市，同期区域生态系统服务总价值也经历了先下降后上升、总体上升的趋势，2000—2018 年，城镇建设用地通过占用生态生产用地导致生态系统服务价值损失约 91.36 亿元，但同时退耕还林和林草恢复等措施使得生态系统服务价值增加了 113.53 亿元，生态建设的积极影响大于城镇建设用地扩展的消极影响，建议区域今后还应注重对中低覆盖度草地的保护和恢复，促进生态系统服务的进一步提升。

参考文献

池永宽，熊康宁，刘肇军，等，2015. 我国天然草地生态系统服务价值评估[J]. 生态经济，31(10)：132-137.

丁易，2003. 重庆黔江区森林生态系统服务价值评估及其生态系统管理研究[D]. 重庆：西南师范大学.

董天，张路，肖燚，等，2019. 鄂尔多斯市生态资产和生态系统生产总值评估[J]. 生态学报，39(9)：3062-3074.

董治宝，陈渭南，李振山，等，1996. 植被对土壤风蚀影响作用的实验研究[J]. 土壤侵蚀与水土保持学报，10(2)：1-8.

傅伯杰，张立伟，2014. 土地利用变化与生态系统服务：概念、方法与进展[J]. 地理科学进展，33(4)：441-446.

高新中，姚继广，董宽虎，等，2010. 山西省京津风沙源治理工程草地生态系统服务价值评估[J]. 草原与草坪，30(5)：30-35.

高星，杨刘婉青，李晨曦，等，2021. 模拟多情景下白洋淀流域土地利用变化及生态系统服务价值的空间响应. 生态学报，41(20)：7974-7988.

郭椿阳，高尚，周伯燕，等，2019. 基于格网的伏牛山区土地利用变化对生态服务价值影响研究[J]. 生态学报，39(10)：3482-3493.

康瑞斌，2014. 大同县京津风沙源治理工程生态系统服务价值评估[D]. 北京：北京林业大学.

李凯，崔丽娟，李伟，等，2016. 基于能值代数的湿地生态系统服务评价去重复性计算[J]. 生态学杂志，35(4)：1108-1116.

李文华，2008. 生态系统服务功能价值评估的理论、方法与应用[M]. 北京：中国人民大学出版社.

刘纪远，宁佳，匡文慧，等，2018. 2010—2015 年中国土地利用变化的时空格局与新特征[J]. 地理学报，73(5)，789-802

刘旭，赵桂慎，蔡文博，等，2015. 基于海洋生态系统服务功能的评估方法与海洋管理应用[J]. 生态经济，31(12)：146-149.

OECD，1996. 环境项目和政策的经济评价指南[M]. 施涵、陈松译. 北京：中国环境科学出版社.

欧阳志云，王如松，赵景柱 1999a. 生态系统服务功能及其生态经济价值评价[J]. 应用生态学报，10(5)：635-640.

欧阳志云，王如松，2000. 生态系统服务功能、生态价值与可持续发展. 世界科技研究与发展，22(5)：45-50.

欧阳志云，王效科，苗鸿，1999b. 中国陆地生态系统服务功能及其生态经济价值的初步研究[J]. 生态学报，19(5)：607-613.

王丰岐，林智钦，谢高地，2021. 区域自然资源生态价值评估[J]. 中国软科学，(S1)：387-391.

王莉雁，肖燚，江凌，等，2016. 城镇化发展对呼包鄂地区生态系统服务功能的影响

[J]. 生态学报, 36(19): 6031-6039.

王希义, 彭淑贞, 徐海量, 等, 2019. 基于生物量的塔里木河下游胡杨(*Populus euphratica*)生态服务价值评估[J]. 生态学报, 39(4): 1441-1451.

王宗明, 张树清, 张柏, 2004. 土地利用变化对三江平原生态系统服务价值的影响[J]. 中国环境科学, 24(1): 125-128.

谢高地, 鲁春霞, 冷允法, 等, 2003. 青藏高原生态资产的价值评估[J]. 自然资源学报, 18(2): 189-196.

谢高地, 张彩霞, 张雷明, 等, 2015. 基于单位面积价值当量因子的生态系统服务价值化方法改进[J]. 自然资源学报, 30(8): 1243-1254.

谢高地, 张锂, 鲁春霞, 等, 2001. 中国自然草地生态系统服务价值[J]. 自然资源学报, 16(1): 47-53.

谢高地, 甄霖, 鲁春霞, 等, 2008. 一个基于专家知识的生态系统服务价值化方法[J]. 自然资源学报, 23(5): 911-919.

徐丛春, 韩增林, 2003. 海洋生态系统服务价值的估算框架构筑[J]. 生态经济, (10): 199-202.

殷楠, 王帅, 刘焱序, 2021. 生态系统服务价值评估: 研究进展与展望[J]. 生态学杂志, 40(1): 233-244.

殷莎, 赵永华, 韩磊, 等, 2016. 秦岭森林生态系统服务价值的时空演变[J]. 应用生态学报, 27(12): 3777-3786.

游惠明, 韩建亮, 潘德灼, 等, 2019. 泉州湾河口湿地生态系统服务价值的动态评价及驱动力分析[J]. 应用生态学报, 30(12): 4286-4292.

张杰, 李清泉, 吴祥茵, 等, 2021. 基丁土地利用的粤港澳大湾区生态系统服务价值及承载力演变分析[J]. 生态学报, 41(21): 8375-8386.

张彦儒, 蒙吉军, 周婷, 2009. 鄂尔多斯1988—2000年景观结构和功能动态分析[J]. 干旱区资源与环境, 23(5): 49-55.

赵鸿雁, 陈英, 裴婷婷, 等, 2020. 土地整治的生态系统服务价值评估: 参数优化与实证[J]. 干旱区研究(1): 1-9.

赵景柱, 徐亚骏, 肖寒, 等, 2003. 基于可持续发展综合国力的生态系统服务评价研究——13个国家生态系统服务价值的测算[J]. 系统工程理论与实践(1): 121-127.

邹欣怡, 赵伟, 蒲海霞, 2021. 三峡库区重庆段土地利用转型及生态服务功能价值时空分异特征[J]. 水土保持研究, 28(2): 267-275.

Bagstad K F Villa, G Johnson, B Voigt, 2011. ARIES-ARtificial Intelligence for Ecosystem Services: a guide to models and data, version 1. 0[R]. ARIES report series, n. 1.

Bingham G, Bishop R, Brody M, et al., 1995. Issues in ecosystem valuation: Improving Information for decision making [J]. Ecological Economics, 14: 73-90.

Costanza R, d'Arge R, de Groot R, et al., 1997. The Value of the World's Ecosystem Services and Natural Capital[J]. Nature, 387(6630): 253-260.

Getis A, Ord J K, 1992. TheAnalysis of Spatial Association by Use of Distance Statistics[J]. Geographical Analysis, 24(3): 189-206.

Groot R S, Wilson M A, Boumans R M J, 2002. A Typology for the Classification, Description, and Valuation of Ecosystem Functions, Goods, and Services [J]. Ecological Economics, 41: 393-408.

Gutman G, Ignatov A, 1998. TheDerivation of the Green Vegetation Fraction from NOAA/A VHRR Data for Use in Numerical Weather Prediction Models[J]. Int J Remote Sens, 19(8): 1533-1543.

Holben B N, 1986. Characteristics ofMaximum Value Composite Images from Temporal A VHRR Data[J]. Int J Remote Sens, 7(11): 1417-1434.

Jia X Q, Fu B J, Feng X M, et al. , 2014. The Tradeoff and Synergy between Ecosystem Services in the Grain-for-Green Areas in Northern Shaanxi, China[J]. Ecological Indicators, 43: 103-113.

Jiang W, Wu T, Fu B J, 2021. The Value of Ecosystem Services in China: A Systematic Review for Twenty Years[J]. Ecosystem Services, 52.

Kelejian H H, Prucha I R, 2001. On theAsymptotic Distribution of the Moran I Test Statistic with Applications[J]. Journal of Econometrics, 104(2): 219-257.

MeNeely E, Biological D, 1990. Developing and Using Economic Incentives to Conserve Biological Resources [M]. Cambridge: IUCN.

Pearce D W, 1993. Economic Values and the Natural World [M]. London: Earthscan.

Sherrouse B C, Semmens D , 2015. Social Values for Ecosystem Services, Version 3. 0 (SolVES 3. 0): Documentation and User Manual[J]. U. S. Geological Survey Open-File Report, 2015-1008.

Silvertown J, 2015. HaveEcosystem Services been Oversold? [J]. Trends in Ecology & Evolution, 30: 641-648.

Tallis H, T Ricketts, A Guerry, et al. , 2013. InVEST 2. 5. 6 User's Guide[M]. Stanford: The Natural Capital Project.

UNEP, 1993. Guidelines for Country Studies on Biological Diversity [M]. Nairobi, Kenya Oxford: Oxford University Press.

第9章

京津风沙源治理工程区人地系统可持续性综合评估

　　人地系统可持续性评估是判断区域环境、社会和经济系统协调性和可持续性的重要途径。在客观理解京津风沙源工程实施前后土壤生态功能、土壤流失过程、土地利用/覆盖、主要生态系统服务及其价值的变化特征基础上，全面评估区域的综合可持续性，也是理解工程建设综合效益的重要手段。本章构建了绿色城市指数，重点量化了工程区不同规模城市的综合可持续性，并揭示了环境、社会和经济系统的耦合协调度。

9.1　引　言

9.1.1　可持续发展与可持续性科学

　　人类对地球系统的加速利用引发了许多生态环境以及社会经济问题，包括生物多样性丧失、全球气候变化、自然资源过度开发、环境质量下降以及社会经济不平等和不稳定等。因此，实现可持续发展成为当今时代最紧迫的问题。可持续发展研究方面被广泛认可的里程碑包括（邬建国等，2014；Huang et al.，2015）：①1972 年，联合国人类环境会议（United Nations Conference on the Human Environment）是国际社会首次开会讨论全球环境和发展的挑战；②1987 年，联合国世界环境与发展委员会（World Commission on Environment and Development，WCED）在题为《本研究共同的未来》的报告中，首次正式提供了被广为引用的可持续发展定义，即可持续发展是"满足当代人类的需求，而不损害子孙后代满足他们自己需求的能力（Sustainable development is development that meets the needs of the present without compromising the ability of future generations to meet their own needs）"（WCED，1987）；③1992 年，里约热内卢地球峰会（Earth Summit），通过了里约热内卢宣言和 21 世纪议程，呼吁发展可持续性指标；④2002 年，南非约翰内斯堡召开第二届地球峰会，重申了《21 世纪议程》的实施；⑤2012 年，里约热内卢召开第三届可持续发展地球峰会，重点讨论了实施可持续发展的明确和实际措施；⑥2015 年，在联合国可持续发展峰会上，包括中国在内的 200 个国家共同签署了《2030 年可持续发展议程》，正式提出 17 项可持续发展目标（Sustainable development goals，SDGs），强调实现可持续发展社会、经济和环境三重维度间的协调发展，系统规划了未来 15 年人类社会发展的蓝图。联合国和世界各国政府对可持续发展高度重视，可持续性科学也因此出现，为可持续发展提供科学依据和行动指南。

1999 年，美国国家研究理事会（National Research Council，NRC，1999）发表了题为《本研究共同的旅途：向可持续性过渡》的报告，讨论了可持续发展相关的观点，并提出了"可持续性科学"一词。Kates 等（2001）在 Science 撰文将可持续性科学定义为在局地、区域和全球尺度上研究自然和社会之间动态关系的科学，是为可持续发展提供理论基础和技术手段的横向科学。邬建国在一系列文章中进一步阐述了可持续性科学的内涵和外延，他强调可持续科学是一个多维度、穿越传统自然和社会科学界限、集理论和实践为一体的科学，具有时空和组织结构上的多尺度和多等级特征，需要自上而下或自下而上开展多尺度/等级研究策略；可通过在景观和区域这一关键尺度上开展可持续性科学研究和实践，进而解决可持续性实际问题（Wu，2006；2008；2010；2013）。

对于可持续发展的研究至今已有 50 年的历史，期间有大量论文和研究报告发表。可持续性科学提出以前，大多数有关可持续发展的文献资料普遍缺乏统一框架，系统性、严谨性和科学规范不足，可持续发展相关研究也因此被视为社会科学或政府决策的实用工具，未受到自然科学家的广泛重视。以往自然科学家主要从生态学或环境科学等角度，在生物多样性保护和生态系统稳定性等方面对生态/环境可持续性进行研究。而随着可持续性科学概念的提出，越来越多的自然科学和社会科学领域的学者开始关注其发展，一些主导性的研究核心问题也不断被提出和讨论，相应的科学框架和理论方法体系等也在不断形成和完善（Kates et al.，2001；邬建国等，2014；Wu，2014）。

定量测度可持续性是当前可持续性科学研究的重要内容和研究热点，其目的在于掌握人类目前所处的状态及实现可持续性还有多远的路要走，进而服务于可持续发展的科学决策。很多组织机构(例如,经济合作与发展组织、联合国开发计划署、联合国可持续发展委员会)和学者专注于可持续性评估,并对可持续性评估进行了总结和综述(张志强等,2002;UN,2007;Wu and Wu,2012;Huang et al.,2015;Gan et al.,2017;高峻等,2021;李力,2022),下面将结合已有研究对可持续性评估的概念框架和指标进行概述。

9.1.2　可持续性评估的概念框架

构建科学合理的指标体系理论框架或概念模式是有针对性地开展可持续性评估的前提,有助于明确回答测量什么、从测量中得到什么以及需要选择哪些指标等问题。目前,很多可持续性评估指标体系框架模式在研究中被采用,下面对几个常见的概念框架进行概述。

9.1.2.1　压力-状态-响应框架

"压力-状态-响应"框架(Pressure-state-response framework)于 1993 年由经济合作与发展组织(OECD)提出。该框架结构为,人类活动对环境施以"压力",影响到环境的质量和自然资源的数量(状态),社会通过环境政策、一般经济政策和部门政策,以及通过意识和行为的变化而对这些变化做出反映(响应),可根据此框架来组织压力、状态和响应指标(图 9-1a)。很多机构或研究者根据评估目的并以该框架为基础,对其进行调整应用,例如"驱动力-压力-状态-影响-响应"框架(图 9-1b)。尽管该框架得到了广泛的应用,但在应用中一些方面也存在问题,例如,在评价实践中,很多指标属于多个范畴,很难做出明确的归类。

9.1.2.2　基于主题的框架

基于主题的框架(Theme-based framework)是应用最为广泛的一个概念模式,在该框架中,针对可持续发展不同问题或主题的指标被划为一类。2001年,联合国可持续发展委员会采用此框架替代"压力-状态-响应"框架开展了评估工作。其在使用过程中,从可持续发展的四个维度(社会、环境、经济和制度),确定了 15 个主题和 38 个子主题,在此基础上形成可持续指标(图 9-2)。世界上的国家可持续评估都以主题框架为基础,区域战略和指标计划也是如此。例如,波罗的海 21 行动计划、地中海可持续发展战略和欧盟可持续发展指标中使用的指标。主题框架得到广为应用的一个主要原因是它们能够将指标与政策进程和目标联系起来。这为决策者提供了明确而直接的信息,并促进了与公众的沟通和提高公众意识。指标主题框架也非常适合监测在实现国家可持续发展战略中规定的目标和目的方面取得的进展,因为它足够灵活,可以随着时间的推移适应新的优先事项和政策目标。

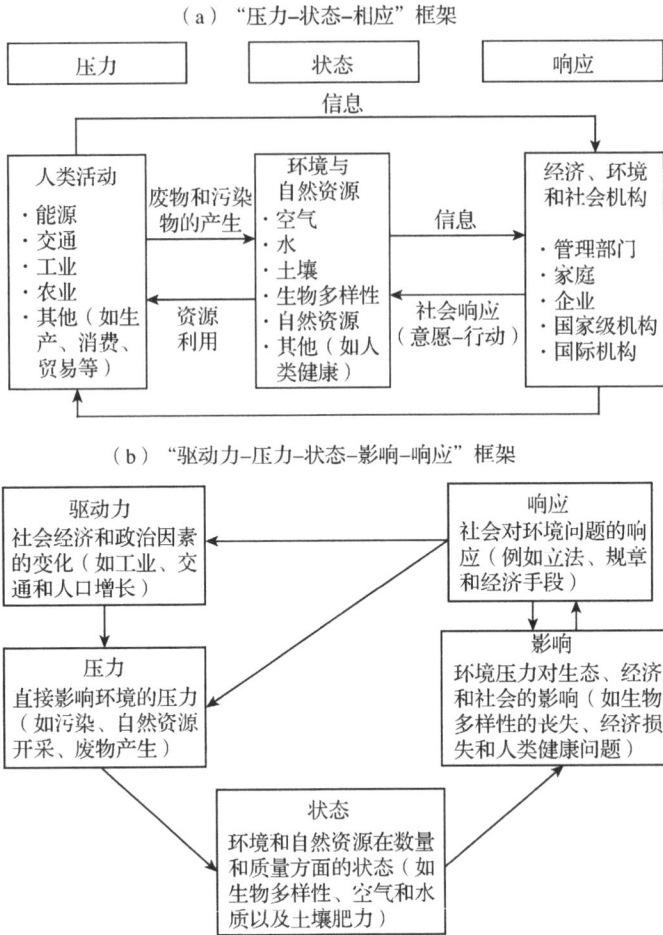

（a）"压力-状态-相应"框架

（b）"驱动力-压力-状态-影响-响应"框架

图 9-1　压力-状态-响应框架

［据（Wu and Wu，2012）译］

9.1.2.3　资本框架

　　资本框架（Capital framework）模式试图将国家财富计算为不同类型资本总和及相互作用的函数，不仅包括金融资本和生产的资本产品，还包括自然、人力、社会和制度资本。这要求所有形式的资本都以共同的方式（通常以货币方式）表达。应用该指标框架时，一般都试图首先确定什么是发展，其次是如何可持续发展。这使得人们关注"本研究今天拥有哪些资源，以及本研究是否以能够随着时间的推移维持和进一步发展资源的方式来进行管理"。该类方法

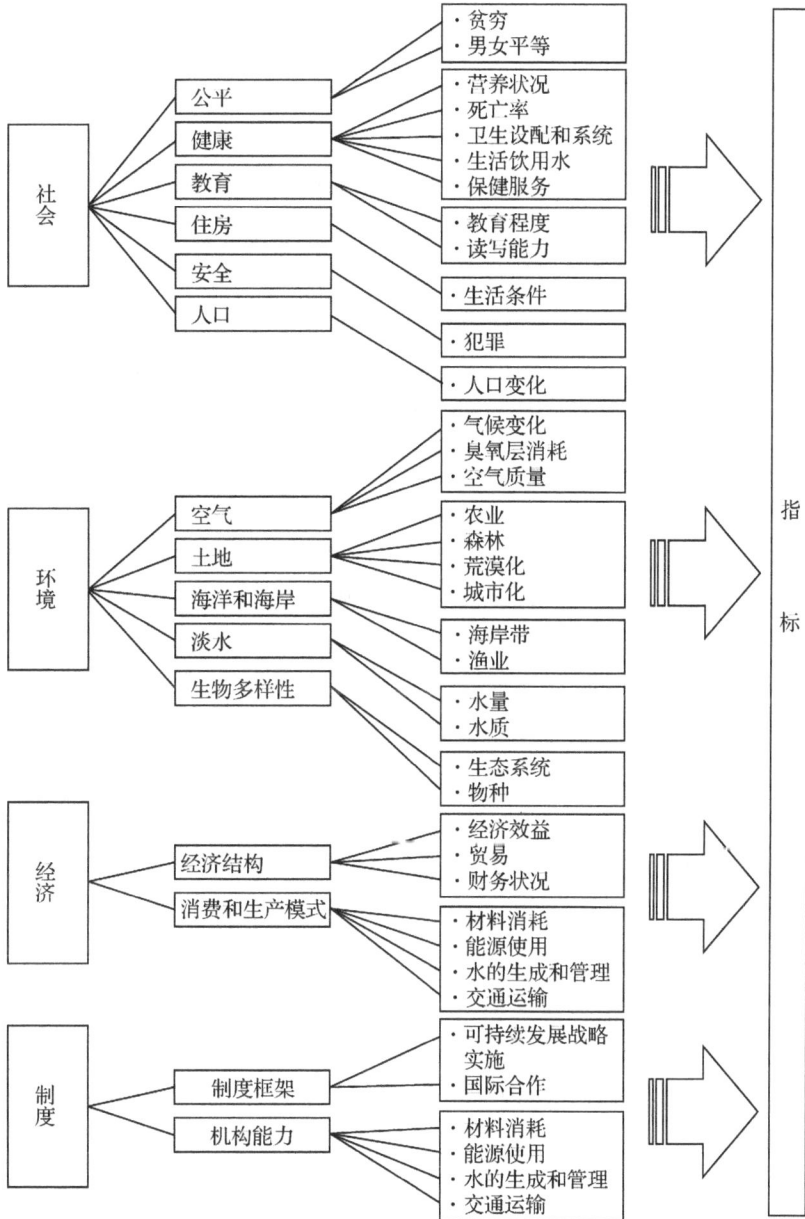

图 9-2　基于主题的框架示意图

[据(Wu and Wu, 2012)译]

需要注意不同类型资本之间的可替代性这一复杂的问题。一些比较明确的可替代性案例包括，机器代替人工，可再生能源代替不可再生能源，合成材料代替某些自然资源。未来的技术创新和人类的聪明才智可能会大大扩大范围。但是，也可能有一些基本资产无法替代。例如，稳定的气候、生物多样性。使用资本框架仍然存在许多挑战。例如，如何用货币表示所有形式的资本、可替代性问题、以及国家内部和国家之间代内公平问题。尽管如此，将资本用作跟踪可持续发展的一种方式仍然是一个强有力的决策工具。多种资本模式的最好应用例子是世界银行的国家财富指标体系，包括自然资本、人造资本(生产资本)、人力资本和社会资本等4个方面的指标体系。

9.1.2.4 人类—生态系统福利框架模式

人类—生态系统福利模式来源于加拿大国家环境与经济圆桌会议(National Round Table on the Environment and the Economy, NRTEE)的可持续发展指标体系(Hardi et al., 1997)。该框架模式目的在于将系统思想应用于维持和改善人类和生态系统的福利这一目标。这种模式主要强调从4个方面进行评估：①生态系统的完整性和福利(健康)；②广义上的人类福祉(包括个人、社区、国家等)和社会、文化、经济属性；③人类和生态系统的相互作用(用于评估人类和生态系统界面处产生的效益和压力流)；④综合指标(用于评估系统特征，以及为当前和预测分析提供综合观点)。该类模式在加拿大不列颠哥伦比亚省可持续性进展评估报告中得以应用。该类方法的优点在于考虑了评估的系统性和整体性，强调联系和相互作用，指标选择反映了与福祉关系的优先级，社会和人文维度指标与经济和生态维度并重。其局限性主要表现在其指标仍主要体现在人类和生态系统领域，而在相互作用领域是相对缺失的；在选定的评估维度内，涉及的指标过多，难以进行简明的评估。

9.1.3 可持续性评估的指标/指数

联合国可持续发展委员会(UNCSD)、OECD等组织均针对可持续性评估的指标选取提出了明确的原则(Hardi and Zdan, 1997; UNCSD, 2001; OECD, 2001)。从可持续发展评估的内在要求及国际上可持续发展评估指标体系发展的实践来看，可持续发展指标的选择应当考虑的内容包括：与可持续发展目标的密切相关性、内涵和概念的准确性、可测量性和数据的易获得性、可理解性和简明性、适当的时空尺度、区域的可比性、代表性和数量的有限性、预测性和预警性、测量方法的科学性、与政策的相关性等(张志强等，2002)。

可持续性科学强调可持续性有"三大支柱"("三个维度"或"三重底线")，即可持续发展要同时考虑环境保护、经济发展和社会平等。在这三个领域的每一个中，如果要实现可持续性，某些要素需要保持下去，而其他要素则需要加以发展。然而，它们之间的相互关系，特别是自然资本和人造资本之间的可替代性程度，一直是"弱可持续性"和"强可持续性"辩论的核心（Wu 2013；邬建国等，2014）。弱可持续性允许 3 个维度之间的相互替代，而强可持续性则不允许（图 9-3）。由于自然资源的日益稀缺和人口增长对环境造成的压力，环境维度越来越被认为是可持续发展的基础。对此的一个简单但令人信服的论点是，如果没有足够水平的生物多样性和生态系统功能和服务，没有任何经济或社会发展是可持续的。这些概念对可持续性评估指标体系的构建和应用具有重要价值。例如，基于三重底线概念，可持续发展相关指标可以分为环境、经济和社会指标，只有同时涵盖所有 3 个维度的指标才能从整体上衡量可持续发展。

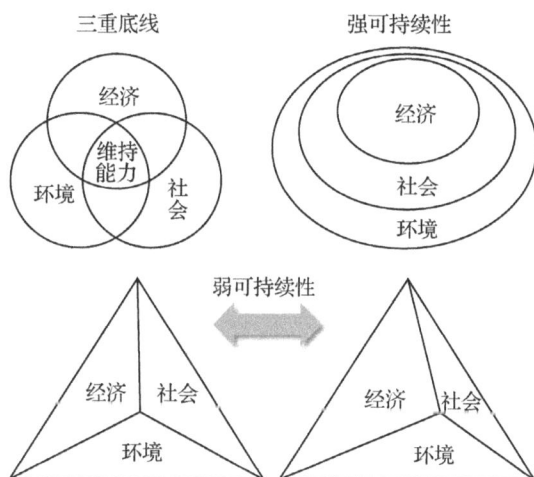

图 9-3　可持续性的关键组成部分及强可持续性与弱可持续性
［据（Wu and Wu, 2002）译］

可持续发展问题在不同的尺度上看是不同的，迄今提出的可持续发展评估指标（体系）指数类型多种多样。从不同的研究角度出发，可持续发展的指标体系、指标、指数可以有不同的分类。当前可持续发展指标集包含 PSR 框架和基于主题的框架指标/指数以及 6 个综合指数（绿色城市指数 CDI、真正进步指数 GPI、真实储蓄指数 GS、快乐星球指数 HPI、可持续社会指数 SSI 和幸福指数 WI），这其中衍生并涵盖了可持续发展的所有 3 个维度：一是从物质/能量流框架衍生的指标集涵盖经济和环境层面；二是涵盖环境和社会层面的生态足迹指数、环境绩效指数、绿色 GDP；三是覆盖社会和经济层面的人类发展指数 HDI（Lu Huang 等，2015；表 9-1）。

从全球尺度看，生态足迹（EF）、生命星球指数（LPI）、人类发展指数（HDI）、环境可持续性指数（ESI）、环境脆弱性指数（EVI）、环境绩效指数（EPI）、幸福星球指数（HPI）、联合国可持续发展委员会 – 可持续发展指数（UNCSD–SDI）和可持续发展目标指数较为常用。但这些指数大多不符合可持续发展的三支柱模式或三重底线方法（即，它们并不衡量社会、经济和环境这3个层面的可持续性）。全球指数有一套共同和一致的衡量标准，是用来跟踪全球一级相关的关切问题，需要全球协调，可能不同等适用于每个国家，可以用于评估实现目标的全球进展或者各国的相对业绩（Swati et al.，2020）。

表 9-1　可持续性评估常用指标

类 型	名　称	公　式	内　涵	代表性研究
强可持续性指标	生态足迹（Ecological Footprint，EF）	$EF = P/YN \cdot YF \cdot EQF$，其中 P 是收获的产物的量，YN 是 P 的平均产量，YF 和 EQF 是产量因子和当量因子	是衡量人类占用自然资源的一种尺度，指在现有技术和资源管理实践的情况下，为支持一个人口或一项活动，提供所消耗的所有能源和物质资源并吸收所排放的所有废物所需的土地（和水）面积	Rashid，2018；Vanham，2019；将生态足迹与城市化进程结合，对城市化地区的生活标准评估，并衡量其生态足迹。认为足迹家族这一概念是一个灵活的框架，并对足迹家族在衡量可持续发展目标（SDGs）进展方面的表现进行评估
	环境可持续性指数（Environment – al Sustainability Index，ESI）	采用主成分分析法、逐步线性回归分析、聚类分析等方法对指标数据进行分析	是建立在"压力 – 状态 – 响应"的环境政策模型基础上，测量一个国家或地区能够为其代后人保持良好环境状态的能力，为环境决策提供分析的方法。表现 5 个方面：环境系统状态、环境系统承受的压力、人类对环境变化脆弱性、应对环境挑战的社会与体制能力、全球环境合作需求的响应能力	Babcicky，2012；从多个角度揭示了该指标结构和评估质量的不足，并通过相关因子分析重新加权创建了等效 ESI，回归模型的结果证实了若 ESI 加权不当会更有利于发达国家的环境可持续性，所以等效 ESI 能更好地衡量各国家可持续性表现

（续）

类型	名　称	公　式	内　涵	代表性研究
强可持续性指标	环境绩效指数（Environment-al Performance Index, EPI）	环境绩效指数（EPI）= f(环境健康、生态系统活力)，通过代表 9 个问题领域的 20 个指标通过不等加权办法汇总	是指对环境政策实施后所取得的环境效果进行的阶段性地评估，其目的是力求清晰描述环境状况的优劣、揭示环境政策变化整体形势、提高社会各界的环境意识、衡量各级政府环境管理水平的高低	Hsu, 2013 通过评估 132 个国家过去十年和千年发展目标中规定的五个政策类别的绩效和环境进展，指出 EPI 为实现 1992 年里约地球首脑会议确定的全球环境政策目标和千年发展目标做出贡献，同时提出精简版 EPI 可以更集中地分析各国如何实现为确保"环境可持续性"而确定的目标
	绿色 GDP（Green GDP）	直接测算方法：包括生产法和支出法；间接测算方法：在传统 GDP 核算的基础上，综合资源、环境、生态、社会、福利等因素；主要包括基于 SEEA 的平衡推算法、社会福利测算法、能值分析法、投入产出分析法等方法	是指对当下 GDP 指标的一种调整、补充与健全，主要指的是扣除经济活动中投入的资源与环境成本后获得的国内生产总值。SEEA1993 正式提出该概念，SEEA2003 将经济总量的资源耗减、环境降级与环保支出的调整称为绿色 GDP 核算	Wei, 2020 以武汉市 1994—2015 年情况为例，将能值分析理论引入绿色 GDP 核算体系和可持续发展评价框架，结果显示武汉市的经济发展基本遵循着可持续发展。该理论框架可用于未来调查和评估绿色 GDP 核算的时间特征、城市可持续发展评估以及可持续发展进程中的抑制因素，为促进城市可持续发展提供理论支持和政策建议
弱可持续性指标	人类发展指数（Human De-velopment In-dex, HDI）	以 3 个标准化分类指数的算术平均值或几何平均值计算：预期寿命、教育水平和生活水平	应用最广泛的可持续发展指标之一，是衡量一个国家发展过程中预期寿命、收入和教育水平的指标。从动态上反映人类发展状况，揭示一个国家的优先发展项，为世界各国尤其是发展中国家制定发展政策提供一定依据	王圣云等, 2018 应用基尼系数、泰尔指数分解法对 1990—2014 年全球人类发展水平空间差异演化及其机制进行研究，发现全球人类发展水平整体得到明显提升，空间差异不断缩小；全球各国之间的教育指数差距最大，收入指数差距次之，健康指数差距最小

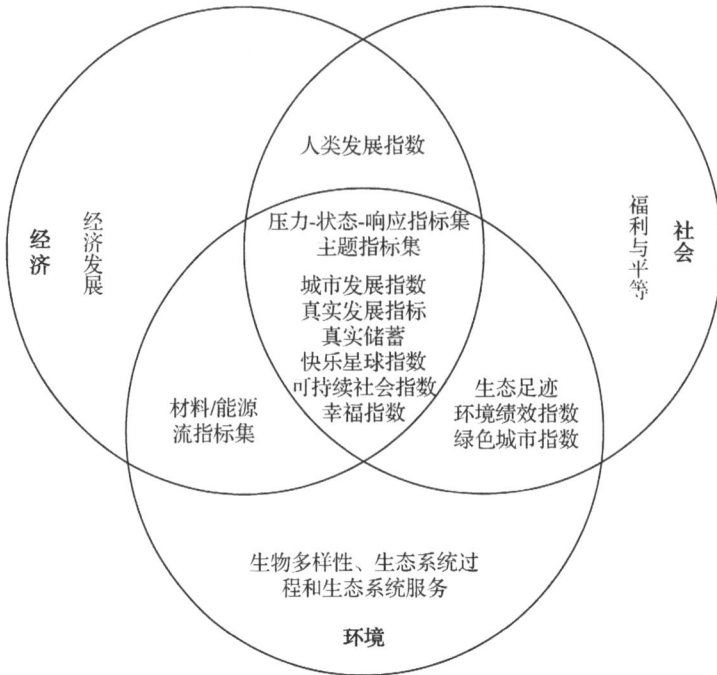

图 9-4　可持续性环境-社会-经济维度上的可持续性指标

[据(Huang et al. , 2015)译]

9.1.4　研究目标

本研究利用人地系统可持续性的概念框架，从经济发展、社会进步、生态环境三个方面建立评价指标体系，开展人地系统可持续性的综合评价，为区域可持续性开展提供理论指导。

9.2　研究方法

9.2.1　指标体系的构建

根据工程区生态环境和社会经济发展的实际，遵循系统性、典型性、动态性、科学性和适应性等原则，构建包含 1 个一级指数即绿色城市指数，3 个二级指数即生态环境和社会进步、经济发展指数，以及 15 个三级指标的人地系统可持续性评价体系(表 9-2)，各指标释义如下。

(1)风力侵蚀模数：日平均风速不小于 5m/s，全年累计 30d 以上，且多年平均降水量小于 300mm 的沙质土壤地区发生的土壤侵蚀，反映区域风力侵蚀的强度，逆向指标。

（2）植被净初级生产力 NPP：反映植被的生长状态和生态系统健康情况，表示单位时间内植物光合作用积累的有机物质总量，正向指标。

（3）归一化植被指数 NDVI：可以监测植被覆盖度和生长状态，通过遥感影像观察作物长势和营养的重要信息，消除部分辐射误差，正向指标。

（4）生物多样性维护功能：反映生物的生存环境，繁殖和生活环境等对生物的影响，正向指标。

（5）土地利用强度：体现在土地利用的过程中，土地生态属性和人类社会-生态系统之间的反馈效应，可度量人们对生态系统的利用情况，负向指标。

（6）人口密度：是人口统计中基本指标之一，反映一个区域人口资源的重要指标。正向指标。

（7）出生率：反映一定时期内人口的出生水平，正向指标。

（8）自然增长率：反映区域人口资源的变化情况。计算公式为：人口自然增长率=年平均人数×1000‰=人口出生率-人口死亡率，正向指标。

（9）男女人数差占比：是区域男女人数差值占全区人口的比例，反映男女人口比例的失衡程度，逆向指标。

（10）城镇人口比重：指居住于城市、集镇的人口，主要依据人群的居住地和所从事的产业进行归类。反映区域的人口城镇化情况，正向指标。

（11）一产占比：反映区域在新一代科技与产业变革、创新驱动发展、"碳达峰、碳中和"目标硬约束等背景下，产业结构调整情况中第一产业的比重，逆向指标。

（12）三产占比：反映区域产业结构调整情况中第三产业的比重，正向指标。

（13）人均国内生产总值：反映区域经济发展水平，计算公式为地区生产总值/地区总人口，正向指标。

（14）城镇居民人均可支配收入：是城镇居民可以用来自由支配的收入，标志着城镇居民的购买力，是反映城镇居民收入水平的核心指标，可以用来衡量城镇居民的生活水平，为制定重要政策提供参考依据。正向指标。

（15）农牧民人均纯收入：标志着农村居民的购买力，是反映农村居民收入水平的核心指标，可以用来衡量农村居民的生活水平，正向指标。

表 9-2　区域可持续性评价指标体系

一级指数	二级指数	三级指标	单　位
		风力侵蚀模数	t/km^2
		植被净初级生产力 NPP	gC/m^2
	生态环境指数	归一化植被指数 NDVI	/
		生物多样性维护	/
		土地利用强度	/
		人口密度	人/km^2
		出生率	%
绿色城市指数	社会进步指数	自然增长率	%
		男女人数差占比	%
		城镇人口比重	%
		一产占比	%
		三产占比	%
	经济发展指数	人均国内生产总值	元
		城镇居民人均可支配收入	元
		农牧民人均纯收入	元

9.2.2　数　据

本研究所使用的数据包括行政边界数据、京津冀等 6 省气象数据、高程数据、土壤类型数据、植被类型数据、净初级生产力数据、归一化植被指数数据、土地利用/覆盖数据和社会经济统计数据等。数据来源见表 9-3。

行政边界数据通过天地图的行政边界数据接口,在 QGIS 软件当中获得,根据民政部网站在 2019 年 7 月发布的截至 2019 年 5 月全国行政区域数据进行标注。温度和降水数据来自国家地球系统科学数据中心,包括 2000—2020 年中国 1km 分辨率的逐月表面温度数据和逐月降水数据。中国地面基本气象观测逐 3 小时数据,包括气温、气压、湿度、风、降水等要素。其中统计值为前一小时统计量,降水量为 3 小时累计降水量,滞后 2 天。高程数据来自地理空间数据云(www. gscloud. cn) SRTMDEM 原始高程数据,空间分辨率为90m。土壤类型数据来自中国科学院资源环境科学与数据中心的中国 1:100 万土壤图集(http://www. resdc. cn/data. aspx? DATAID = 145)。植被类型数据来自中国科学院资源环境科学与数据中心的中国 1:100 万植被图(http://www. resdc. cn/data. aspx? DATAID = 122)。净初级生产力(Non Productive Production, NPP)是从美国地质学研究所 MOD17A3HGF 版本 6.0 中,以 500m 的精度获得。NDVI 数据为空间分辨率 1km 的 MODIS 数据产品(MODIQ13)。土地利用/覆被数据为 2015 年的区域土地利用/覆被数据，其中包括了耕地、林地、草地、水体、城市建设工矿用地以及未利用地等 6 种类型，其分辨率为30m。社会经济统计年鉴包括 2000—2020 年度《中国城市统计年鉴》《中国各省统计年鉴》和《中国各地级市经济统计年鉴》等。

9.2.3　可持续性综合评价方法

参考相关研究(孙晓等，2016)，本研究采用全排列多边形综合图示法来进行指标处理和可持续综合评价。在此方法中，以 n 个指标(标准化后的值)的上限值为半径，形成一个中心 n 边形，各指标值的连线形成一个不规则 n 边形，其顶点为这些指标的首尾相接的全排列。n 个指数加起来，就是 $2(n-2)!$，以中心不规则 n 边形的平均面积与中心 n 边形面积之比为综合指数值。

指标的标准化计算公式为：

$$S_i = \frac{(U_i - L_i)(X_i - T_i)}{(U_i + L_i - 2 \cdot T_i)X_i + U_i \cdot T_i + L_i \cdot T_i - 2 \cdot U_i L_i} \tag{9-1}$$

其中，S_i 表示第 i 个三级指标的标准化值，X 为各个三级指标原始值，U 为指标 X 的上限，L 为指标 X 的下限，T 为指标 X 的临界值。

利用 n 个指标可以作出一个中心正 n 边形，n 边形的 n 个顶点为 $S_i = 1$ 时的值，中心点为 $S_i = -1$ 时的值，中心点到顶点的线段为各指标标准化值所在区间，而 $S_i = 0$ 时构成的多边形为指标的临界区。临界区的内部区域表示各指标的标准化值在临界值以下，其值为负；外部区域表示个指标的标准化值在临界值以上，其值为正(图 9-5)。

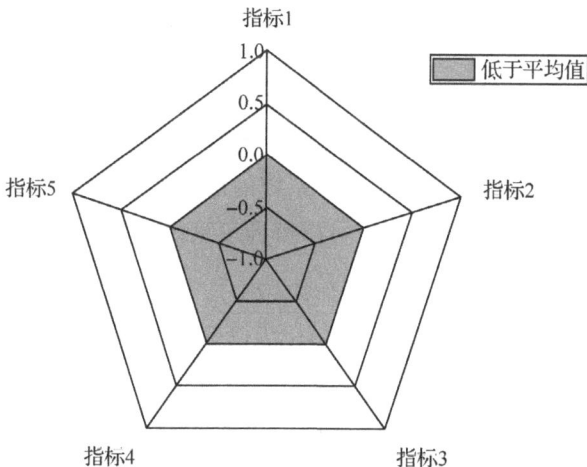

图 9-5　全排列多边形综合图示法示意

从这个多边形的示意图既可以看到各单项指标的大小及其最大、最小和临界值的差距和随时间的变化动态，又可以从各指标两两组成的 $n(n-2)/2$ 个三角形计算其综合指标值。

全排列多边形综合指数的计算公式为：

$$S = \frac{\sum_{i \neq j}^{ij} (S_x + 1)(S_y + 1)}{2 \cdot n \cdot (n-1)} \tag{9-2}$$

其中，S_x 和 S_y 表示同一个二级指标目录下第 x 个和第 y 个三级指标的标准化值。S 为二级综合指标值，即经济发展、社会进步、生态环境指数值。同样可以将综合指标 S 标准化代入公式以期得到更上一级的综合指标值（可持续性综合指数即绿色城市指数）。依据前人研究，结合京津风沙源治理工程区情况，采用了 4 级分级表（表 9-3）进行分级。

表 9-3　区域可持续性分级

等　　级	指数值	定性评价
I	>0.75	人地系统可持续性优良
II	0.5~0.75	人地系统可持续性较好
III	0.25~0.5	人地系统可持续性一般
IV	<0.25	人地系统可持续性较差

9.2.4　亚系统耦合协调度分析

借用物理学容量耦合的概念和模型来计算社会进步-经济发展-生态环境的耦合度。其耦合度函数如下所示（刘耀彬等，2005）：

$$C_n = \left[\frac{U_1 \times U_2 \times \cdots \times U_n}{\underset{i \neq j}{\Pi} (U_1 + U_2 + \cdots + U_n)} \right]^{\frac{1}{n}} \tag{9-3}$$

其中，C_n 表示耦合度；U 表示各系统的综合发展得分。本研究涉及 3 个系统，因此依据耦合度公式（9-3）可以得到三系统耦合度公式：

$$C_3 = \left[\frac{U_1 \times U_2 \times U_n}{(U_1 + U_2) \times (U_1 + U_3) \times (U_2 + U_3)} \right]^{\frac{1}{3}} \tag{9-4}$$

当且仅当 $U_1 = U_2 = U_3$ 时，耦合度达到最大值 1/2。所以，三系统耦合度得分取值范围在 [0, 1/2]。但是，由于上述耦合度计算结果最大不超过 1/2，会出现低估耦合度的问题。有学者对上述耦合度公式进行修正（姜磊等，2017），使其耦合度 C_3 的取值范围位于 [0, 1]：

$$C_3 = \left[\frac{U_1 \times U_2 \times U_3}{\left(\dfrac{U_1 + U_2 + U_3}{3} \right)^3} \right]^{\frac{1}{3}} \tag{9-5}$$

当且仅当 $U_1 = U_2 = U_3$ 时，耦合度达到最大值 1。本研究涉及社会进步、经济发展和生态环境 3 个系统，基于修正后的耦合度公式，可以得到三系统耦合度公式：

$$C_{gre} = \left[\frac{U_{soc} \times U_{eco} \times U_{env}}{\left(\dfrac{U_{soc} + U_{eco} + U_{env}}{3} \right)^3} \right]^{\frac{1}{3}} \tag{9-6}$$

进一步，计算社会进步、经济发展和生态环境三系统综合评价得分，

$$T_{gre} = \alpha_1 U_{soc} + \alpha_2 U_{eco} + \alpha_3 U_{env} \tag{9-7}$$

其中，α 为权重，本研究将 3 个系数均设定为 1/3。

虽然耦合度能显示各系统之间作用的强弱，但是不能显示系统的整体协调情况。协调度可以更好地判断三系统之间的耦合协调性。因此，本文选择了适合的耦合协调度模型，其公式如下（王少剑等，2015）：

$$D_{gre} = \sqrt{C_{gre} \times T_{gre}} \tag{9-8}$$

其中，D_{gre} 表示协调度；T_{gre} 是三系统总的综合发展得分。

根据耦合协调度及社会进步子系统 U_{soc}、经济发展子系统 U_{eco} 和生态环境子系统 U_{env} 的大小，同时借鉴物理学关于协调类型的划分，可以将社会进步、经济发展与生态环境的耦合类型分为 3 大类，4 个亚类和 16 个子类型（表 9-4）。

表 9-4　社会进步、经济发展与生态环境的耦合协调分类

类　型		亚类型		子类型
协调发展	$0.8 < D \leqslant 1$	高级协调	$U_i - U_{soc} > 0.1$	高级协调-社会进步滞后
			$U_i - U_{env} > 0.1$	高级协调-生态环境滞后
			$U_i - U_{eco} > 0.1$	高级协调-经济发展滞后
			$0 \leqslant |U_i - U_j| \leqslant 0.1$	高级协调
转型发展	$0.5 < D \leqslant 0.8$	基本协调	$U_i - U_{soc} > 0.1$	基本协调-社会进步滞后
			$U_i - U_{env} > 0.1$	基本协调-生态环境滞后
			$U_i - U_{eco} > 0.1$	基本协调-经济发展滞后
			$0 \leqslant |U_i - U_j| \leqslant 0.1$	基本协调

(续)

类　型	亚类型		子类型
		$U_i-U_{soc}>0.1$	基本不协调-社会进步滞后
		$U_i-U_{env}>0.1$	基本不协调-生态环境滞后
	$0.3<D\leqslant0.5$　基本不协调	$U_i-U_{eco}>0.1$	基本不协调-经济发展滞后
不协调发展		$0\leqslant\mid U_i-U_j\mid\leqslant0.1$	基本不协调
		$U_i-U_{soc}>0.1$	严重不协调-社会进步滞后
		$U_i-U_{env}>0.1$	严重不协调-生态环境滞后
	$0<D\leqslant0.3$　严重不协调	$U_i-U_{eco}>0.1$	严重不协调-经济发展滞后
		$0\leqslant\mid U_i-U_j\mid\leqslant0.1$	严重不协调

9.2.5　分析尺度

在全区和城市两个尺度上开展可持续性综合评价，以及亚系统耦合协调度分析。根据 2014 年国务院印发的《关于调整城市规模划分标准的通知》，将源区内 17 个地级市按总人口数量分成超大型城市、大型城市和中型城市 3 类（表 9-5）。分别评估 3 类城市的综合可持续性和亚系统耦合协调度。

表 9-5　城市规模划分

城市层级	城市人口规模（万）	范围内地级市
超大型城市	>1000	北京市、天津市
大型城市	100~500	张家口市、赤峰市、廊坊市、承德市、榆林市、大同市、忻州市、呼和浩特市、包头市、乌兰察布市、朔州市、巴彦淖尔市、鄂尔多斯市、锡林郭勒盟
中型城市	<100	乌海市

9.3　区域可持续性要素特征分析

9.3.1　生态环境特征

9.3.1.1　风力侵蚀强度时空变化

工程区风力侵蚀模数在空间上，由西北向东方向南递减，且呈现中部高两侧低的分布趋势，该现象与地理区位和气候分布有很大的关系。风力侵蚀低值区主要在中部的农牧交错区南部、南部的晋北山地丘陵区和燕山丘陵区以及北部的典型草原区东部，推测主要是与中部的荒草平原西区和农牧交错区的海拔较高、阻挡了中南部的风沙入侵有关，晋北山地丘陵区西北部海拔较高，也使晋北山地丘陵区内大部分的风力侵蚀模数呈现较低的现象；高值区主要分布在源区西北部的荒草平原西区、河套灌溉区、荒草平原中区以及中部的浑善达克沙地，观察可发现高值区大部分位于区内高海拔山脉的北侧，这与区内盛行西风息息相关，西风影响下，山脉的阻隔使风沙聚集在了山脉北侧(彩图 26)。

2000—2020 年，工程区全区风力侵蚀模数总体呈下降趋势，荒草平原西区尤其出现显著下降，该区域 2000 年时为风力侵蚀高值区域，生态环境敏感脆弱，风力侵蚀模数较大，20 年间明显出现降低趋势，风沙从覆盖大部区域退到了亚区北部；浑善达克沙地风力侵蚀模数也有明显下降趋势。荒草平原西区东部、河套灌溉区及毛乌素沙地的风力侵蚀模数于 2000—2005 年有明显下降，20 年间整体呈波动下降趋势，但这些亚区风力侵蚀模数一直处于较高的状态，且整体下降较平缓，风力侵蚀仍有待改善(彩图 27)。

9.3.1.2 净初级生产力(NPP)时空变化

京津风沙源治理工程区净初级生产力呈现东南高西北低的空间格局，燕山丘陵区、大兴安岭南部、晋北山地丘陵区和农牧交错区较高，典型草原西、中、东区及浑善达克沙地较低。

2000—2020 年，区域 NPP 呈波动上升的趋势，总体上为增加态势，增加区域主要为燕山丘陵区的大部分区域、科尔沁沙地的西部、晋北山地丘陵区的南部及农牧交错区的中西部。其中，2000—2010 年，燕山丘陵区、大兴安岭南部、晋北山地丘陵区及农牧交错区内 NPP 呈先上升后下降趋势，典型草原区东部为显著升高区域；2010—2020 年，燕山丘陵区、大兴安岭南部、晋北山地丘陵区和农牧交错区、浑善达克沙地 NPP 有明显上升趋势，其他区域平缓升高。

9.3.1.3 植被指数(NDVI)时空变化

京津地区风沙源区从西北到东南，植物覆盖率呈现出逐渐增加的态势。在这些植被中，中等植被指数和中低植被指数的面积所占的比例最大，并且大部分都位于荒草平原西区的东部、荒草平原中区南部及东部、典型草原区中西部、科尔沁沙地、大兴安岭南部、浑善达克沙地、农牧交错区及毛乌素沙地，部分位于晋北山地丘陵区、燕山丘陵区等南部区域，分别占工程区总面积的 25.52% 和 24.79%；中高植被指数区域主要分布于典型草原区东部、大兴安岭南部区西部、燕山丘陵区大部、晋北山地丘陵区南部，零散分布于农牧交错区及河套灌溉区，面积占比为 23.89%；高覆盖度区域主要零散分布于燕山丘陵区及河套灌溉区，面积占比为 15.30%；低植被指数区域则主要分布于荒草平原西区西部、部分分布于毛乌素沙地西北部，面积占比为 10.50%。

2000—2020 年，源区内 NDVI 呈现波动增加趋势，全区 2000—2005 年 NDVI 有明显增加，增幅为 1.90%，2005—2010 年间增速减缓，增幅为 1.38%，2010—2015 年间略有下降，2015—2020 年间又有所增加。与 2000 年相比，增幅较大的区域为中西部的毛乌素沙地、河套灌溉区、荒草平原西区及农牧交错区，而燕山丘陵区域 NDVI 的变化趋势为下降。经过对比分析，2000—2020 年气温升高、降水增多等气候因素是造成毛乌素沙地、河套灌溉区、荒草平原西区及农牧交错区 NDVI 增加的主要原因。相对于气候变化的影响而言人为因素对 NDVI 的影响相对较弱，但却可以在很短的一段时间里，引起 NDVI 的变化速率上升，且在京津风沙源治理一期工程（2001—2010 年）及二期工程（2013—2022 年）实施后的短时间内为正向影响，但随着时间的推移呈逐渐下降趋势（彩图 28）。

9.3.1.4 生物多样性时空变化

整体上，工程区生物多样性维护功能综合指数较低，为 0.14，表明其生态系统的生物多样性维护功能较弱，空间上与植被覆盖度 NDVI 的空间格局类似，从东南向西北方向大幅度降低，且数值差距较大，推测与植被类型、温度降水等气候和海拔因素相关。分析可发现，燕山丘陵区、晋北山地丘陵区及大兴安岭南部区的南端生物多样性维护功能指数较高，这些地区地形主要为平原和小、中起伏山地，海拔较低，气候温暖而湿润，为动植物的生长、繁育和栖息提供了良好的条件；而随着各类生物赖以生存的环境发生变化，气温降低、海拔升高、植被类型逐渐由栽培植被、灌丛、针阔叶林转变为中高海拔草原和荒漠，生物多样性维护功能也逐渐减弱（彩图 29）。

2000—2020 年，工程区整体的生物多样性维护功能指数呈逐渐上升趋势。燕山丘陵区、晋北山地丘陵区及科尔沁沙地和大兴安岭南部南端生物多样性维护高值区域有显著增加，大兴安岭南部的北端 2015—2020 年也有所上升。

9.3.1.5 土地利用强度时空变化

在空间分布上，工程区土地利用强度呈现由东南部向西北部递减的趋势。区域总体的土地利用强度指数数值范围为 2.5~4.0，整体上土地利用强度指数偏高。高值区位于东南部的天津市、廊坊市、朔州市，中部的呼和浩特市、大同市、张家口市；低值区主要分布在锡林郭勒盟、承德市、巴彦淖尔市、鄂尔多斯市,这主要是与天津、廊坊、朔州市的耕地较多,呼和浩特市、大同市、张家口市煤矿含量丰富,工矿开采强度较大,土地利用类型多集中在耕地、城乡工矿居民用地有关(彩图 30)。

时间变化方面,京津风沙源治理工程区 2000—2020 年整体的土地利用强度指数变化范围不大,呈现先降低后升高趋势,最低值出现在 2005 年,为 2.883。2000—2005 年,区域土地利用强度指数略有下降,下降了 0.18%;2005—2020 年,区域土地利用强度指数从 2.884 增加到了 2.908。2000—2020 年,区域内所有城市的土地利用强度都呈现增加趋势,主要增加的区域为乌海市、天津市、廊坊市、北京市和承德市。

9.3.2　社会发展特征

9.3.2.1　人口密度时空变化

2020 年,工程区人口密度呈现由西北向东南增加的趋势。区域总体的人口密度数值范围为(4.48~1158.74 人/km²),整体人口密度差异性较大。高值区位于东南部的北京市(1334.08 人/km²)、天津市(1158.74 人/km²)和廊坊市(849.91 人/km²);低值区主要分布在西北部的锡林郭勒盟(5.46 人/km²)等城市(彩图 31)。

时间变化方面,2000 年京津风沙源治理工程区人口密度为 78.95 人/km²,低于同期全国人口密度 132.02 人/km²,2020 年区域人口密度为 102.33 人/km²,也低于同期全国水平 147.10 人/km²。2000—2020 年,区域整体人口密度较低,但增长幅度较大,由 2000 年的 78.95 人/km² 增长到了 2020 年的 102.33 人/km²,增长率为 29.61%,且 20 年间呈现逐年增长趋势。2000—2020 年,除巴彦淖尔、乌兰察布、张家口、忻州市外,其余城市的人口密度均呈现增加趋势,主要的增加区域为北京市、天津市和廊坊市。

9.3.2.2　出生率时空变化

工程区的出生率呈现中部低、东西高趋势。区域总体的出生率数值范围为(0.74%~19.44%)。高值区位于西南部的鄂尔多斯市、榆林市及东北部的锡林郭勒盟;低值区主要分布在中部的乌兰察布市及东南部的天津市(彩图 32)。

时间变化方面,2000 年,京津风沙源治理工程区人口出生率为 11.06%,低于同期全国人口出生率 14.03%,2020 年区域人口出生率为 8.11%,略低于同期全国水平(8.52%)。2000—2020 年,区域整体出生率较低,20 年间呈现波动下降趋势,由 2000 年的 11.06% 下降到 2020 年的 8.11%,降幅为

26.62%,降幅小于全国水平(39.27%)。20 年间,除北京(增幅为 29.81%)、榆林(12.58%)两市外,其余城市的出生率均呈现降低趋势,主要的下降区域为大同市(降幅为 50.25%)、忻州市(47.97%)和朔州市(46.07%)。

9.3.2.3 自然增长率时空变化

空间分布方面,工程区整体自然增长率呈现西南部高,中部低的趋势。区域总体的自然增长率数值范围为(-4.92% ~ 12.85%)。高值区位于西南部的鄂尔多斯市、榆林市、巴彦淖尔市、呼和浩特市及东南部的廊坊市;低值区主要分布在中部的乌兰察布市及东部的赤峰市(彩图 33)。

时间变化方面,2000 年,京津风沙源治理工程区人口自然增长率为 5.24%,低于同期全国人口自然增长率 7.68%,2020 年区域人口自然增长率为 1.73%,略高于同期全国水平 1.45%。2000—2020 年,区域整体自然增长率较低,20 年间呈现波动下降趋势,由 2000 年的 5.24%下降到 2020 年的 1.73%,降幅为 66.98%,降幅小于全国水平(81.12%)。2000—2020 年,除北京(增幅为 165.56%)、榆林(4.12%)、鄂尔多斯(3.39%)3 市外,其余城市的自然增长率均呈现下降趋势,主要的降低区域为赤峰市(降幅 231.20%)、乌兰察布市(178.04%)和张家口市(96.32%)。

9.3.2.4 男女人数差占比时空变化

空间分布方面,工程区整体男女人数差呈现西南、东北高,西北低的趋势。区域总体的男女人数差数值范围为(0.09% ~ 19.74%)。高值区位于西南部的榆林市、乌海市、朔州市;低值区主要分布在中部的鄂尔多斯市、呼和浩特市、包头市以及张家口市(彩图 34)。

时间变化方面,2000 年,京津风沙源治理工程区人口男女人数差为 8.74%,高于同年全国人口男女人数差 1.89%,2020 年区域人口男女人数差为 2.30%,略高于同年全国水平 1.61%。2000—2020 年,区域整体男女人数差较高,20 年间呈现波动下降趋势,由 2000 年的 8.74%下降到 2020 年的 2.30%,降幅为 73.64%,降幅小于全国水平(14.8%)。2000—2020 年,除天津市(增幅为 192.72%)北京市(97.97%)、榆林市(38.60%)、廊坊市(24.23%)4 市外,其余城市的男女人数差均呈现缩小趋势,主要的降低区域为包头市(降幅 97.29%)、鄂尔多斯市(92.30%)和呼和浩特市(75.74%)。

9.3.2.5 城镇人口比重时空变化

空间分布方面,工程区整体城镇人口比重呈现西南低、东南高的趋势。区域总体的城镇人口比重数值范围为(9.51% ~ 96.05%)。高值区位于东南部的北京市、天津市，西部的包头市和乌海市；低值区主要分布在西南部的鄂尔多斯市和榆林市(彩图 35)。

时间变化方面，2000 年，京津风沙源治理工程区人口城镇人口比重为 37.84%，高于同年全国人口城镇人口比重 36.22%，2020 年区域人口城镇人口比重为 67.78%，高于同年全国水平 63.89%。2000—2020 年，区域整体城镇人口比重较高，20 年间呈现逐步升高的趋势，由 2000 年的 37.84%上升到 2020 年的 67.78%，增幅为 79.11%，增幅大于全国水平(76.39%)。2000—2020 年，各城市的城镇人口比重均呈现增大趋势，主要的增加区域为承德市(增幅为 634.32%)、张家口市(272.51%)和廊坊市(182.75%)。

9.3.3　经济发展特征

9.3.3.1　一产占比时空变化

空间分布方面，工程区整体第一产业占比呈现东南低，西北、东北高的趋势。区域总体的第一产业占比数值范围为(0.3%~39.1%)。低值区位于东南部的北京市、天津市，西部的包头市、鄂尔多斯市、呼和浩特市和包头市；高值区主要分布在西北部的巴彦淖尔市，东部的承德市(彩图 36)。

时间变化方面，2000 年，京津风沙源治理工程区人口第一产业占比为 17.76%，高于同年全国人口第一产业占比 15.9%，2020 年区域人口第一产业占比为 9.63%，高于同年全国水平 7.7%。2000—2020 年，区域整体第一产业占比较高，20 年间呈现逐步降低的趋势，由 2000 年的 17.76%降低到 2020 年的 9.63%，降幅为 45.79%，增幅低于全国水平(51.57%)。2000—2020 年，除承德(增幅为 32.79%)、张家口(16.83%)两市外，各城市的第一产业占比均呈现降低趋势，主要的降低区域为北京市(降幅为 91.79%)、鄂尔多斯市(74.56%)和朔州市(69.19%)。

9.3.3.2　三产占比时空变化

空间分布方面，工程区整体第三产业占比呈现西南、东北部低，东南、西北部高的趋势。区域总体的第三产业占比数值范围为(22.79%~83.87%)。高值区位于东南部的北京市、天津市、廊坊市及中部的呼和浩特市；低值区主要分布在西南部的鄂尔多斯市、榆林市、乌海市及东北部的锡林郭勒盟和乌兰察布市(彩图 37)。

时间变化方面，2000 年，京津风沙源治理工程区人口第三产业占比为 37.65%，高于同年全国人口第三产业占比 33.20%，2020 年区域人口第三产业占比为 51.67%，略低于同年全国水平 54.50%。2000—2020 年，区域整体第三产业呈现逐步升高的趋势，由 2000 年的 37.65% 上升到 2020 年的 51.67%，增幅为 37.23%，低于全国水平(64.16%)。2000—2020 年，除榆林市降幅为 16.64% 外，各城市的第三产业占比均呈现增大趋势，主要的增加区域为廊坊市(增幅为 100.16%)、包头市(73.37%)和呼和浩特市(57.30%)。

9.3.3.3 人均国内生产总值时空变化

空间分布方面，工程区整体人均国内生产总值呈现南北高、中部低的趋势。区域总体的人均国内生产总值数值范围为 2452~164889 元。高值区位于东南部的北京市、天津市以及西南部的鄂尔多斯市、榆林市和包头市；低值区主要分布在中西部的巴彦淖尔市及中东部的赤峰市、承德市等(彩图 38)。

时间变化方面，2000 年，京津风沙源治理工程区人口人均国内生产总值为 8472 元，高于同年全国人口人均国内生产总值 7942 元，2020 年区域人口人均国内生产总值为 79456 元，高于同年全国水平 72000 元。2000—2020 年，区域整体人均国内生产总值占比较高，20 年间呈现逐步升高的趋势，由 2000 年的 8472 元上升到 2020 年的 79456 元，增幅为 837.87%，增幅高于全国水平(806.57%)。2000—2020 年，各城市的人均国内生产总值均呈现增大趋势，主要的增加区域为榆林市(增幅为 4507.42%)、乌兰察布市(1315.30%)、忻州市(1244.92%)和鄂尔多斯市(1209.23%)。

9.3.3.4 城镇居民人均可支配收入时空变化

空间分布方面，工程区整体城镇居民人均可支配收入呈现东南高、中部低的趋势。区域总体的城镇居民人均可支配收入数值范围为 3505~75602 元。高值区位于东南部的北京市以及西部的鄂尔多斯市和包头市；低值区主要分布在西北部的巴彦淖尔市、西南部的榆林市及中东部的赤峰市、承德市等(彩图 39)。

时间变化方面，2000 年，京津风沙源治理工程区人口城镇居民人均可支配收入为 5367 元，低于同年全国人口城镇居民人均可支配收入 6280 元，2020 年区域人口城镇居民人均可支配收入为 42144 元，高于同年全国水平 43834 元。2000—2020 年，区域整体城镇居民人均可支配收入占比较高，20 年间呈现逐步升高的趋势，由 2000 年的 5367 元上升到 2020 年的 42144 元，增幅为 685.26%，增幅高于全国水平(597.99%)。2000—2020 年，各城市的城镇居民人均可支配收入均呈现增大趋势，主要的增加区域为榆林市(增幅为 918.15%)、乌海市 (869.80%)、包头市 (837.92%) 和鄂尔多斯市 (814.36%)。

9.3.3.5　农牧民人均纯收入时空变化

空间分布方面，工程区整体的农牧民人均纯收入呈现东南、西北部高，中部低趋势。区域总体的农牧民人均纯收入数值范围为 1062～30126 元。高值区位于东南部的北京市、天津市以及西部的鄂尔多斯市、巴彦淖尔市、包头市和呼和浩特市；低值区主要分布在南部的忻州市及东部的赤峰市、承德市等(彩图 40)。

时间变化方面，2000 年，京津风沙源治理工程区人口农牧民人均纯收入为 2345 元，低于同年全国人口农牧民人均纯收入 17132 元，2020 年区域人口农牧民人均纯收入为 17967 元，低于同年全国水平 43834 元。2000—2020 年，区域整体农牧民人均纯收入占比较低，20 年间呈现逐步升高的趋势，由 2000 年的 2345 元上升到 2020 年的 17967 元，增幅为 666.17%，增幅高于全国水平(155.87%)。2000—2020 年，各城市的农牧民人均纯收入均呈现增大趋势，主要的增加区域为榆林市(增幅为 1248.31%)、承德市(936.95%)、乌海市(827.61%)和张家口市(808.08%)。

9.4　区域可持续性综合评价

9.4.1　生态亚系统可持续性时空变化

2020 年，京津风沙源治理工程区生态环境亚系统可持续性高值区主要出现在承德市(0.843)、忻州市(0.566)和北京市(0.469)，低值区主要出现在包头市(0.151)、巴彦淖尔市(0.050)和(0.011)。2000—2020 年，各城市地级市的生态环境人地系统可持续性差异性略有下降，所有城市生态环境指数的极差从 2000 年的 0.884 下降到了 2020 年的 0.832。

同期，区域生态环境亚系统人地系统可持续水平整体呈现先下降后上升的趋势。生态环境可持续性指数于 2000—2010 年有所下降，降幅为 6.18%；2010—2020 年有所上升，增幅为 3.71%。20 年间，近半数城市生态环境指数呈现上升趋势，按涨幅大小排列分别为，乌海市、榆林市、鄂尔多斯市、包头市、乌兰察布市、忻州市和锡林郭勒盟，其对应涨幅分别为 244.81%、85.18%、43.38%、30.75%、19.78%、5.00% 和 1.73%；有 2 个城市呈现先增加后减小趋势，分别为乌海市、承德市和赤峰市；有 3 个城市呈现持续减小趋势，为廊坊市、北京市和张家口市，降低幅度分别为 25.99%、19.92% 和 13.60%。

从不同规模城市来看，20 年间，超大型城市生态环境指数呈现波动下降趋势，由 2000 年的 0.459 下降到 2020 年的 0.380，一直处于Ⅲ级水平，生态环境人地系统可持续性一般；大型城市生态环境指数则呈现先下降后上升的趋势，由 2000 年的 0.312 提升到 2020 年的 0.335，一直在Ⅲ级水平波动；中型城市生态环境指数由 0.003 上升到了 0.011，处于Ⅳ级水平，但一直处于较差水平(图 9-6，彩图 41)。

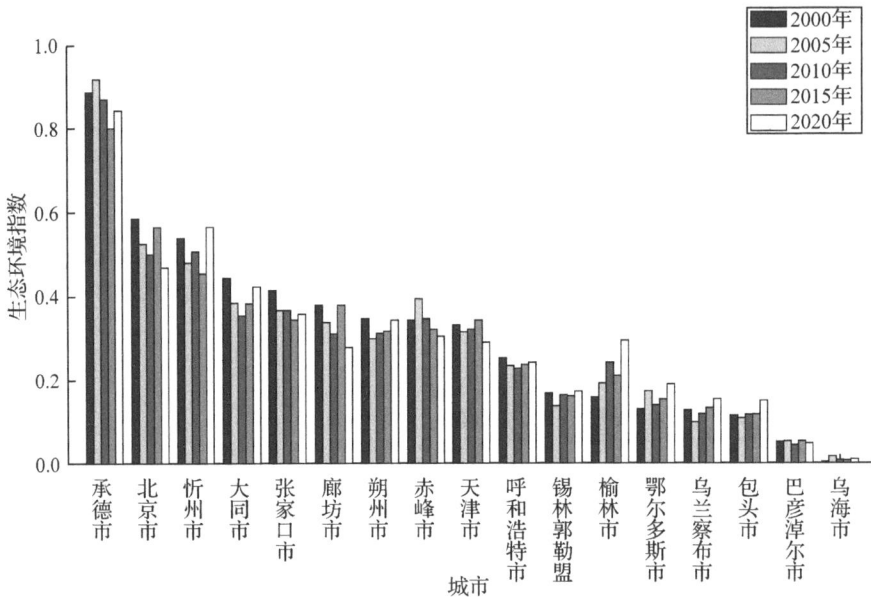

图 9-6 京津风沙源治理工程区生态环境指数评价

9.4.2 社会亚系统可持续性时空变化

2020 年，京津风沙源治理工程区的社会进步指数高值区主要出现在北京(0.399)、廊坊(0.393)、呼和浩特市(0.369)和乌海市(0.349)，低值区主要出现在乌兰察布市(0.047)、赤峰市(0.073)、榆林市(0.103)和忻州市(0.130)。2000—2020 年，各地级市的社会进步人地系统可持续性差异性在减小。所有城市社会进步指数的极差从 2000 年的 0.558 下降到了 2020 年的 0.352。

同期，区域社会进步亚系统人地系统可持续水平呈先下降后升高、总体略有下降的趋势。可持续性指数从 2000 年的 0.273 下降到了 2010 年的 0.203，到 2020 年升高到 0.227。20 年间，有 5 个城市社会进步指数呈现上升趋势，按涨幅大小排列分别为天津市、北京市、鄂尔多斯市、廊坊市和呼和浩特市，其对应涨幅分别为 1026.88%、59.61%、57.27%、40.88% 和 27.00%；有 2 个城市呈现先增加后减小趋势，分别为天津市和鄂尔多斯市；有 1 个城市持续减小，为大同市，降低幅度为 55.70%（图 9-7，彩图 42）。

从不同规模城市来看，超大型城市社会进步指数由 2000 年的 0.135 提升到 2020 年的 0.318，即Ⅳ级水平提升到Ⅲ级水平，社会进步人地系统可持续性由较差变为一般；大型城市则相反，社会进步指数由 0.279 下降到 0.205，即由Ⅲ级水平下降到了Ⅳ级水平，社会进步可持续性水平由一般变为了较差；中型城市社会进步指数由 0.463 下降到了 0.349，处于Ⅲ级水平，且一直处于较差水平。

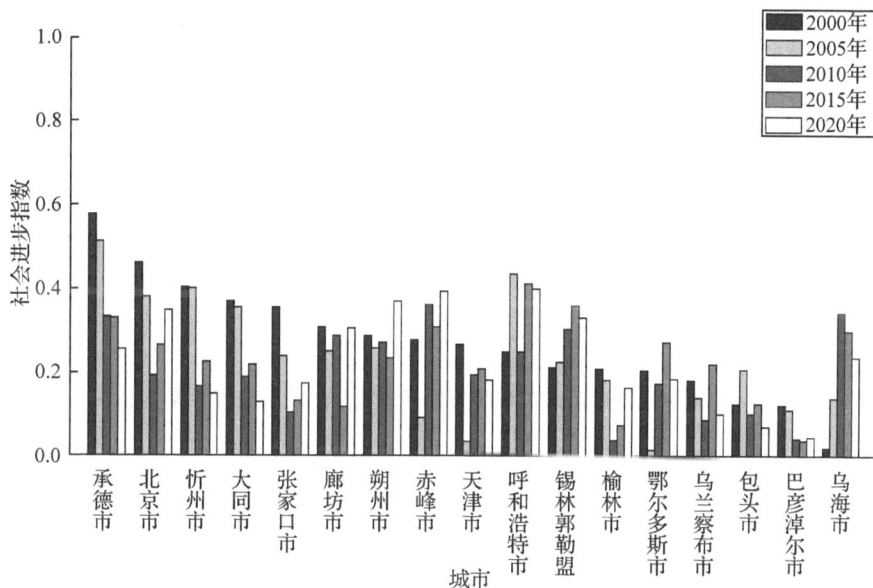

图 9-7　京津风沙源治理工程区社会亚系统可持续性变化（2000—2020 年）

9.4.3　经济亚系统可持续性时空变化

2020 年，京津风沙源治理工程区经济发展指数高值区主要出现在北京市（1.000）、天津市（0.580）、包头市（0.456）和呼和浩特市（0.445），低值区主要出现在忻州市（0.025）、承德市（0.034）、乌兰察布市（0.040）和赤峰市（0.047）。2000—2020 年，各地级市的经济发展人地系统可持续性差异性呈现波动增加的趋势。所有城市经济发展指数的极差在 2000—2015 年持续减小，从 2000 年的 0.962 下降到了 2015 年的 0.915，降幅为 4.89%，后又增加到 2020 年的 0.975，增幅为 6.57%。

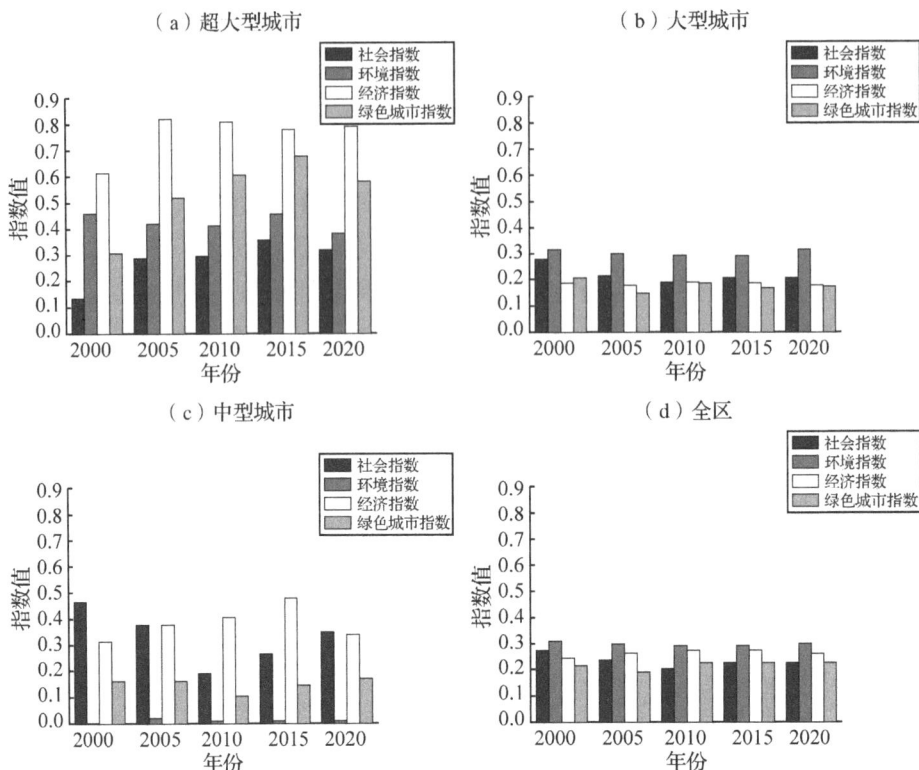

图 9-8 京津风沙源治理工程区不同规模城市人地系统可持续性水平

同期，区域经济发展亚系统人地系统可持续性水平整体有所上升，可持续性指数从 2000 年的 0.245 上升到了 2020 年的 0.361，增幅为 47.3%，尤其在 2000—2010 年有较大提升，增幅为 30.2%。20 年间，近半数城市经济发展指数呈现上升趋势，按涨幅大小排列分别为榆林市、天津市、鄂尔多斯市、呼和浩特市、包头市、锡林郭勒盟、乌海市、北京市，其对应涨幅分别为 327.10%、146.65%、48.48%、33.16%、27.83%、16.37%、8.40%、0.77%；有 7 个城市呈现先减小后增加趋势，分别为朔州市、廊坊市、乌兰察布市、赤峰市、巴彦淖尔市、大同市、张家口市和承德市；有 1 个城市持续减小，为忻州市，降低幅度为 54.98%。北京市经济发展人地系统可持续性指数数值较高，但涨幅较小，天津市、呼和浩特市和包头市经济发展指数增长较快，数值也较高，榆林等市经济发展指数数值较小，但有较大增幅。

从不同规模城市来看，超大型城市经济发展指数由 2000 年的 0.614 提升到 2020 年的 0.790，即Ⅱ级水平提升到Ⅰ级水平，经济发展人地系统可持续性由较好变为优良；大型城市则相反，经济发展指数由 0.287 下降到 0.180，即由Ⅲ级水平下降到了Ⅳ级水平，经济发展可持续性水平由一般变为了较差；中型城市经济发展指数由 0.315 上升到了 0.342，在Ⅲ级水平波动，经济发展可持续性水平一直处于一般水平（彩图 43）。

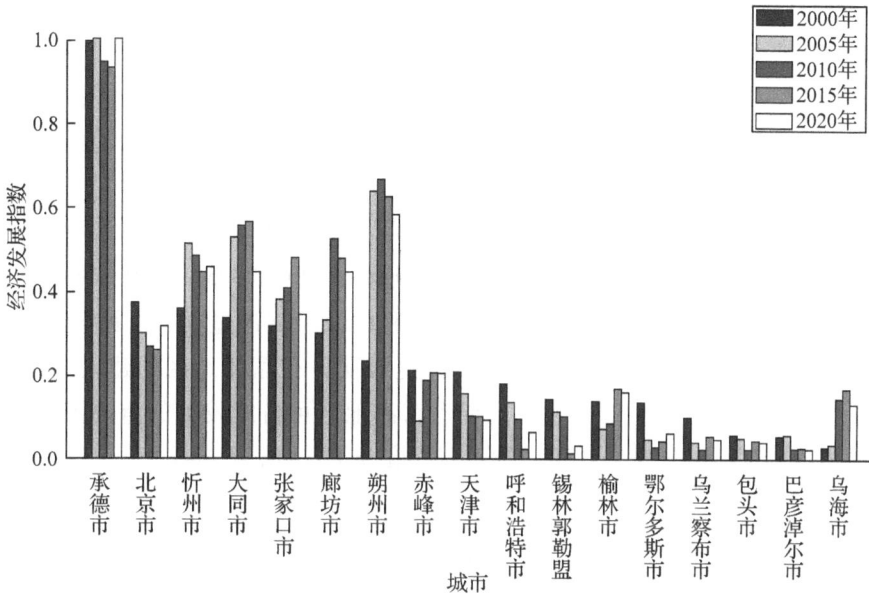

图 9-9　京津风沙源治理工程区经济发展亚系统可持续性变化（2000—2020 年）

9.4.4　综合人地系统可持续性时空变化

2020 年，京津风沙源治理工程区综合人地系统可持续性总体呈东南部较高、西北部较低的格局。高值区主要出现在北京市（0.796）、呼和浩特市（0.437）、廊坊市（0.429）和天津市（0.358），低值区主要出现在乌兰察布市（0.005）、巴彦淖尔市（0.025）、赤峰市（0.025）和忻州市（0.060）。2000—2020 年，各地级市的综合人地系统可持续性差异性呈现增大趋势。所有城市绿色城市指数的极差从 2000 年的 0.502 上升到了 2020 年的 0.791。

同期，区域综合人地系统可持续水平呈现波动升高趋势。可持续性指数在 2000—2010 年持续增长，从 2000 年的 0.213 上升到了 2010 年的 0.230，但在 2010—2020 年略有下降，下降到 2020 年的 0.223。20 年间，有近半数城市绿色城市指数呈现上升趋势，按涨幅大小排列分别为天津市、榆林市、鄂尔多斯市、呼和浩特市、北京市、包头市、廊坊市和乌海市，其对应涨幅分别为 320.91%、160.34%、136.01%、60.86%、49.40%、47.31%、27.22% 和

4.87%；有 6 个城市呈现先增加后减小趋势，分别为锡林郭勒盟、朔州市、承德市、张家口市、巴彦淖尔市、赤峰市；有 3 个城市持续减小，为乌兰察布市、忻州市和大同市，降低幅度分别为 85.26%、71.03% 和 55.38%。

从不同规模城市来看，超大型城市绿色城市指数由 2000 年的 0.309 提升到 2020 年的 0.577，即Ⅲ级水平提升到Ⅱ级水平，综合人地系统可持续性由一般变为良好；大型城市则相反，绿色城市指数由 0.263 下降到 0.176，即由Ⅲ级水平下降到了Ⅳ级水平，综合可持续性水平由一般变为了较差；中型城市绿色城市指数由 0.163 上升到了 0.171，处于Ⅳ级水平，综合人地系统可持续性一直处于较差水平(彩图 44)。

研究发现，2000—2020 年，各个城市的人地系统可持续发展指数在数值上总体变化很大，呈现出一种起伏的增长趋势，其中 2005—2010 年的增长最为明显。本研究可以看到，工程区治理工程的政策演进过程中，社会-经济-生态环境的可持续性得到了显著提高。这表明，在京津地区的建设过程中，改进管理策略，实施生态工程，是促进京津地区可持续发展的重要因素，但源区内不同区域的人地系统可持续发展程度并不一致，差异很大。

9.5 区域人地系统耦合协调度

9.5.1 全区尺度人地系统耦合协调度

从全区尺度来看，2000—2020 年，人地系统耦合协调度总体呈现先下降后上升的趋势。

2000—2005 年这一阶段的全区社会进步、经济发展与生态环境耦合协调度类型均为基本协调，但从经济发展滞后型转换成了社会进步滞后型，数值上略有下降，从 0.524 下降到了 0.514。这一时期的生态环境子系统的综合水平明显高于社会进步、经济发展子系统的综合水平，经济发展子系统综合水平呈上升趋势，从 0.245 增加到 0.264；而社会进步子系统和生态环境子系统的综合水平则呈现下降趋势，尤其是社会进步子系统，从 0.273 下降到 0.234。这些结果说明京津风沙源治理一期工程初期，社会、经济人地系统可持续性水平较低，生态环境人地系统可持续性较高，经济发展较快，对社会及生态环境人地系统可持续性构成了一定的负面影响。

2005—2010 年全区的耦合协调度类型均为基本协调-社会进步滞后型，整体的耦合协调度仍在逐渐下降，从 0.514 下降到了 0.503。这一时期的生态环境子系统的综合水平仍高于社会进步、经济发展子系统的综合水平，经济发展子系统综合水平依旧呈上升趋势，但增幅较上一时期减缓，从 7.87% 下降到了 4.01%，社会进步子系统和生态环境子系统的综合水平呈现下降趋势，降幅均有减缓，分别从 14.25% 下降到了 13.46%、从 4.53% 下降到了 1.73%。这些结果说明京津风沙源治理一期工程中后期，经济发展较快，对社会进步及生态环境人地系统可持续性造成的负面影响得到了一定的遏制。

2010—2015 年，这一时期的协调类型仍处于基本协调-社会进步滞后阶段，但社会进步、经济发展与生态环境耦合协调度有所增加，从 0.503 增加到了 0.652，增幅为 1.88%。社会进步子系统在这一阶段呈线性上升，经济发展子系统、生态环境子系统人地系统可持续性变化较平稳，经济发展子系统略有下降，降幅为 0.77%，生态环境子系统略有提升，增幅为 0.59%。

2015—2020 年城市化与生态环境耦合协调度增长速度回落，从 0.652 增加到了 0.674，一直维持在基本协调-社会进步滞后阶段。这一时期经济发展综合水平继续下降，但生态环境综合水平有了一定提升，社会进步综合水平变化不大。

表 9-6　2000—2020 年京津风沙源治理工程区社会进步、经济发展与
生态环境的耦合协调类型

年　份	社会进步指数	生态环境指数	经济发展指数	D	子类型
2000	0.273	0.311	0.245	0.524	基本协调-经济发展滞后型
2005	0.234	0.297	0.264	0.514	基本协调-社会进步滞后型
2010	0.203	0.292	0.275	0.503	基本协调-社会进步滞后型
2015	0.227	0.294	0.273	0.513	基本协调-社会进步滞后型
2020	0.227	0.303	0.261	0.512	基本协调-社会进步滞后型

9.5.2　不同规模城市人地系统耦合协调度

9.5.2.1　超大型城市人地系统耦合协调度分析

2000-2020 年，超大型城市人地系统耦合协调度总体呈现先增加后略有下降的趋势，耦合协调类型均为社会进步滞后型。2000—2015 年超大型城市人地系统耦合协调度持续增长，从 2000 年的 0.580 增长到了 2015 年的 0.708，涨幅为 22.01%。期间，社会进步指数持续增长，生态环境指数先下降后恢复，经济发展指数则呈现先增加后下降趋势，3 个亚系统指数之间的差异性在缩小，耦合协调类型也从基本协调上升至高级协调。2015—2020 年超

大型城市人地系统耦合协调度略有下降，从 2015 年的 0.708 下降到 2020 年的 0.676，降幅为 4.50%。期间，社会进步和生态环境指数略有下降，经济发展指数则继续上升，三系统间差异性增加，耦合协调类型也从高级协调恢复至基本协调，推测与京津风沙源治理二期工程治理效果至后期有所回落有关。

表 9-7 2000—2020 年超大型城市社会进步、经济发展与生态环境的耦合协调类型

年 份	社会进步指数	生态环境指数	经济发展指数	D	子类型
2000	0.135	0.459	0.614	0.580	基本协调–社会进步滞后型
2005	0.287	0.420	0.819	0.680	基本协调–社会进步滞后型
2010	0.297	0.411	0.806	0.679	基本协调–社会进步滞后型
2015	0.357	0.454	0.777	0.708	高级协调–社会进步滞后型
2020	0.318	0.380	0.790	0.676	基本协调–社会进步滞后型

9.5.2.2 大型城市人地系统耦合协调度分析

2000—2020 年，大型城市人地系统耦合协调度总体呈现波动增长的趋势，耦合协调类型均为经济发展滞后型。2000—2010 年大型城市人地系统耦合协调度先上升后下降，从 2000 年的 0.462 增长到了 2005 年的 0.475，再从 2005 的 0.475 下降到 0.469。期间，社会进步指数、生态环境指数均持续增长，经济发展指数则呈现先下降后上升的趋势，3 个亚系统指数之间的差异性在增大，耦合协调水平从基本协调转变为基本不协调。2010—2020 年大型城市人地系统耦合协调度不断上升，从 2010 年的 0.469 上升到 2020 年的 0.475，涨幅为 1.38%。期间，社会进步指数和经济发展指数略有下降，生态环境指数则继续上升，京津风沙源治理二期工程治理效果较为明显，但 3 个亚系统间差异性较大，耦合协调度水平一直为基本不协调。

表 9-8 2000—2020 年大型城市社会进步、经济发展与生态环境的耦合协调类型

年 份	社会进步指数	生态环境指数	经济发展指数	D	子类型
2000	0.190	0.295	0.187	0.462	基本协调–经济发展滞后型
2005	0.216	0.299	0.177	0.475	基本不协调–经济发展滞后型
2010	0.279	0.312	0.189	0.469	基本不协调–经济发展滞后型
2015	0.206	0.329	0.186	0.472	基本不协调–经济发展滞后型
2020	0.205	0.358	0.180	0.475	基本不协调–经济发展滞后型

9.5.2.3　中型城市人地系统耦合协调度分析

2000—2020 年，中型城市人地系统耦合协调度总体呈波动增长的趋势，耦合协调类型均为生态环境滞后型。2000—2010 年中型城市人地系统耦合协调度先上升后下降，从 2000 年的 0.280 增长到了 2005 年的 0.374，再从 2005 年的 0.374 下降到 0.308。期间，社会进步指数持续降低，经济发展指数持续增长，生态环境指数则呈现波动增加的趋势，3 个亚系统指数之间的差异性略有下降，耦合协调水平从严重不协调转变为基本不协调。2010—2020 年中型城市人地系统耦合协调度先上升后稳定发展，从 2010 年的 0.308 上升到 2020 年的 0.333，涨幅为 8.12%。期间，社会进步指数有所回升，生态环境指数和经济发展指数则呈现先上升后下降的趋势，3 个亚系统间差异性仍较大，耦合协调度水平一直为基本不协调。

表 9-9　2000—2020 年中型城市社会进步、经济发展与生态环境的耦合协调类型

年　份	社会进步指数	生态环境指数	经济发展指数	D	子类型
2000	0.463	0.003	0.315	0.280	严重不协调-生态环境滞后型
2005	0.380	0.019	0.380	0.374	基本不协调-生态环境滞后型
2010	0.194	0.011	0.407	0.308	基本不协调-生态环境滞后型
2015	0.267	0.024	0.481	0.324	基本不协调-生态环境滞后型
2020	0.349	0.015	0.342	0.333	基本不协调-生态环境滞后型

表 9-10　2000—2020 年不同规模城市社会进步、经济发展与生态环境的耦合协调类型及变化

年份	中型城市	大型城市	超大型城市	京津风沙源治理工程区
2000	严重不协调-生态环境滞后型	基本协调-经济发展滞后型	基本协调-社会进步滞后型	基本协调-经济发展滞后型
2005	基本不协调-生态环境滞后型	基本不协调-经济发展滞后型	基本协调-社会进步滞后型	基本协调-社会进步滞后型
2010	基本不协调-生态环境滞后型	基本不协调-经济发展滞后型	基本协调-社会进步滞后型	基本协调-社会进步滞后型
2015	基本不协调-生态环境滞后型	基本不协调-经济发展滞后型	高级协调-社会进步滞后型	基本协调-社会进步滞后型
2020	基本不协调-生态环境滞后型	基本不协调-经济发展滞后型	基本协调-社会进步滞后型	基本协调-社会进步滞后型

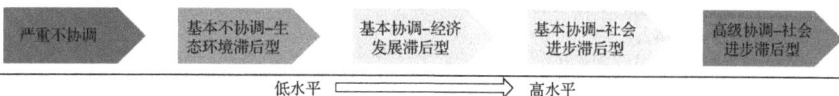

严重不协调　→　基本不协调-生态环境滞后型　→　基本协调-经济发展滞后型　→　基本协调-社会进步滞后型　→　高级协调-社会进步滞后型

低水平　→　高水平

9.6 小 结

2000—2020 年，京津风沙源治理工程区整体均处于基本协调阶段，由基本协调-经济发展滞后型转变为了社会进步滞后型，在 2000—2010 年持续下降，于 2010—2015 年有所提升，在 2015—2020 年逐渐稳定，但仍处于较低水平，社会-经济-生态子系统存在发展不均衡的现象，人与自然和谐共生的发展理念以及相关措施有待继续推行完善。对不同规模城市对比分析可发现，2010—2015 年超大型城市耦合协调度有所增加，其社会指数、环境指数及经济指数均发展到最高值，推动了区域耦合协调度的增长，20 年间，耦合协调度高值区主要位于超大型城市，其生态环境、社会进步和经济发展可持续性水平均位于前列，各个亚系统发展较为均衡；低值区主要位于中型城市，其生态环境可持续性有待加强。

参考文献

杜斌，张坤民，彭立颖，2006. 国家环境可持续能力的评价研究：环境可持续性指 2005 [J]. 中国人口·资源与环境(1)：19-24.

高峻，张中浩，李魏岳，等，2021. 地球大数据支持下的城市可持续发展评估：指标、数据与方法[J]. 中国科学院院刊，36(8)：940-949.

姜磊，柏玲，吴玉鸣，2017. 中国省域经济、资源与环境协调分析——兼论三系统耦合公式及其扩展形式[J]. 自然资源学报，32(5)：788-799.

李力，2022. 生态创新系统功能、过程和可持续评估[J]. 生态学报，42(12)：4784-4794.

刘耀彬，李仁东，宋学锋，2005. 中国城市化与生态环境耦合度分析[J]. 自然资源学报，20(1)：105-112.

孙晓，刘旭升，李锋，等，2016. 中国不同规模城市可持续发展综合评价[J]. 生态学报，36(17)：5590-5600.

王少剑，方创琳，王洋，2015. 京津冀地区城市化与生态环境交互耦合关系定量测度[J]. 生态学报，35(7)：2244-2254.

王圣云，翟晨阳，2018. 全球人类发展指数(HDI)的空间差异演化与要素分析[J]. 经济地理，38(7)：34-42.

王燕，刘邦凡，郭立宏，2021. 基于 SEEA-2012 我国绿色 GDP 核算体系构建及时空格局分析[J]. 生态经济, 37(9): 136-145.

邬建国, 郭晓川, 杨劼, 等, 2014. 什么是可持续性科学[J]. 应用生态学报, 25(1): 1-11.

Babcicky P, 2013. Rethinking the Foundations of Sustainability Measurement: The Limitations of the Environmental Sustainability Index (ESI)[J]. Soc Indic Res, 113: 133-157.

Chen B, Li F, 2022. Comprehensive Accounting of Resources, Environment, and Economy Integrating Machine Learning and Establishment of Green GDP[J]. Mathematical Problems in Engineering.

Gan X, Fernandez I C, Guo J, et al., 2017. When to Use What: Methods for Weighting and Aggregating Sustainability Indicators[J]. Ecological Indicators, 81: 491-502.

Hardi P, Barg S, Hodge T, 1997. Measuring Sustainable Development: Review of Current Practice[J]. Ottawa: Industry Canada: 119.

Hardi P, Zdan T, 1997. Assessing Sustainable Development: Principles in Practice[J]. Winnipeg: International Institute for Sustainable Development.

Hsu A, Lloyd A, Emerson A, 2013. WhatProgress Have We Made since Rio? Results from the 2012 Environmental Performance Index (EPI) and Pilot Trend EPI [J]. Environmental Science & Policy, 11(33): 171-185.

Huang L, Wu J, Yan L, 2015. Defining andMeasuring Urban Sustainability: A Review of Indicators[J]. Landscape Ecology, 30: 1175-1193.

Kates R W, Clark W C, Corell R, et al., 2001. Environment and Development. Sustainability Science[J]. Science (New York, N. Y.), 292(5517): 641.

NRC, 1999. Our Common Journey: A Transition toward Sustainability[M] Washington, DC: National Academies Press.

OECD, 2001. Towards Sustainable Development: Environmental Indicators 2001[J]. Paris: OECD: 1-152.

OECD, 1998. Towards Sustainable Development: Environmental Indicators [J]. Paris: OECD: 1-129.

Rashid A, Irum A, Malik I A, et al., 2018. Ecological Footprint of Rawalpindi: Pakistan's First Footprint Analysis from Urbanization Perspective[J]. Journal of Cleaner Production, 170: 362-368.

UN, 2007. Indicators of Sustainable Development: Guidelines and Methodologies (Third Edition)[M]. New York: United Nations publication.

United Nations Division of Sustainable Development, 2001. Indicators of Sustainable Development: Guidelines and Methodologies[M]. New York: UN-DSD.

Vanham D, Leip A, Galli A, et al., 2019. Environmental Footprint Family to Address Local to Planetary Sustainability and Deliver on the SDGs [J]. Science of the Total Environment:

133-642.

WCED. Our Common Future[M]. New York: Oxford University Press, 1987.

Wei Y G, Li Y, Liu X J, 2019. SustainableDevelopment and Green Gross Domestic Product Assessments in Megacities Based on the Emergy Analysis Method-A case Study of Wuhan[J]. Sustainable Development, 11(28): 294-30

Wu J, 2006. LandscapeEcology, Cross-disciplinarity, and Sustainability Science[J]. Landscape Ecology, 21(1): 1-4.

Wu J, 2008. Making theCase for Landscape Ecology an Effective Approach to Urban Sustainability[J]. Landscape Journal, 27(1): 41-50.

Wu J, 2010. UrbanSustainability: An Inevitable Goal of Landscape Research[J]. Landscape Ecology, 25(1): 1-4.

Wu J, 2013. LandscapeSustainability Science: Ecosystem Services and Human Well-being in Changing Landscapes[J]. Landscape Ecology, 28(6): 999-1023.

Wu J, 2014. UrbanEcology and Sustainability: The State-of-the-science and Future Directions. Landscape Urban Plan, 125: 209-221.

Wu J, Wu T, 2012. Sustainability Indicators and Indices. In: Christian N. Madu and C. Kuei (eds), Handbook of Sustainable Management [M]. Imperial College Press, London: 65-86.

第 10 章

研究结论与建议

京津风沙源治理工程是筑牢京津冀地区生态安全屏障、服务首都"四个中心"建设的一项具有重大战略意义的生态工程。客观理解工程区自然和社会经济特征，定量认识工程前后生态系统结构、功能和服务的动态变化，以及区域人地系统的综合可持续性，对于有效评估工程效益、科学开展沙化土地生态修复、维护和提升生态修复成果具有重要意义。

10.1　研究结论

为此，本文基于"生态系统功能/过程-生态系统服务-可持续性"的研究思路，揭示了工程区内典型沙区风沙土理化性质及功能特征；从土地利用/覆盖变化的角度分析了区域生态系统特征及主要工程建设的实施情况；模拟获得了包括土壤水蚀和风蚀在内的区域土壤侵蚀过程的强度和主导类型的空间格局；同时评估了区域供给(食物供给、栖息地质量、产水量)、调节(防风固沙率、固碳量、空气净化)和文化(生态休闲)服务等主要生态系统服务的时空格局，并讨论了工程建设的影响；最后，从生态、经济和社会三个方面构建指标体系，评估了区域的综合可持续性和人地系统耦合协调度。研究发现：

(1)典型沙区樟子松人工林系统能够有效提升风沙土生态功能。科尔沁沙地樟子松人工林风沙土以砂粒为主，其次为粉粒，黏粒含量最少；随林龄的增长，土壤黏粒、粉粒含量呈增加趋势；樟子松人工林的阻沙作用使其悬移组分的含量高于裸沙地；尽管樟子松林土壤碳、氮、磷含量均远低于全国土壤水平，但受樟子松枯落物分解、淋溶和沉降等的影响，上层土壤的养分含量高于下层土壤。科尔沁沙地不同林龄樟子松根系真菌多样性随林龄的增加而不断增大，子囊菌门和担子菌门为主要组成部分；其根系真菌功能群组成丰富，随林龄的增加根系共生营养型真菌急剧增加，同时病理营养型呈现下降趋势，腐生营养型维持在一个稳定水平。

（2）工程区土地利用/覆盖变化在不同时段呈现出差异性的空间异质特征。区域以草地为主，草地和耕地集中分布，林地、沙地零散镶嵌。1990—2000年，土地利用/覆盖变化主要表现为草地被开垦（主要分布在科尔沁沙地、农牧交错区）和沙地植被恢复（毛乌素沙地）；2000—2010年，退耕还林/还草有所体现（农牧交错区、毛乌素沙地、晋北山地丘陵）；2010—2018年，地类转换强度有所减弱，总体表现为建设用地对耕地的占用（农牧交错区、燕山丘陵山地水源保护区），以及沙地的植被恢复（毛乌素沙地）。从植被状态来看，沙地植被总体改善，而林草和耕地植被无显著变化趋势；亚区中毛乌素沙地植被改善趋势最显著，而科尔沁沙地和浑善达克沙地植被盖度仍随降水呈波动变化。

（3）工程区受到土壤风蚀和水蚀的共同作用，工程实施以来侵蚀强度显著下降。工程区以风力侵蚀为主，其次为风水复合侵蚀，侵蚀类型格局自西北向东南总体表现为从风蚀主导向风水复合侵蚀和水蚀主导的过渡；风蚀主导区占比为44.95%，主要分布在北部和西部的草原以及沙地地区；1/3区域遭受风水复合侵蚀，主要表现为冬春季节的风蚀和夏秋季节的水蚀交替作用，主要分布在农牧交错地带和林草交错地带；水蚀主导区占比为14.66%，主要分布在南部边缘山地地区。工程实施后，区域风蚀强度降为2000s初期的一半，其中毛乌素沙地降幅最大；水蚀强度也呈现显著下降趋势，晋北山地丘陵区降幅最大，表明生态建设已经在区域侵蚀控制方面发挥了积极作用。

（4）工程区沙尘天气日数呈显著下降趋势，植被恢复的贡献不容忽视。工程区内春季沙尘天数占全年的60%~75%；沙尘天气日数呈西多东少的格局，毛乌素沙地、典型草原西区和黄河灌溉区为峰值区（50~100d），而燕山山地水源保护区日数最少（不到5天）；1982—2013年，区域的平均植被覆盖率增加了近15%，同期平均风速呈现显著下降趋势，沙尘天数减少了80%。气象和植被因素可以解释76.4%的沙尘天数变化，气象因素（例如，3~5月风速、前一年7月到次年6月累积降水）对沙尘变化的影响贡献超过植被恢复的影响，但其贡献在各亚区之间有所不同，当植被覆盖率高于20%时，随着盖度增加，其对起沙的抑制作用将增强。

（5）工程区主要生态系统服务空间差异明显，生态建设在一定程度上产生了积极影响。食物供给以农牧交错区和燕山丘陵山地水源保护区等中南部区域为主，栖息地质量为荒漠草原中区和东区表现最佳，产水贡献最大的是毛乌素沙地和燕山丘陵山地水源保护区等南部区域，固碳贡献以毛乌素沙地、典型草原区和燕山丘陵山地水源保护区为主，植被固沙能力和绿地质量最强的为大型安岭南部和典型草原区等东部区域。1990—2018 年，区域食物供给量持续上升，但栖息地质量和绿地比例总体持续下降，2000 年后随着京津风沙源治理工程的实施，区域产水量、固碳量和固沙率由下降趋势转为上升。

(6) 工程实施后区域生态系统服务价值明显增加，生态建设对服务价值的积极影响大于城镇建设的消极影响。对生态系统服务价值当量系数进行调整，细化草地、林地和沙地等地类内部因生态系统质量造成的服务价值差异，对于客观评估区域生态系统服务价值十分必要。1990—2018 年，全区生态系统服务总价值增加了 3655.21 亿元，增加主要发生在 2000—2018 年，工程实施后沙地面积缩减、林草地面积增加使得生态系统服务价值增加了 120.53 亿元，而植被盖度增加产生的增加值为 5355.04 亿元；对于典型区鄂尔多斯，2000 以来城镇建设用地通过占用生态生产用地导致的服务价值损失约 91.36 亿元，同期退耕还林和林草恢复等生态建设产生的服务价值增量为 113.53 亿元。

(7) 工程区人地系统综合可持续性呈现波动升高趋势，规模大的城市情况更优。2000—2020 年，工程区内有近半数城市绿色城市指数呈现上升趋势，包括天津市、榆林市、鄂尔多斯市、呼和浩特市、北京市、包头市、廊坊市和乌海市；绿色城市指数呈先增加后减小趋势的城市包括锡林郭勒盟、朔州市、承德市、张家口市、巴彦淖尔市、赤峰市；呈现持续减小的城市包括乌兰察布市、忻州市和大同市。同期，区域人地系统耦合协调度呈现先下降后上升趋势，社会-经济-生态子系统发展不均衡；耦合协调度高值区主要位于超大型城市，其生态环境、社会进步和经济发展可持续性水平均位于前列，各个亚系统发展较为均衡；低值区主要位于中型城市，其生态环境可持续性有待加强。

10.2　建　议

可以看出，京津风沙源工程实施后，区域生态功能、服务和可持续性都有显著提升，基于前期调查和本研究结果，本研究提出以下建议，以促进工程区的高质量发展。

(1) 进一步提高工程建设质量。尽管区域采取了一系列防沙治沙和生态恢复措施，但经调查和研究中发现，重造轻管现象普遍，生态建设成果不能得到及时有效的保护。受工程区大风和春旱严重、管护资金缺乏等因素的影响，区域内造林成活率不理想、林木枯死现象严重，病虫害和牲畜破坏等也时有发生，部分区域植被恢复后覆盖率仍然较低，且存在衰退现象，严重影响的生态系统功能和服务的发挥。因此，建议不仅要重视退耕还林还草、裸沙地造林种草的面积和质量，还要关注已有草地和林地的修复和恢复，更要加强生态工程成果的巩固。

（2）采取差别化的沙化土地防治和生态修复方略。京津风沙源治理工程区面积大，区域内自然地理要素和生态系统过程具有明显的空间异质性。本文发现，土壤侵蚀的主导营力、气候变化和植被恢复对沙尘天气的驱动作用等都在亚区尺度上存在明显不同。因此，应在不同亚区有重点地进行技术措施的选择。以沙尘天气防控措施为例，对于工程区东部水分条件好的沙化地区，可以通过植树造林种草来提高地表粗糙度和起动风速；对于水分匮乏、植被相对稀疏的西部地区，水资源的植被承载力较低，需先采用草方格等工程措施来抑制起沙，配合禁牧和封育等来实现近自然植被恢复，以有效降低沙尘天气发生的风险。

（3）完善防沙治沙和生态恢复的标准和评价体系。在区域生态建设及其效益评估过程中，标准化和规范化是最基本要求，也是工程质量和水平的重要标志。现有的相关国家和行业标准，例如《防沙治沙技术规范 GB/T 21141—2007》《沙化土地监测技术规程 GB/T 24255—2009》，在工程建设过程中发挥了重要的作用，但随着相关认知的不断深入，这些标准和规范有待进一步修订和完善。对于退化林分的健康诊断和定级、沙化土地的分级、与沙区水分承载力和风蚀防控效率相匹配的植被盖度标准、生态建设工程效益监测和评价等，都是工程实施、监测和效益评价过程中非常重要的基础性工作，建立和完善这些标准和评价体系，将会有助于工程建设的有序和高效开展，大幅度提升生态工程建设、监测预警以及科学研究的质量和效益。

（4）加强科学技术对工程建设的支撑作用。京津风沙源治理过程中坚持尊重自然规律、科学治沙，科技支撑贯穿工程建设全过程。研发推广的系列抗旱造林技术、保水剂等技术和乔灌草综合防护、林草-林药-林经间作模式等技术方法发挥了重要作用。然而，活化沙丘快速固定技术、石质山区困难立地造林、植被稳定维持技术和近自然生态修复等一些难点、热点技术问题仍没有得到很好的解决，将严重影响工程建设的质量和效益的发挥。因此，应通过国家重点研究、科技支撑计划等对京津风沙源治理中的难点和热点问题的研究与试验示范给予支持，突破技术瓶颈，提高我国防沙治沙的自主创新能力，进一步提高科技治沙水平。

（5）促进生态、经济和社会发展的均衡性。本研究发现区域社会-经济-生态子系统发展不均衡，尤其是人口较少的中小城市，其生态、经济和社会的耦合协调度不高。部分地区由于水资源短缺，地下水资源过度开采导致水位急剧下降，加剧了土地的沙化。片面追求经济发展，争水、争地现象依然存在。因此，需要加快工程区产业结构的战略性调整，推进生产方式的转变，大力发展沙产业，落实绿色发展；生态移民等工程实施后，支持农牧民从第一产业进入到第二、第三产业，拓宽就业门路和收入渠道；不断协调北京和天津在产业发展、基础建设、生态保护等方面对周边贫困地区进行补偿和扶持，使工程区的生态建设和经济社会发展走上良性循环的轨道。

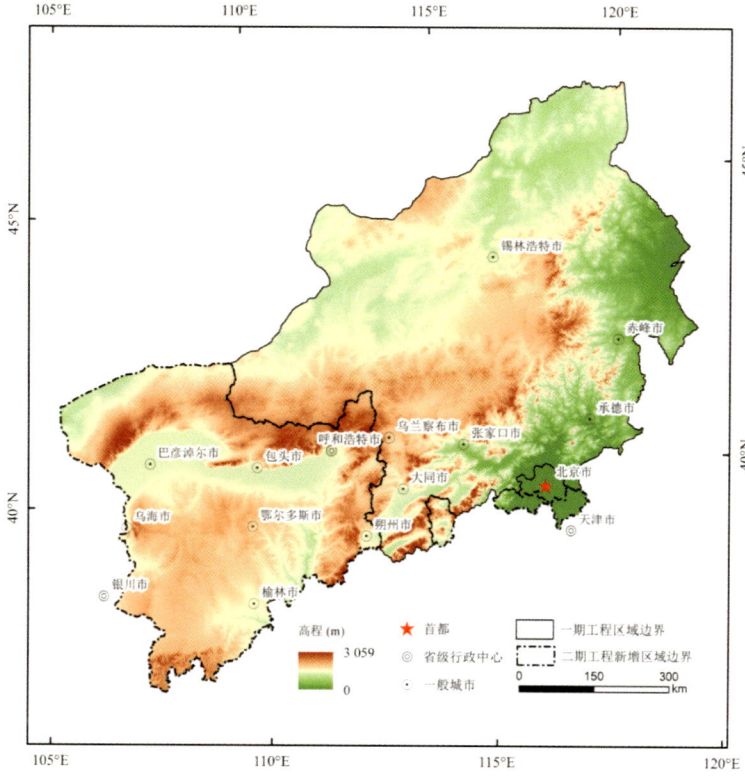

彩图 1　京津风沙源治理工程区范围

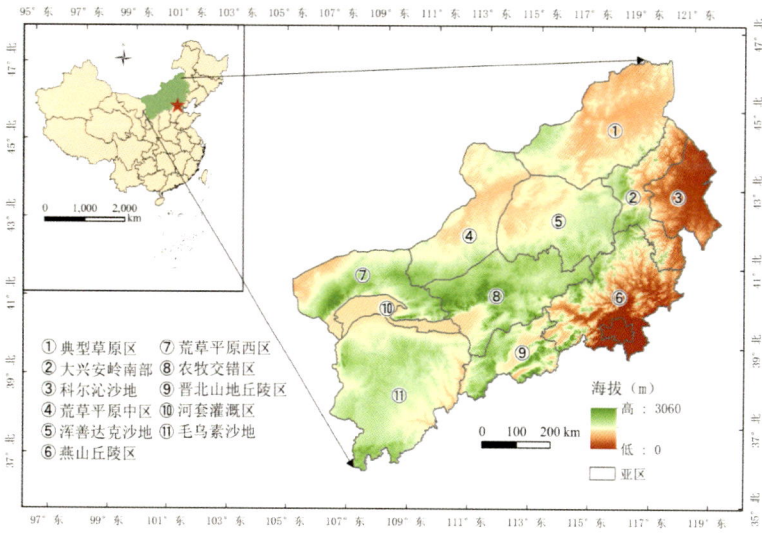

彩图 2　京津风沙源治理工程区位置

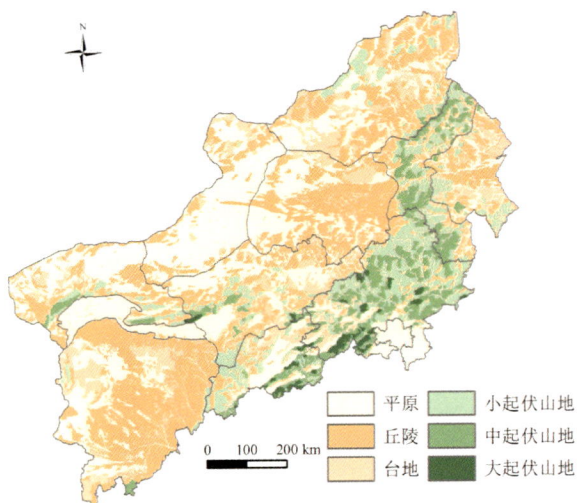

彩图 3　京津风沙源治理工程区地貌类型

(数据来源:中国 1∶100 万地貌图集)

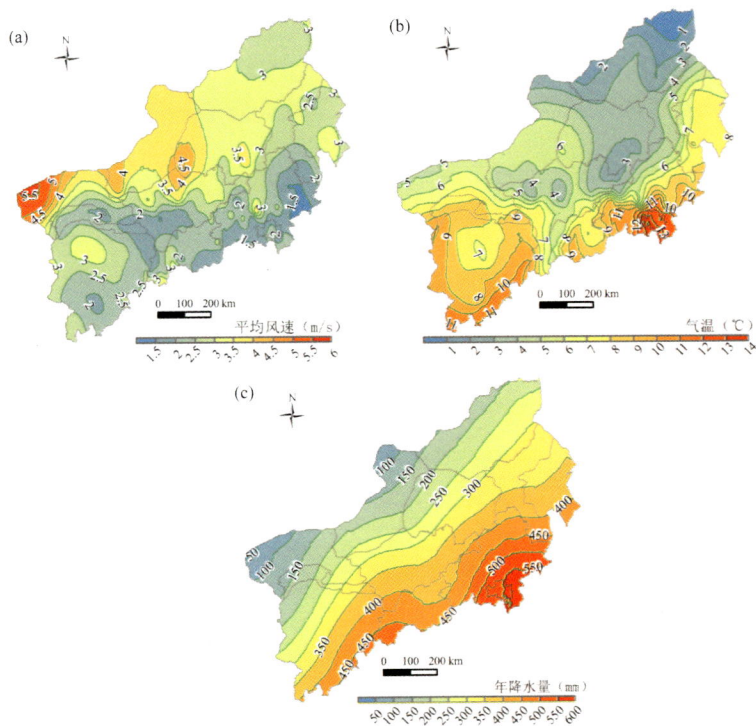

彩图 4　京津风沙源治理工程区气候特征

(数据来源:中国地面气象站观测资料)

注:a 为年均风速的空间分布,b 为年均气温的空间分布,c 为年降水量的空间分布。

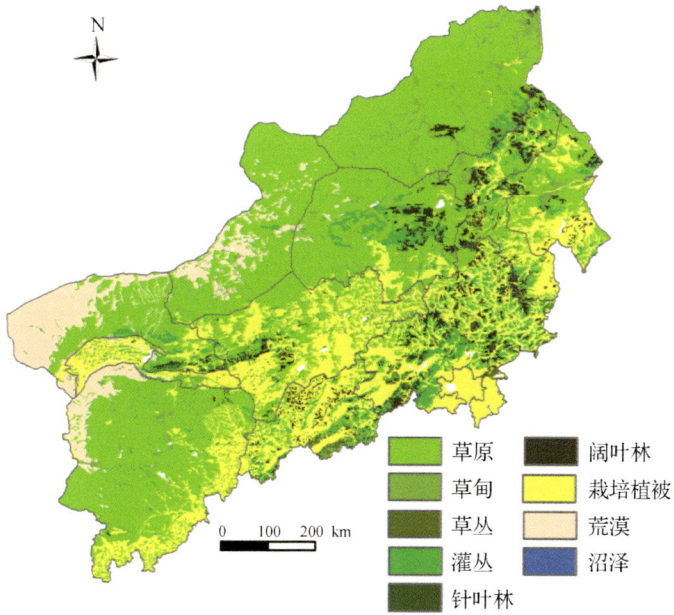

彩图 5 京津风沙源治理工程区植被类型分布

（数据来源：中国 1∶100 万植被图集）

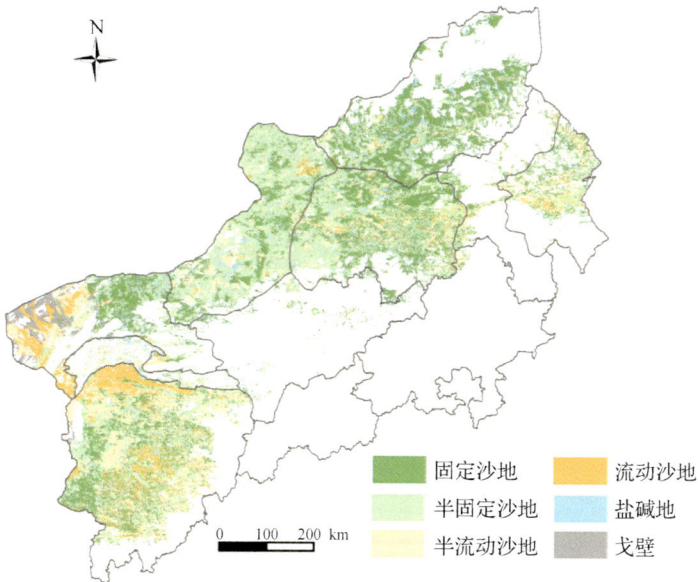

彩图 6 京津风沙源治理工程区沙地类型分布

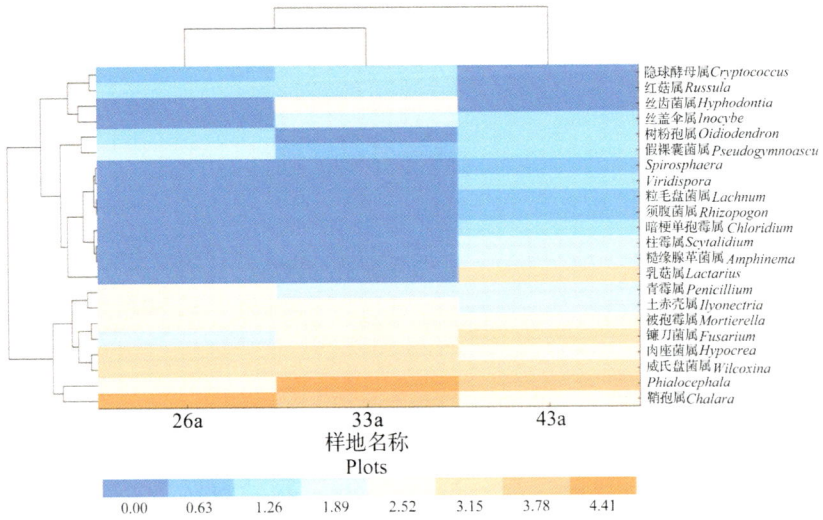

彩图 7 科尔沁沙地樟子松根系真菌聚类热图

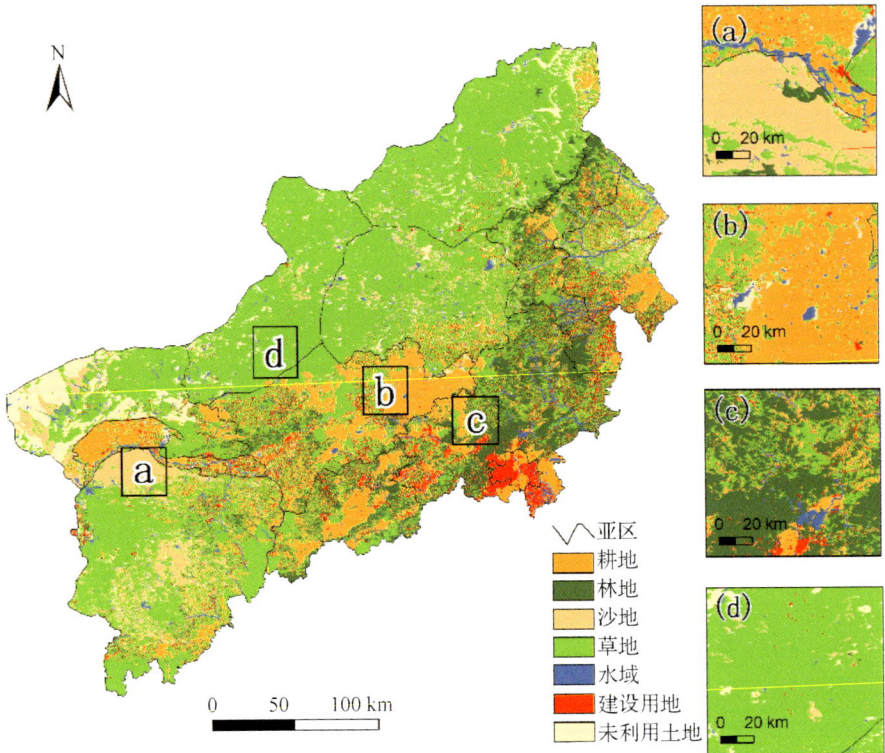

彩图 8 京津风沙源治理工程区土地利用/覆盖格局（2018 年）

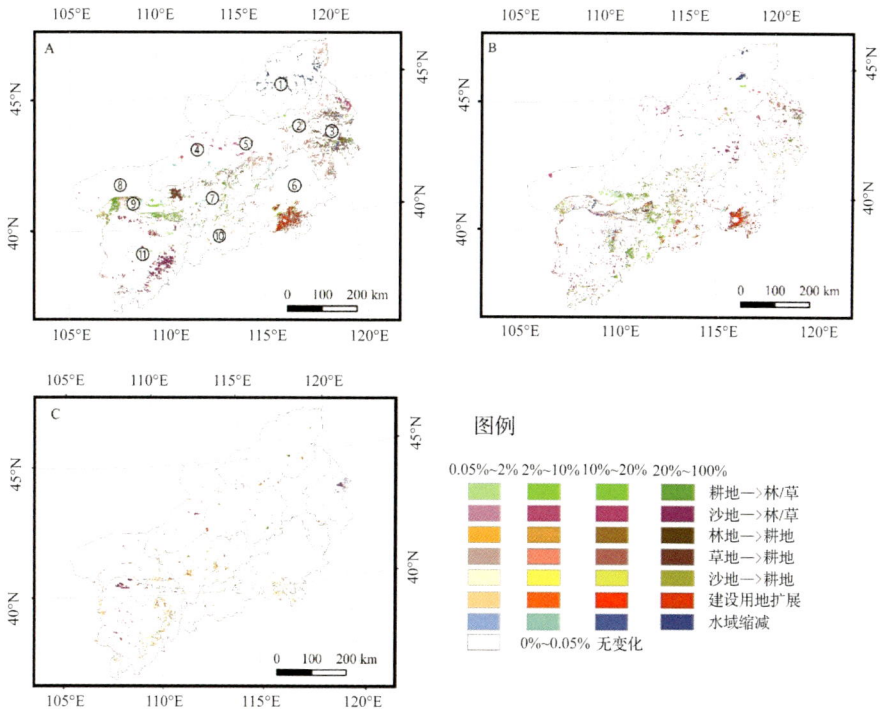

彩图 9　京津风沙源治理工程区土地利用/覆盖类型转换

（A：1990—2000 年；B：2000—2010 年；C：2010—2018 年）

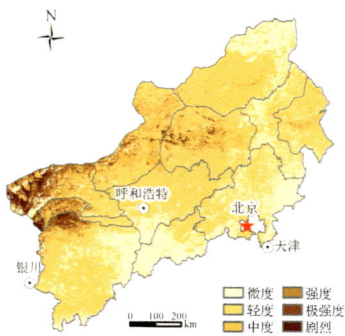

彩图 10　2000—2018 年平均风蚀强度

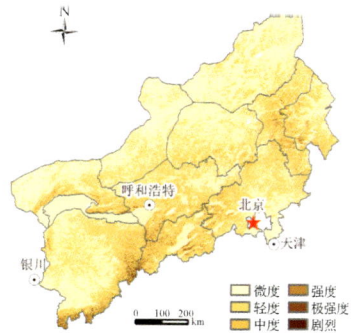

彩图 11　2000—2018 年平均水蚀强度

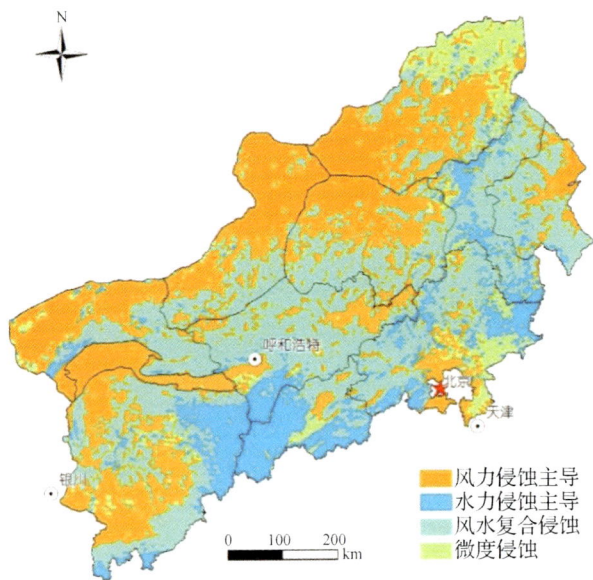

彩图 12 京津风沙源治理工程区风力和水力侵蚀类型区划

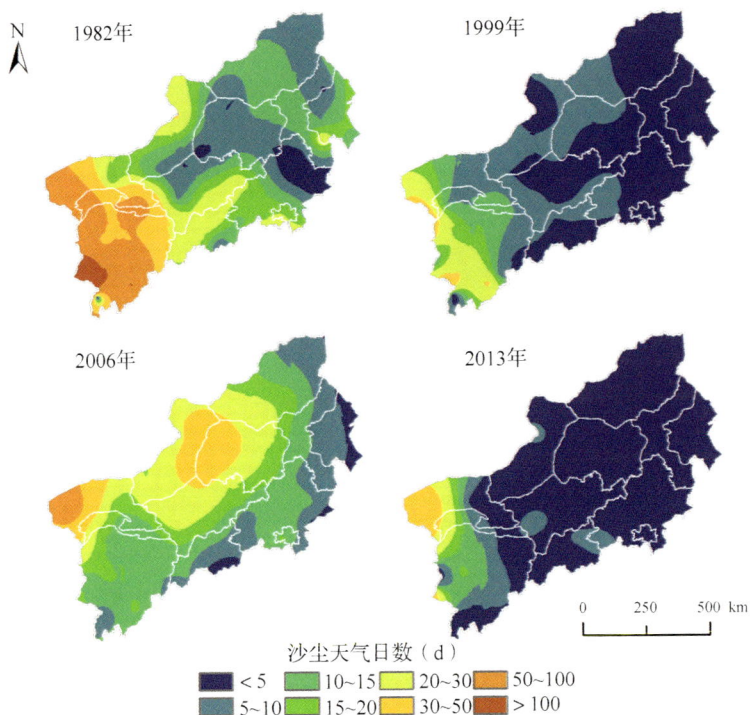

彩图 13 京津风沙源治理工程区沙尘天气日数空间格局(1982—2013 年)

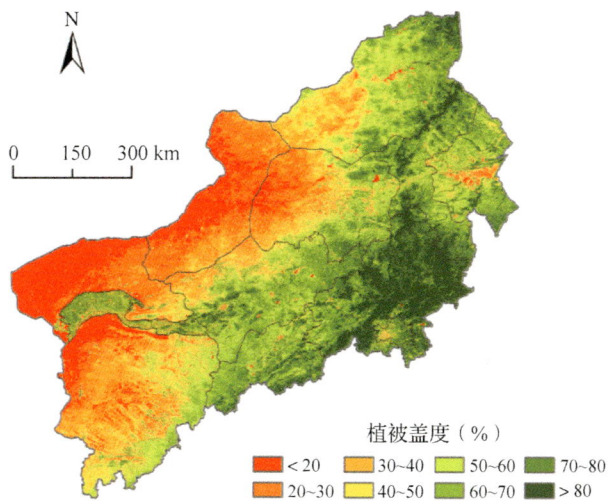

植被盖度（%）
< 20　30~40　50~60　70~80
20~30　40~50　60~70　> 80

彩图 14　京津风沙源治理工程区植被覆盖度空间格局（2013 年）

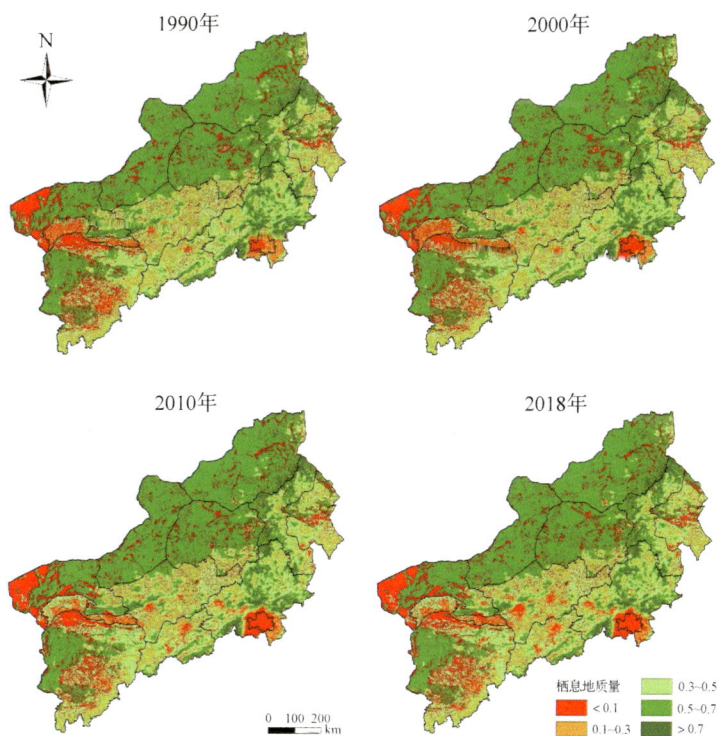

1990年　　2000年

2010年　　2018年

栖息地质量　　0.3~0.5
< 0.1　　0.5~0.7
0.1~0.3　　> 0.7

彩图 15　京津风沙源治理工程区栖息地质量空间分布（1990—2018 年）

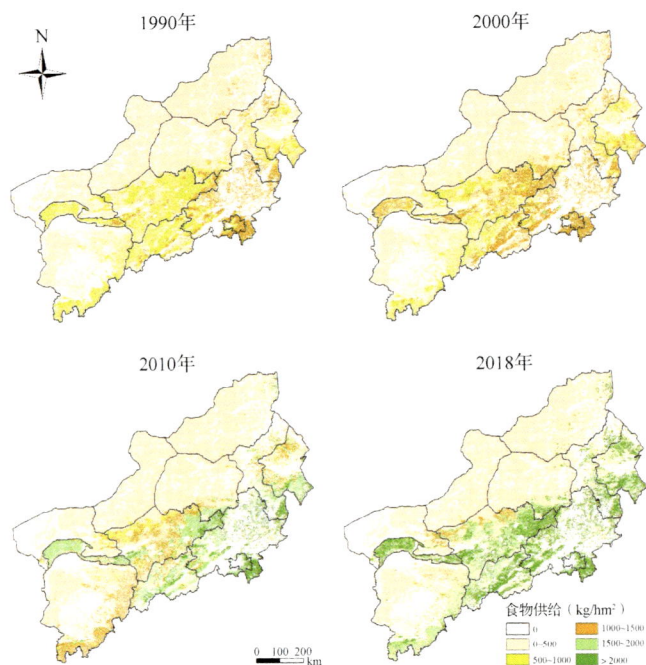

彩图 16 京津风沙源治理工程区食物供给格局(1990—2018 年)

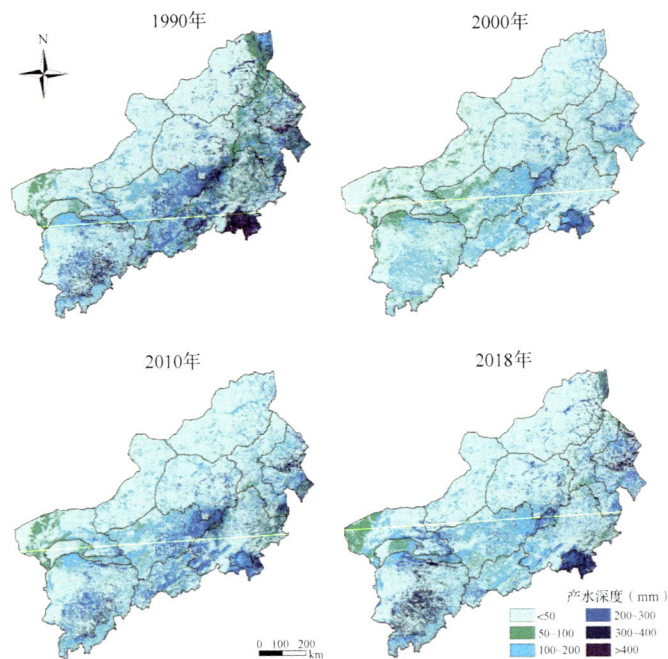

彩图 17 京津风沙源治理工程区产水深度空间分布(1990—2018 年)

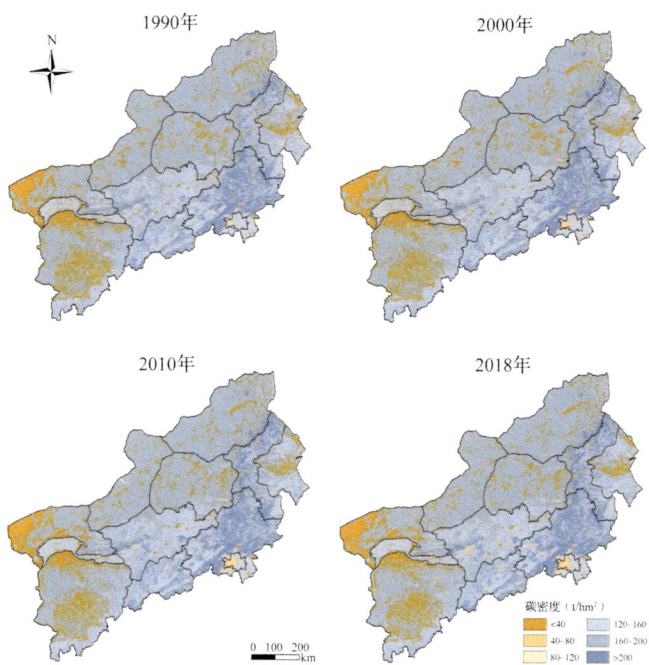

彩图 18　京津风沙源治理工程区碳密度格局（1990—2018 年）

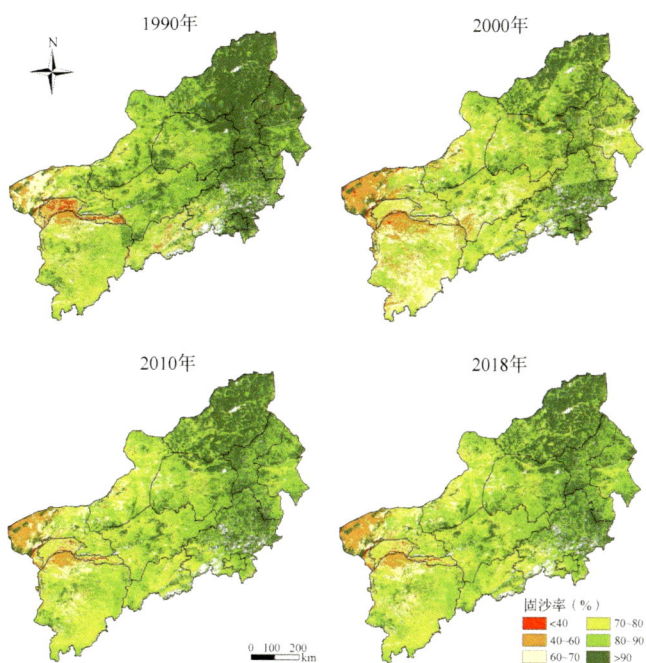

彩图 19　京津风沙源治理工程区固沙率格局（1990—2018 年）

1990年

2000年

2010年

2018年

绿地分布

绿地

非绿地

0 100 200
km

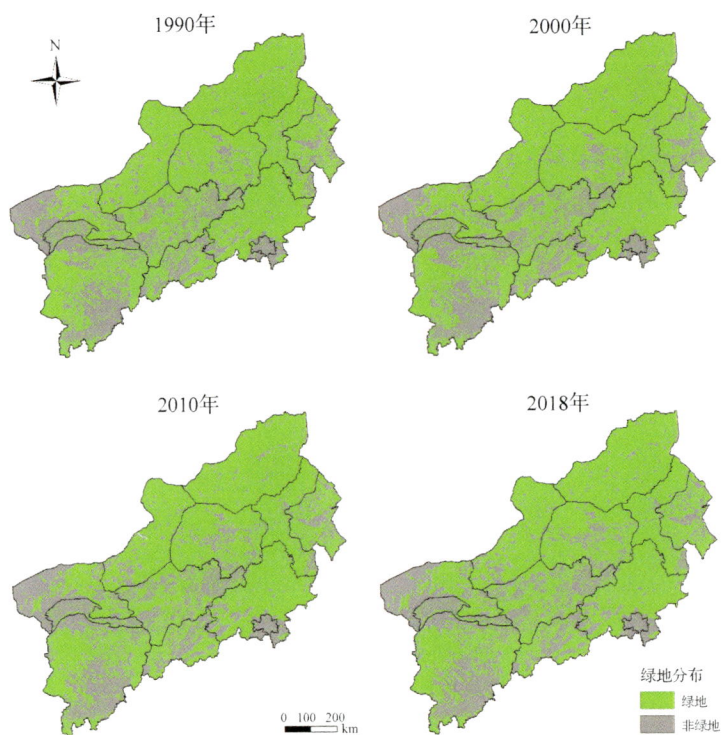

彩图 20　京津风沙源治理工程区绿地分布格局(1990—2018 年)

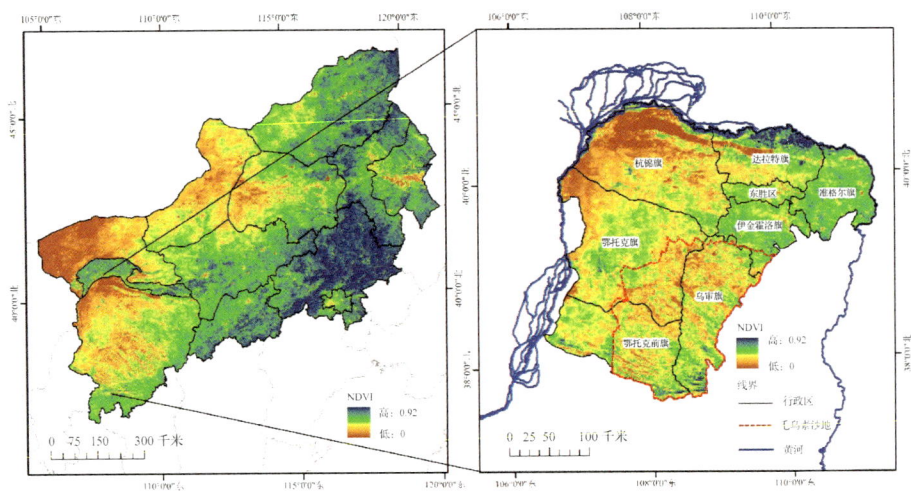

杭锦旗

达拉特旗

东胜区

准格尔旗

伊金霍洛旗

鄂托克旗

乌审旗

鄂托克前旗

NDVI
高：0.92
低：0

NDVI
高：0.92
低：0

边界
行政区
毛乌素沙地
黄河

0 75 150　　300 千米

0 25 50　　100 千米

彩图 21　研究区

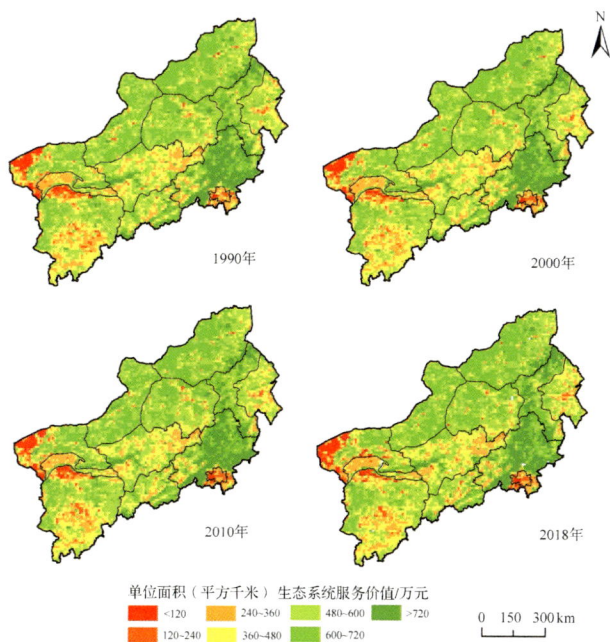

单位面积（平方千米）生态系统服务价值/万元

颜色	值	颜色	值	颜色	值
■	<120	■	240~360	■	480~600	■	>720
■	120~240	■	360~480	■	600~720	

0　150　300km

彩图 22　京津风沙源治理工程区生态系统服务价值空间分布（1990—2018 年）

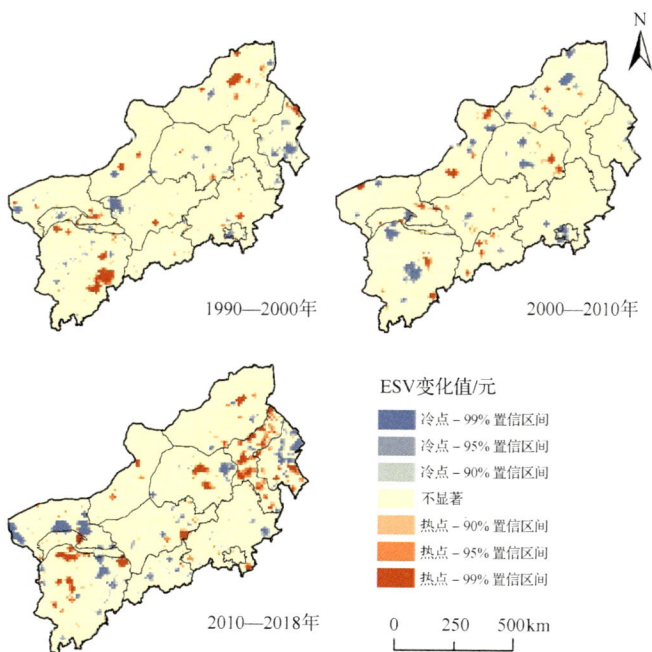

ESV变化值/元

■ 冷点－99％置信区间
■ 冷点－95％置信区间
■ 冷点－90％置信区间
　 不显著
■ 热点－90％置信区间
■ 热点－95％置信区间
■ 热点－99％置信区间

0　250　500km

彩图 23　京津风沙源治理工程区生态系统服务价值变化量冷热点分析

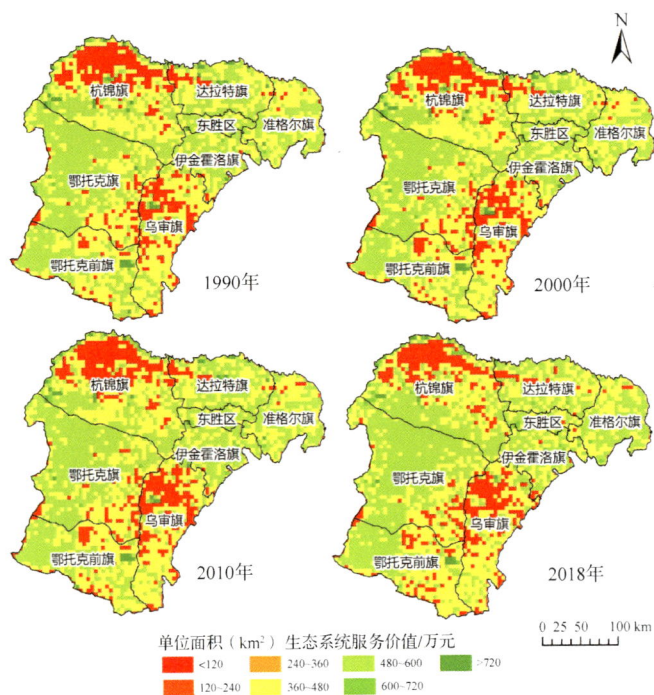

单位面积（km²）生态系统服务价值/万元

<120	240-360	480-600	>720
120-240	360-480	600-720	

彩图 24　鄂尔多斯市生态系统服务价值空间分布（1990—2018 年）

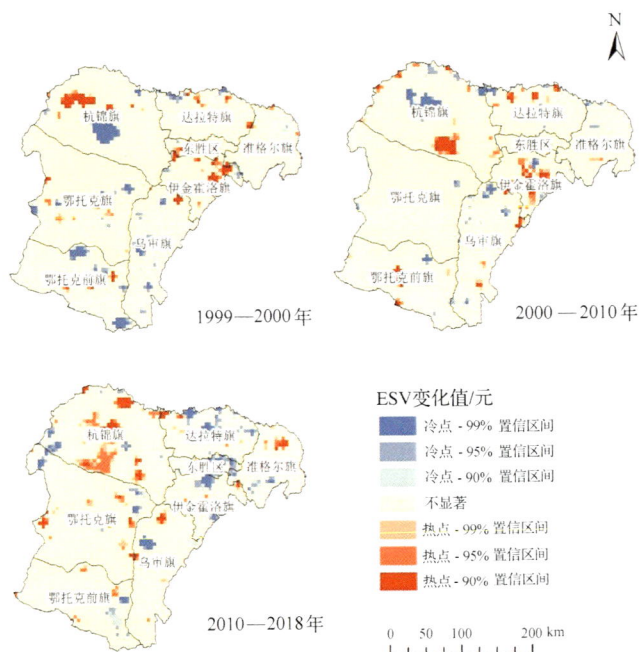

ESV变化值/元

冷点 - 99% 置信区间
冷点 - 95% 置信区间
冷点 - 90% 置信区间
不显著
热点 - 99% 置信区间
热点 - 95% 置信区间
热点 - 90% 置信区间

彩图 25　鄂尔多斯市生态系统服务价值变化量冷热点分析

(a)

(b)

	2000年	2005年	2010年	2015年	2020年	风力侵蚀模数（t/km²）
巴彦淖尔市	13112.37	5501.22	7048.25	5427.81	5940.36	13150.00
乌海市	10875.49	1633.57	4200.65	2722.98	2849.71	
鄂尔多斯市	4611.33	715.69	2151.70	1576.27	1547.91	10530.00
包头市	3493.14	1646.80	2054.66	1521.24	1570.76	
乌兰察布市	3041.15	1853.36	2046.04	1525.70	1646.48	7910.00
锡林郭勒盟	2238.94	1760.98	1512.44	1198.23	1442.11	
呼和浩特市	1251.36	281.51	715.76	583.32	525.12	5290.00
赤峰市	1230.12	301.16	697.96	545.34	662.61	
张家口市	816.92	217.97	417.63	338.04	350.97	2670.00
大同市	791.08	331.16	1023.77	830.37	872.52	
承德市	349.65	152.85	503.00	410.72	417.58	
天津市	284.90	166.65	310.29	249.83	246.26	50.00
朔州市	263.63	148.30	213.07	174.77	166.79	
北京市	191.36	189.17	673.37	536.94	564.67	
忻州市	186.67	127.64	139.74	113.59	104.64	
廊坊市	173.29	140.39	605.25	487.59	449.26	

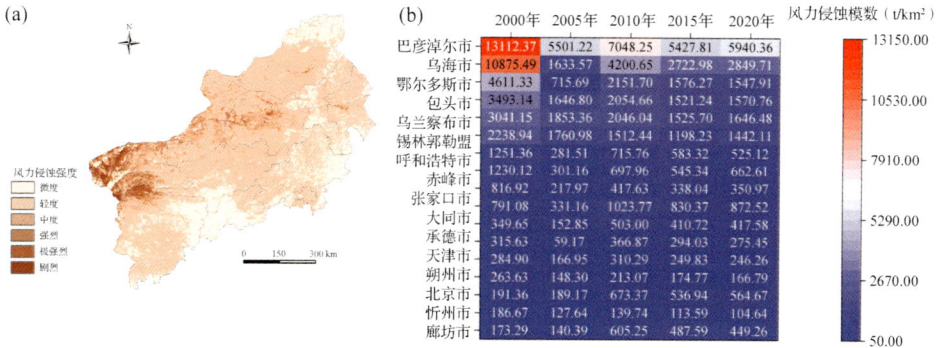

彩图 26　京津风沙源治理工程区风力侵蚀强度时空分布

a 为空间分布图（注：白色部分为 NPP 原始数据缺失）；b 为时间变化图。

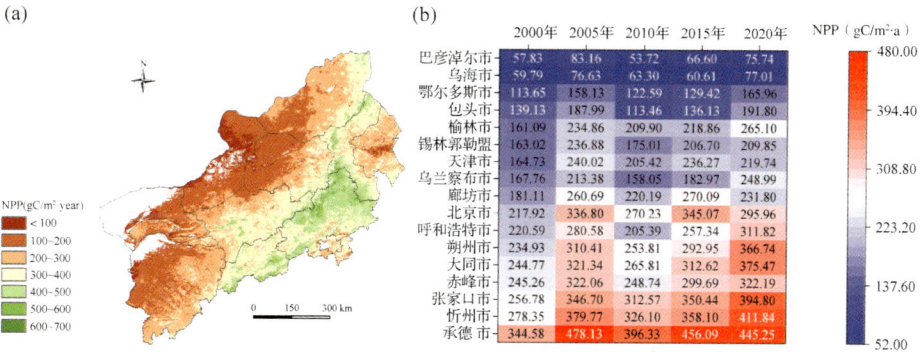

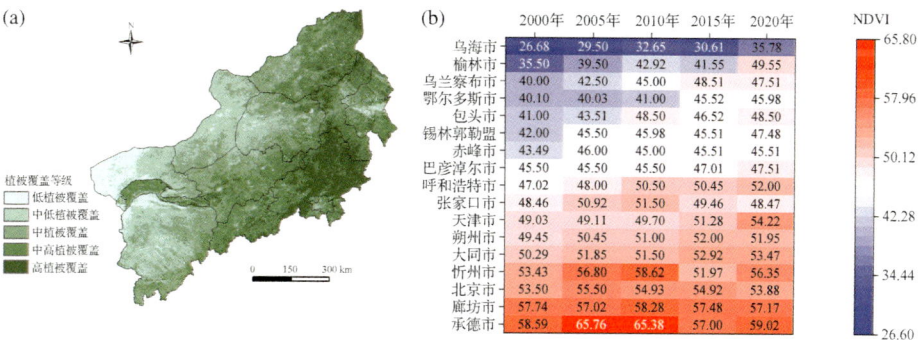

(a)

(b)

	2000年	2005年	2010年	2015年	2020年	NPP（gC/m²·a）
巴彦淖尔市	57.83	83.16	53.72	66.60	75.74	480.00
乌海市	59.79	76.63	63.30	60.61	77.01	
鄂尔多斯市	113.65	158.13	122.59	129.42	165.96	394.40
包头市	139.13	187.99	113.46	136.13	191.80	
榆林市	161.09	234.86	209.90	218.86	265.10	308.80
锡林郭勒盟	163.02	236.88	175.01	206.70	209.85	
天津市	164.73	240.02	246.42	236.27	219.74	223.20
乌兰察布市	167.76	213.38	158.05	182.97	248.99	
廊坊市	181.11	260.69	220.19	270.00	231.80	137.60
北京市	217.92	336.80	270.23	345.07	295.96	
呼和浩特市	220.59	280.58	205.39	257.34	311.82	52.00
朔州市	234.93	310.41	253.81	292.95	366.74	
大同市	244.77	321.34	265.81	312.62	375.47	
赤峰市	245.26	322.06	248.74	299.69	322.19	
张家口市	256.78	346.70	312.57	350.44	394.80	
忻州市	278.35	379.77	326.10	358.10	411.84	
承德市	344.58	478.13	396.33	456.09	445.25	

彩图 27　京津风沙源治理工程区净初级生产力（NPP）时空变化图

a 为空间分布图（注：白色部分为 NPP 原始数据缺失）；b 为时间变化图。

(a)

(b)

	2000年	2005年	2010年	2015年	2020年	NDVI
乌海市	26.68	29.50	32.65	30.61	35.78	65.80
榆林市	35.50	39.50	42.92	41.55	49.55	
乌兰察布市	40.00	42.50	45.00	48.51	47.51	57.96
鄂尔多斯市	40.10	40.03	41.00	45.52	45.98	
包头市	41.00	43.51	48.50	46.52	48.50	50.12
锡林郭勒盟	42.00	45.50	45.98	45.51	47.48	
赤峰市	43.49	46.00	45.00	45.51	45.51	42.28
巴彦淖尔市	45.50	45.50	46.00	47.51	47.51	
呼和浩特市	47.02	48.00	50.50	50.45	52.00	34.44
张家口市	48.46	50.92	51.50	49.46	48.47	
天津市	49.03	49.11	49.70	51.28	54.22	26.60
朔州市	49.45	50.45	51.00	52.00	51.95	
大同市	50.29	51.85	51.50	52.92	53.47	
忻州市	53.43	56.80	58.62	51.97	56.35	
北京市	53.50	55.50	54.93	54.92	53.88	
廊坊市	57.74	57.02	58.28	57.48	57.17	
承德市	58.59	65.76	65.38	57.00	59.02	

彩图 28　京津风沙源治理工程区植被指数（NDVI）时空分布

a 为空间分布图（注：白色部分为 NPP 原始数据缺失）；b 为时间变化图。

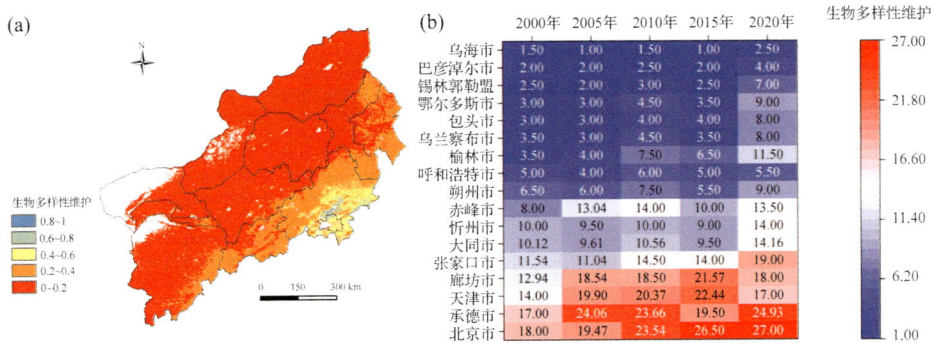

彩图 29　京津风沙源治理工程区生物多样性维护时空分布

a 为空间分布图(注:白色部分为 NPP 原始数据缺失);b 为时间变化图。

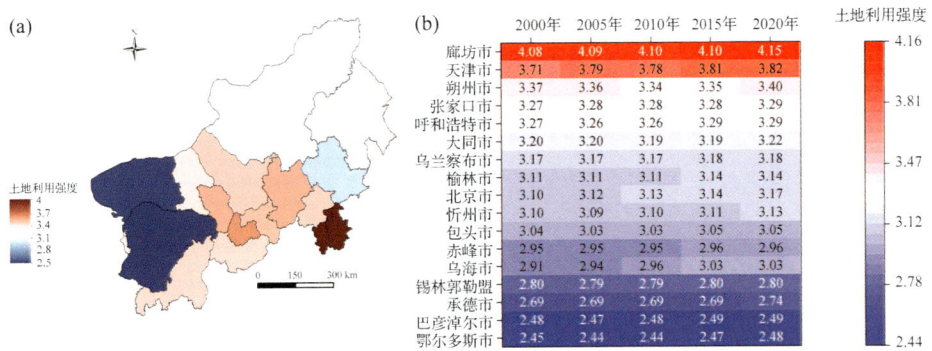

彩图 30　京津风沙源治理工程区土地利用强度时空分布

a 为空间分布图(注:白色部分为 NPP 原始数据缺失);b 为时间变化图。

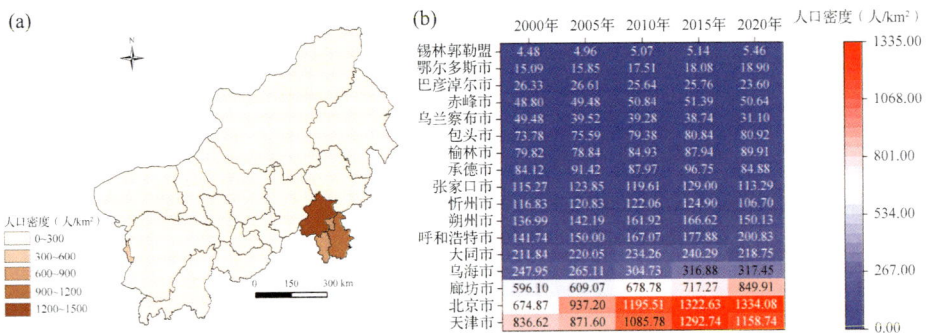

彩图 31　京津风沙源治理工程区人口密度时空分布

a 为空间分布图(注:白色部分为 NPP 原始数据缺失);b 为时间变化图。

(a)

(b)

	2000年	2005年	2010年	2015年	2020年	出生率（%）
北京市	6.20	6.29	7.27	7.96	6.98	
天津市	7.72	7.44	8.18	5.84	5.99	
榆林市	8.62	8.77	10.98	11.49	11.19	
赤峰市	9.56	10.54	9.96	7.77	8.36	
乌兰察布市	9.86	9.05	7.47	5.14	5.70	
廊坊市	9.96	0.94	12.79	11.94	8.32	
包头市	10.56	8.52	8.89	7.69	7.86	
呼和浩特市	10.62	9.46	9.33	7.50	7.80	
巴彦淖尔市	10.72	9.53	8.45	7.32	7.94	
乌海市	11.05	9.89	8.98	7.87	8.71	
承德市	11.77	1.04	12.75	10.26	8.00	
张家口市	12.30	0.74	11.33	9.17	7.02	
鄂尔多斯市	12.69	12.46	19.44	14.46	12.35	
大同市	13.97	12.95	11.22	10.02	6.95	
朔州市	13.98	13.10	10.20	10.29	7.54	
锡林郭勒盟	14.10	10.93	9.24	8.47	9.78	
忻州市	14.26	13.73	11.40	10.60	7.42	

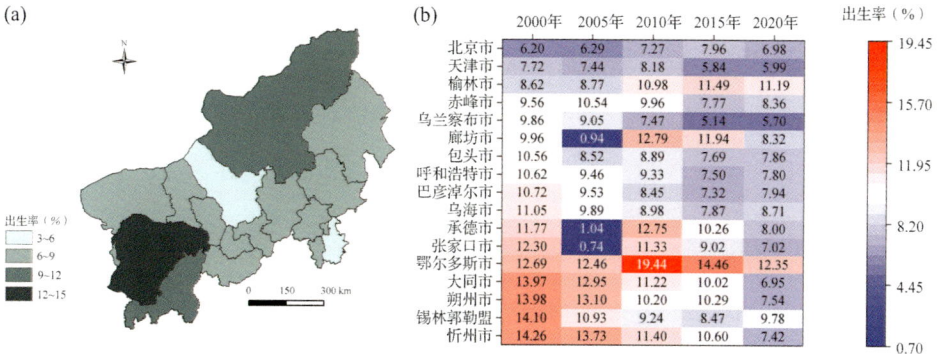

彩图 32　京津风沙源治理工程区出生率时空分布

a 为 2020 年空间分布图（注：白色部分为 NPP 原始数据缺失）；b 为 2000—2020 年时间变化图。

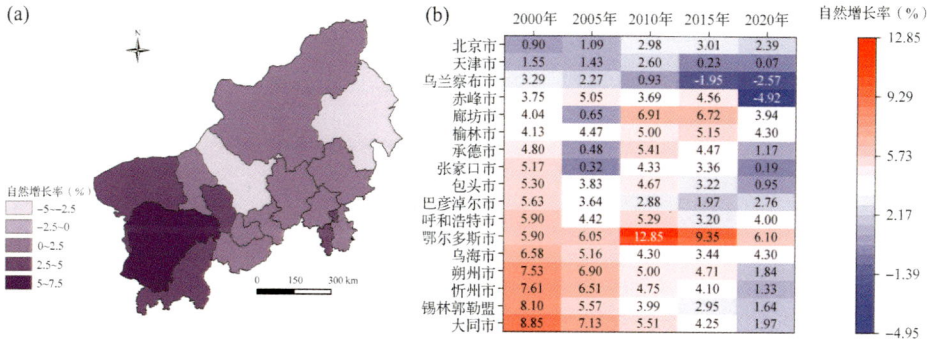

(a)

(b)

	2000年	2005年	2010年	2015年	2020年	自然增长率（%）
北京市	0.90	1.09	2.98	3.01	2.39	
天津市	1.55	1.43	2.60	0.23	0.07	
乌兰察布市	3.29	2.27	0.93	-1.95	-2.57	
赤峰市	3.75	5.05	3.69	4.56	-4.92	
廊坊市	4.04	0.65	6.91	6.72	3.94	
榆林市	4.13	4.47	5.00	5.15	4.30	
承德市	4.80	0.48	5.41	4.47	1.17	
张家口市	5.17	0.32	4.33	3.36	0.19	
包头市	5.30	3.83	4.67	3.22	0.95	
巴彦淖尔市	5.63	3.64	2.88	1.97	2.76	
呼和浩特市	5.90	4.42	5.39	4.00	4.00	
鄂尔多斯市	5.90	6.05	12.85	9.35	6.10	
乌海市	6.58	5.16	4.30	3.44	4.30	
朔州市	7.53	6.90	5.00	4.71	1.84	
忻州市	7.61	6.51	4.75	4.10	1.33	
锡林郭勒盟	8.10	5.57	3.99	2.95	1.64	
大同市	8.85	7.13	5.51	4.25	1.97	

彩图 33　京津风沙源治理工程区自然增长率时空分布

a 为空间分布图（注：白色部分为 NPP 原始数据缺失）；b 为时间变化图。

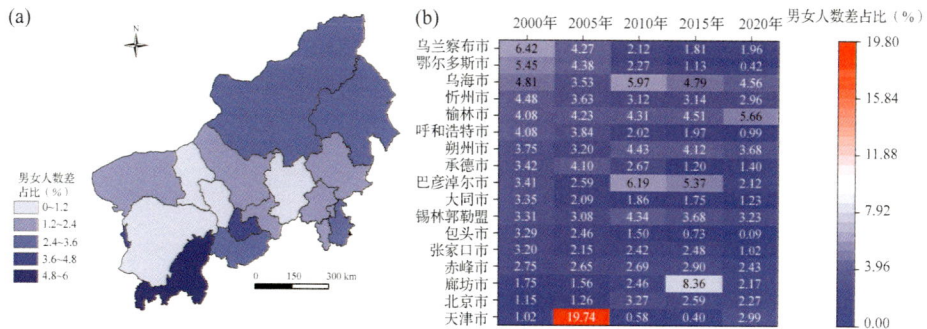

(a)

(b)

	2000年	2005年	2010年	2015年	2020年	男女人数差占比（%）
乌兰察布市	6.42	4.27	2.12	1.81	1.96	
鄂尔多斯市	5.45	4.38	2.27	1.13	0.42	
乌海市	4.81	3.53	5.97	4.79	4.56	
忻州市	4.48	3.63	3.12	3.14	2.96	
榆林市	4.08	4.23	4.31	4.51	5.66	
呼和浩特市	4.08	3.84	2.12	1.97	0.99	
朔州市	3.75	3.20	4.43	4.12	3.68	
承德市	3.42	4.10	2.67	1.20	1.40	
巴彦淖尔市	3.41	2.59	6.19	5.37	2.12	
大同市	3.35	2.09	1.86	1.75	1.23	
锡林郭勒盟	3.31	3.08	4.34	3.68	3.23	
包头市	3.29	2.46	1.50	0.73	0.09	
张家口市	3.20	2.15	2.42	2.48	1.02	
赤峰市	2.75	2.65	2.69	2.90	2.43	
廊坊市	1.75	1.56	2.46	8.36	2.17	
北京市	1.15	1.26	2.37	2.59	2.27	
天津市	1.02	19.74	0.58	0.40	2.99	

彩图 34　京津风沙源治理工程区男女人数差时空分布

a 为空间分布图（注：白色部分为 NPP 原始数据缺失）；b 为时间变化图。

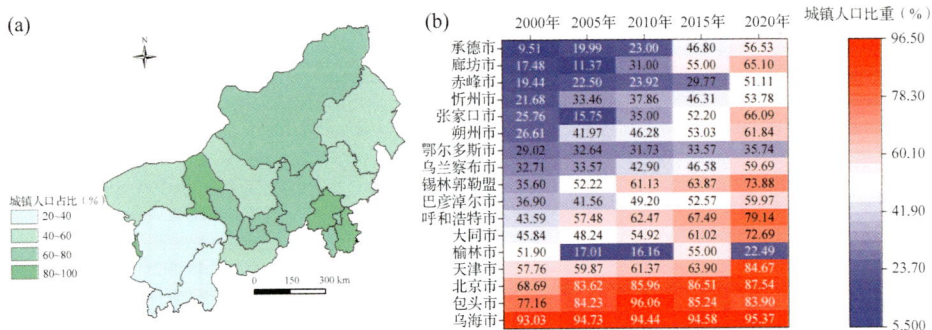

彩图 35 京津风沙源治理工程区城镇人口比重时空分布

a 为空间分布图（注：白色部分为 NPP 原始数据缺失）；b 为时间变化图。

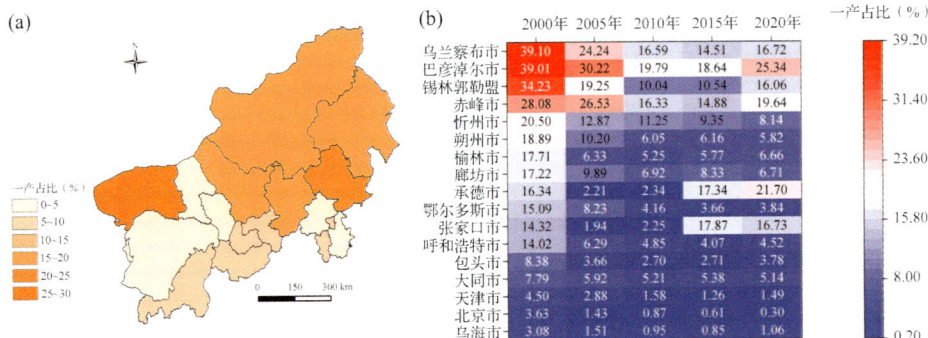

彩图 36 京津风沙源治理工程区第一产业比重时空分布

a 为空间分布图（注：白色部分为 NPP 原始数据缺失）；b 为时间变化图。

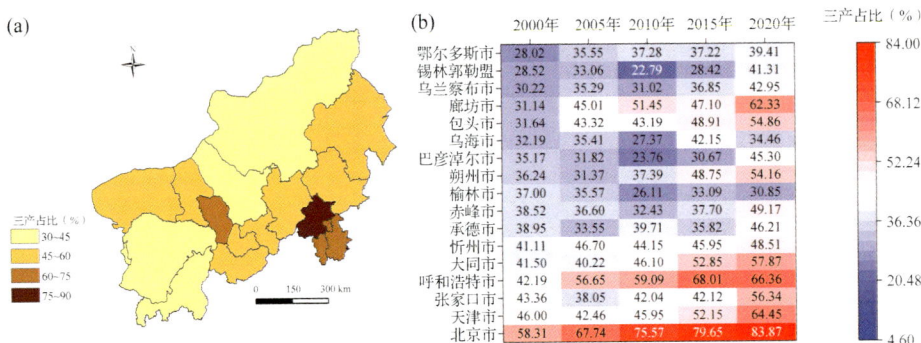

彩图 37 京津风沙源治理工程区第三产业时空分布

a 为空间分布图（注：白色部分为 NPP 原始数据缺失）；b 为时间变化图。

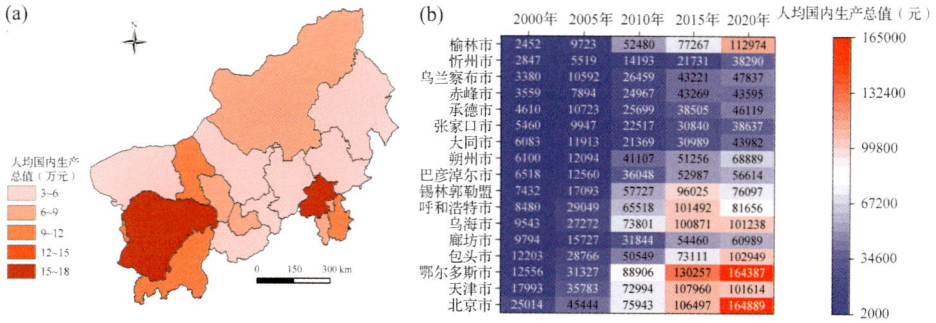

彩图 38　京津风沙源治理工程区人均国内生产总值时空分布

a 为空间分布图（注：白色部分为 NPP 原始数据缺失）；b 为时间变化图。

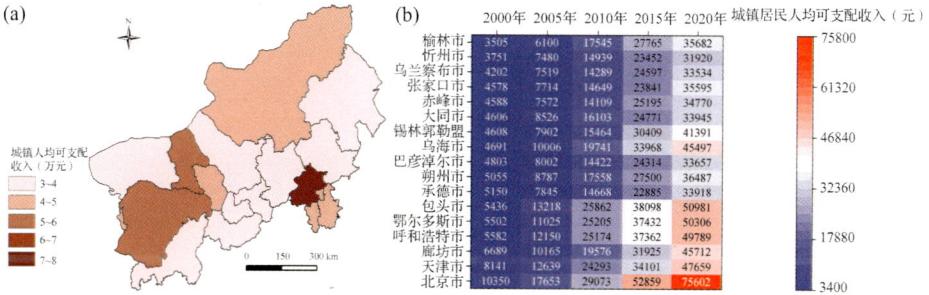

彩图 39　京津风沙源治理工程区城镇居民人均可支配收入时空分布

a 为空间分布图（注：白色部分为 NPP 原始数据缺失）；b 为时间变化图。

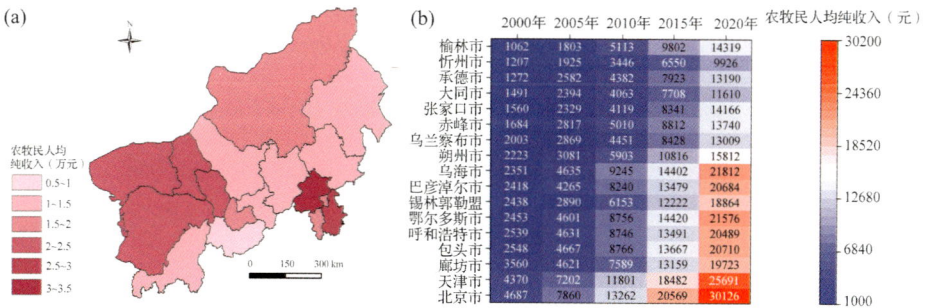

彩图 40　京津风沙源治理工程区农牧民人均纯收入时空分布

a 为空间分布图（注：白色部分为 NPP 原始数据缺失）；b 为时间变化图。

2000年 2005年 2010年

2015年 2020年

生态环境指数
人地系统可持续性
- 较差
- 一般
- 较好
- 优良

0 300 600 km

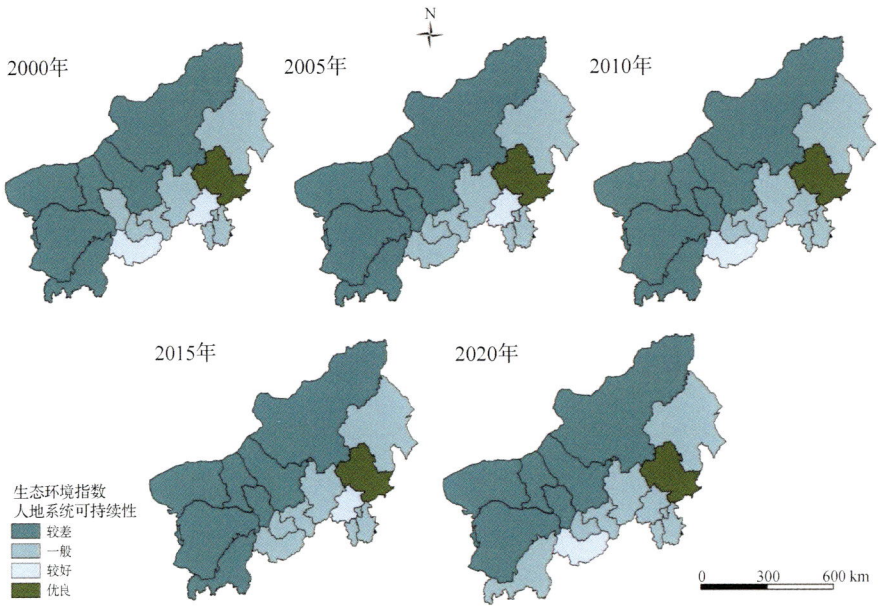

彩图 41 京津风沙源治理工程区生态环境指数评价分级

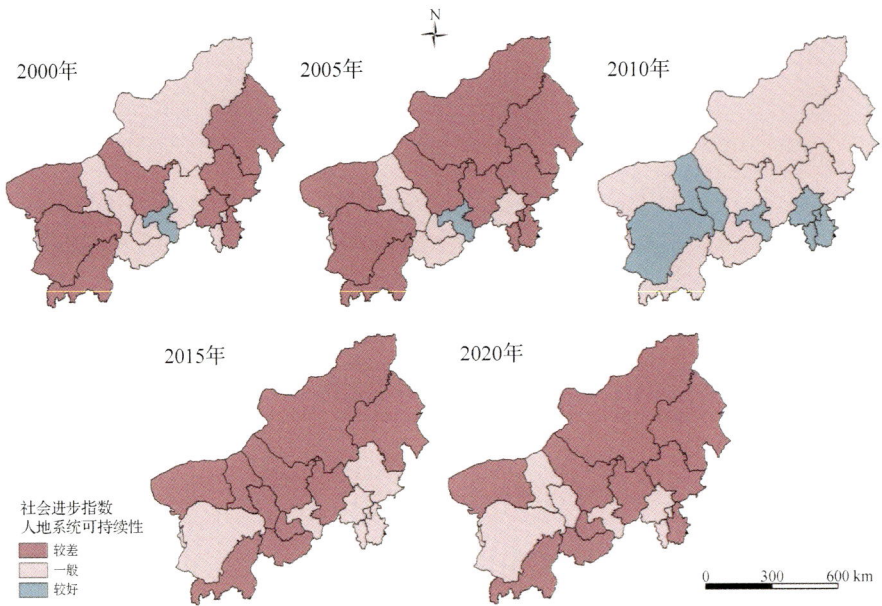

2000年 2005年 2010年

2015年 2020年

社会进步指数
人地系统可持续性
- 较差
- 一般
- 较好

0 300 600 km

彩图 42 京津风沙源治理工程区社会亚系统可持续性空间分布(2000—2020 年)

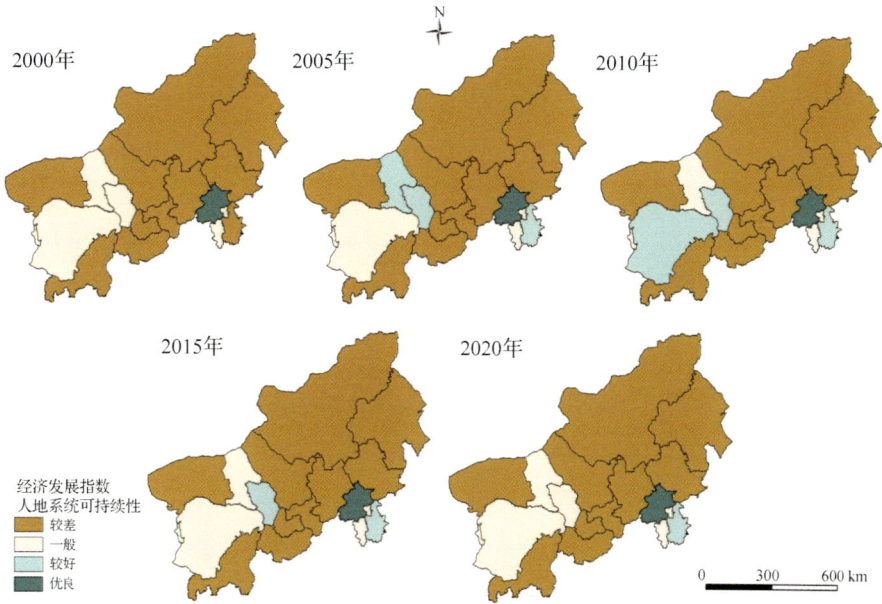

彩图 43　京津风沙源治理工程区经济发展亚系统可持续性空间分布（2000—2020 年）

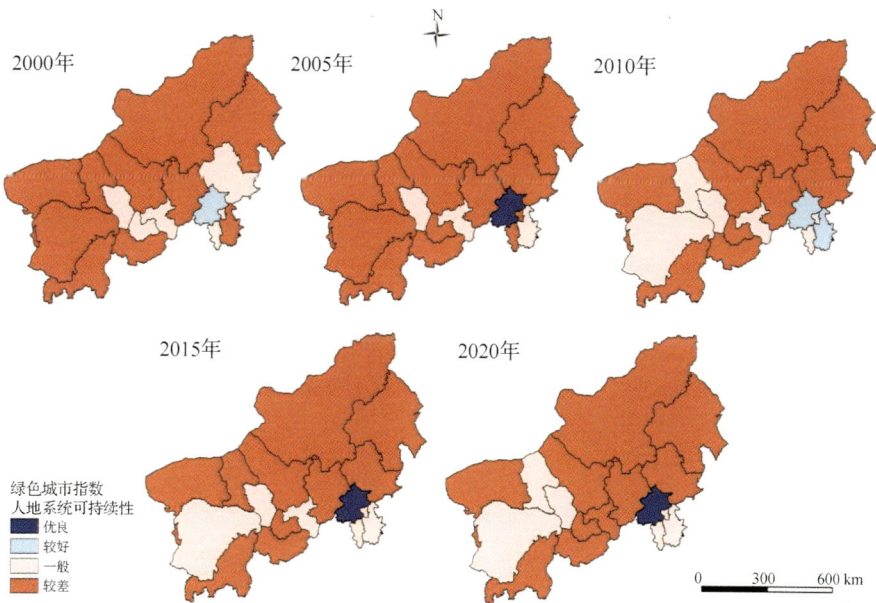

彩图 44　京津风沙源治理工程区人地系统可持续性综合评价分级（2000—2020 年）